KB206689

어린이들의 창의·인성 교육을 위한 정통 바둑 교과서가 만들어져 무척 기쁩니다.
바둑은 알면 알수록 새롭고, 더 많은 것을 발견할 수 있는 신비한 세계예요.
바둑을 두면 두뇌가 발달하고, '사고력'이 좋아지며,
'창의력'과 '집중력', '문제 해결력' 등을 기를 수 있답니다.
그뿐만 아니라 대국을 하면서 자연스레 상대방을 존중하고
배려하는 마음도 배울 수 있어 인성 교육에도 탁월하지요.
그리고 마음껏 수를 상상하며, 자유롭고 창조적인 생각을 펼칠 수 있어요.

한국기원이 기획한 "초등 창의·인성 바둑 교과서"는 바둑의 원리를 체계적으로 담았고,
어린이들의 인성을 함양할 수 있는 다양한 활동과 재밌는 스토리텔링,
바둑 상식까지도 세심하게 정리해 완성도를 높였습니다.
바둑 교육의 효율성을 높이기 위한 저자의 고민과 정성이 느껴지는 이 책을 통해,
어린이 여러분이 보다 쉽고 재미있게 바둑을 배우고
바둑이 주는 즐거움과 지혜를 알게 되길 바랍니다.

- 세계 바둑 랭킹 1위 신진서 9단, 세계 여자 바둑 랭킹 1위 최정 9단 -

초등

중급편

창의 인성 바둑 교과서

4

이 책의

구성과 특징

만화로 배우는 바둑을 통해 이번 차시에서 배울 내용을 쉽고 흥미롭게 접할 수 있습니다.

▲ 그림과 한 줄 문장을 통해 이번 차시에서 배울 핵심 내용을 알 수 있습니다.

쏙쏙

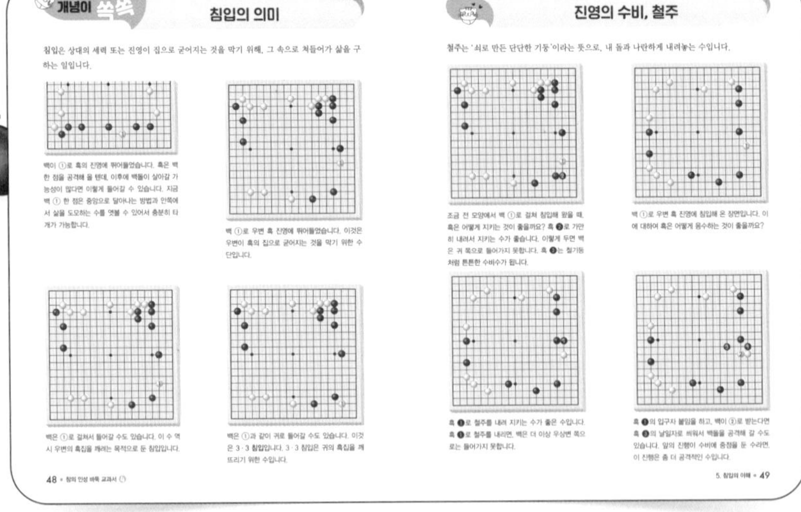

> 자세한 설명과 용어 풀이, 캐릭터를 통해 바둑의 개념을 쉽게 이해할 수 있습니다.

다양한 예시를 보며 개념을 정확하게 이해하고, 기초를 다질 수 있습니다.

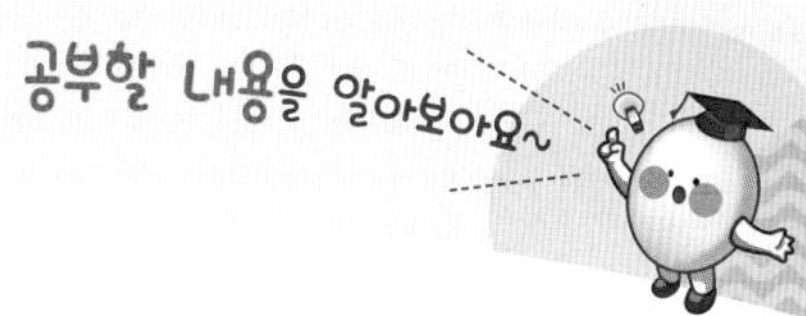

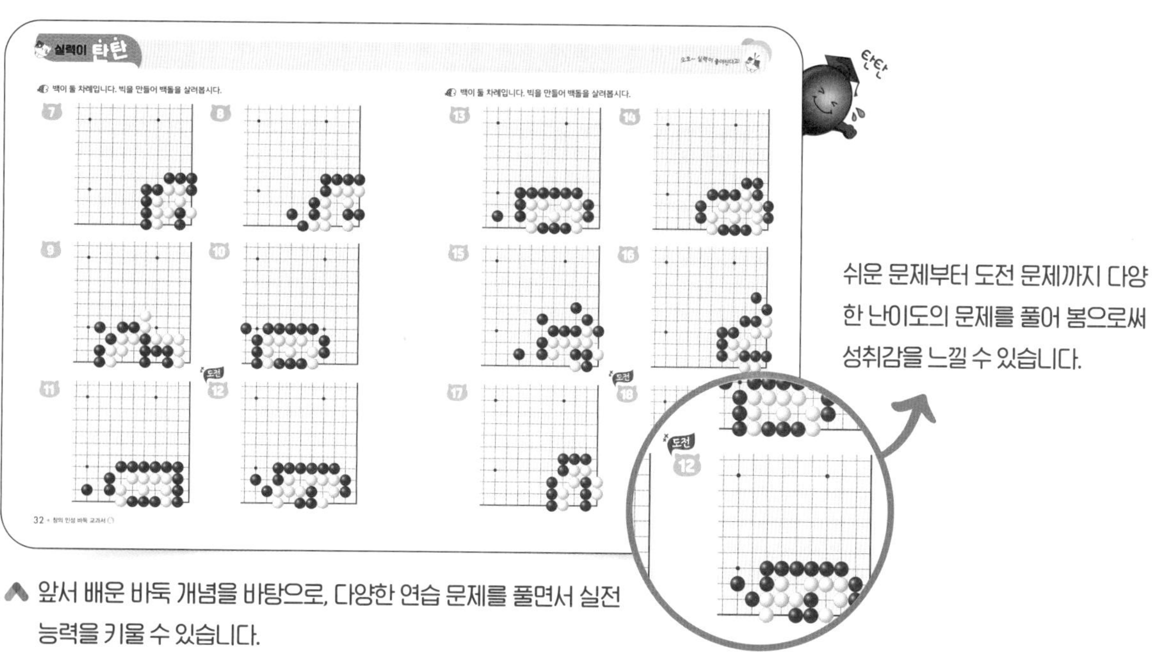

쉬운 문제부터 도전 문제까지 다양한 난이도의 문제를 풀어 봄으로써 성취감을 느낄 수 있습니다.

앞서 배운 바둑 개념을 바탕으로, 다양한 연습 문제를 풀면서 실전 능력을 키울 수 있습니다.

'마음이 쑥쑥'을 통해 바둑을 배우며 예의, 배려, 존중 등의 인성을 기를 수 있습니다.

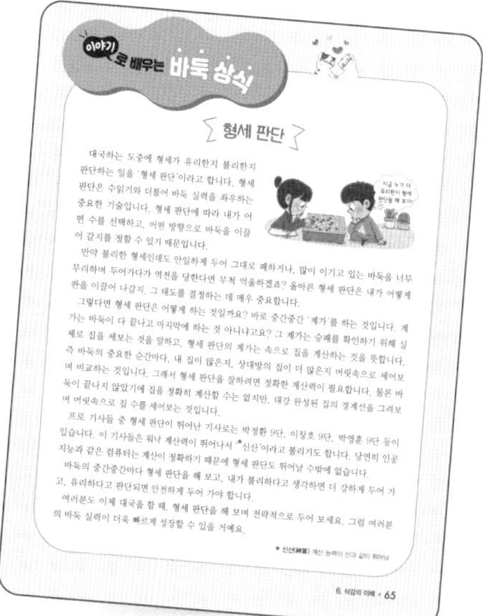

'이야기로 배우는 바둑 상식'을 통해 옛날부터 오늘날까지 바둑과 관련된 재미있는 이야기를 볼 수 있습니다.

이 책의

차례

공부할 순서를 알아보아요~

빈축과 회돌이축

이 단원을 배우면!

- 상대의 돌을 빈축으로 몰아 잡는 법을 알 수 있어요.
- 상대의 돌을 회돌이축으로 몰아 잡는 기술을 알 수 있어요.
- 인성 바둑을 졌을 때 패배를 인정하고 받아들이는 법을 배울 수 있어요.

오늘 배울 내용을 생각해 보며, 그림을 살펴봅시다.

 만화로 배우는 바둑 

흠...

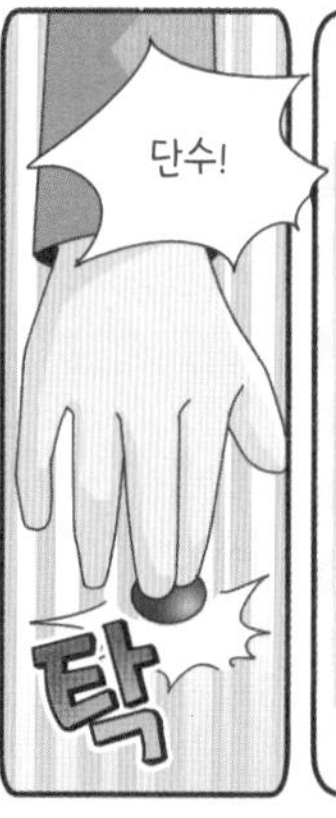

단수!
탁

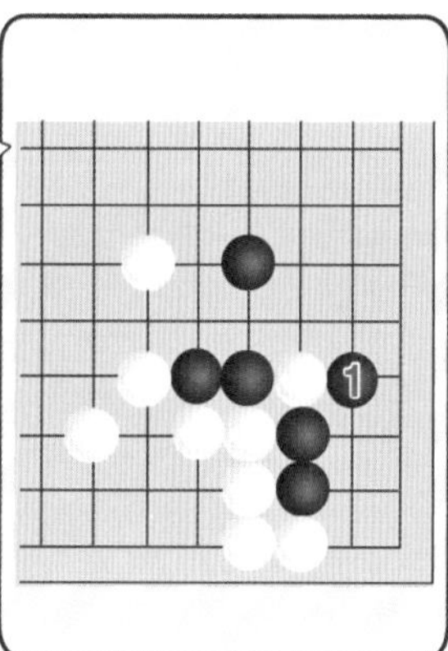

1

1
이렇게 도망가면 되지!

도망갔지롱~!
1
누가 이기는지 해 보자고!

어?

축도 안 되는데 몰아가다니! 메롱.
2
1
우하하

한돌아, 잘 생각해 봐야 할 것 같은데….
생각할 것도 없어! 축이 안 되니 내가 이긴 거라고!

흥! 과연 그럴까?
스윽

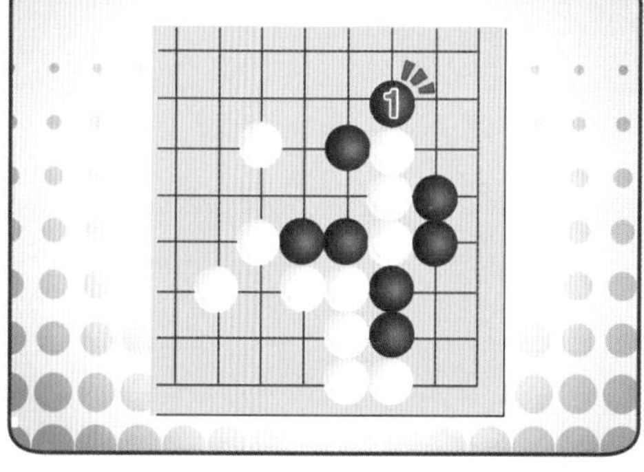

1

으악! 뭐야! 갈 곳이 없잖아!

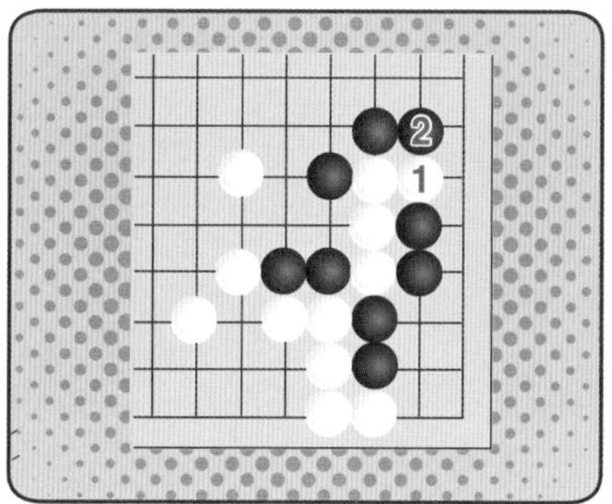

2
1

펑
이런 기술을 '빈축'이라고 해. 뒷 수가 하나 비어있지만 축처럼 몰아서 잡는 수법이지.
윽! 빈축을 몰라 망했다!
짜잔~
앗
하하

빈축

뒷수가 비어 있는 축을 빈축이라고 합니다. 축과는 다르게 단수가 되지 않으면서 축 모양으로 몰아 상대의 돌을 잡는 기법입니다.

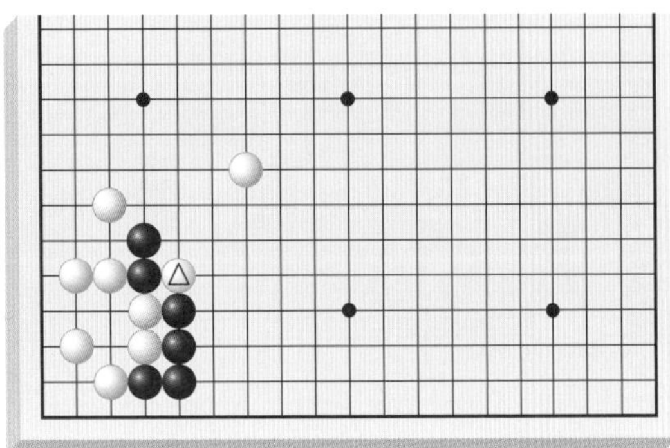

흑이 백 △를 잡으려면 어떻게 해야 할까요?

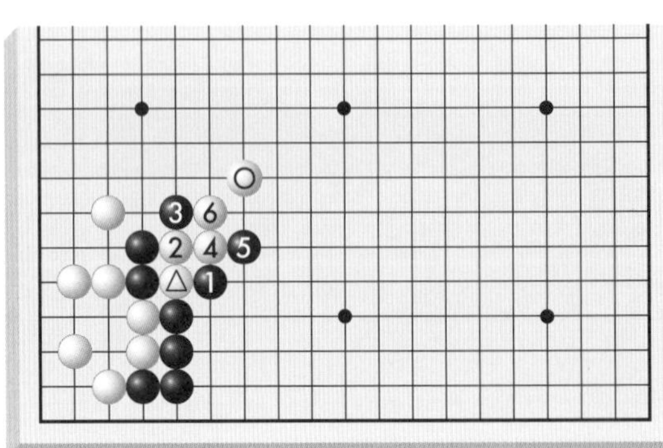

흑이 ❶로 단수쳐서 축으로 몰아가는 건 백돌이 나가면서 축머리 백 ◎와 연결되어 살아가게 됩니다.

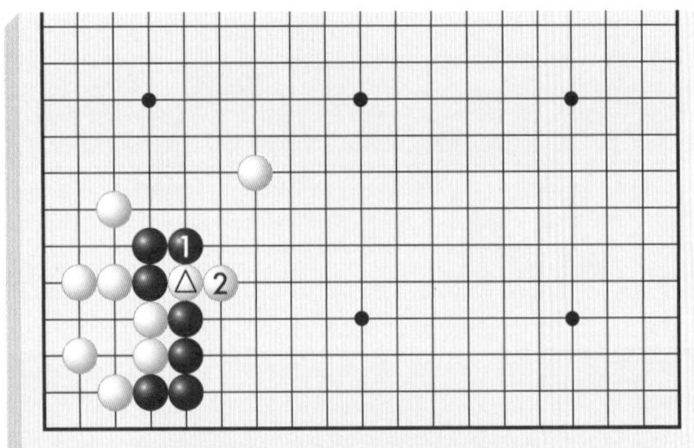

그렇다고 흑 ❶로 단수를 몰아가면 백이 ②로 나가 활로가 3개나 되어 잡을 수 없습니다. 오히려 흑돌이 양쪽으로 끊겨 곤란해집니다.

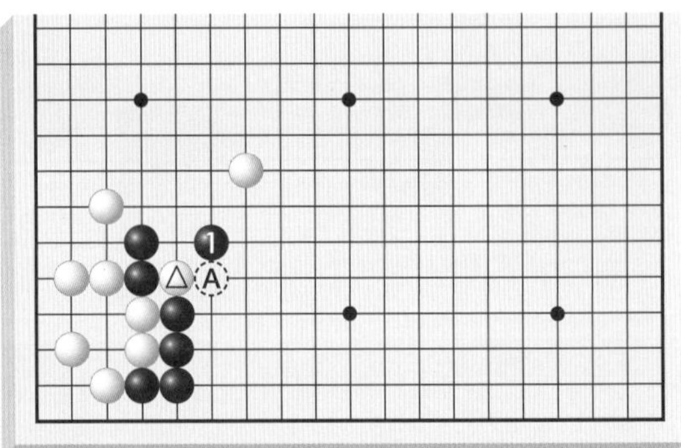

흑 ❶로 두는 것이 좋은 수입니다. 백이 Ⓐ로 달아나면 어떻게 될까요?

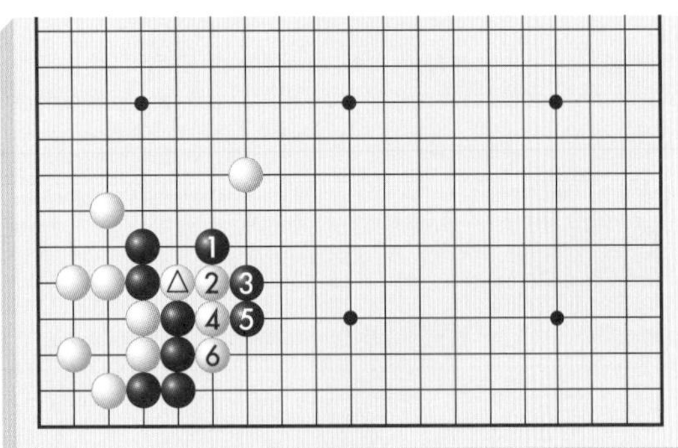

백이 ②로 도망치려 하면, 흑 ❸, 흑 ❺로 계속 몰아갑니다. 백 ⑥으로 나갔을 때가 중요합니다.

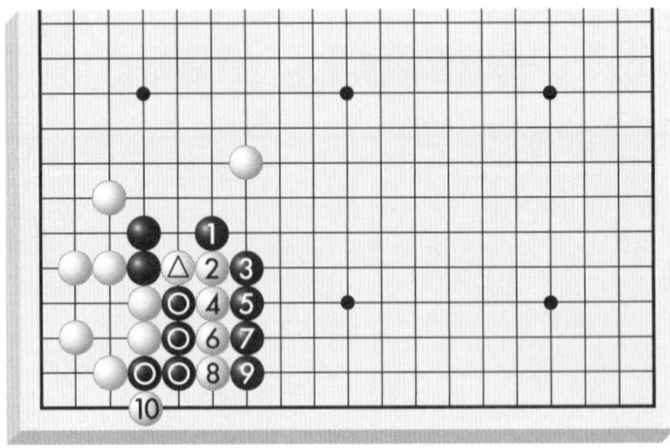

계속 흑 ❼로 막는다면 백이 ⑧로 나가서 흑 ◉ 네 점이 먼저 잡힙니다.

빈축 / 회돌이축

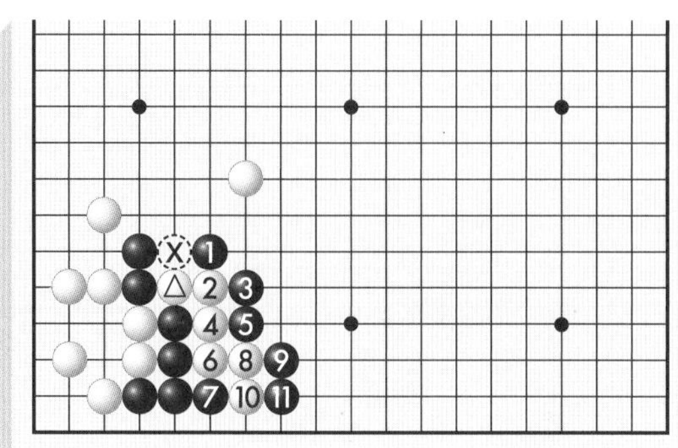

흑 ❼로 꼬부려서 몰아두고 백 ⑧로 나갈 때 다시 흑 ❾로 막아서 몰아가면, 결국 백돌이 잡힙니다. ⓧ가 비어 있지만, 축처럼 몰려서 결국 잡히게 됩니다. 이처럼 뒷수가 비어있는 축을 **빈축**이라고 합니다.

회돌이축

먹여치기를 이용하여 돌을 연단수로 돌려치는 기법을 회돌이라 하고, 회돌이를 이용하여 돌을 나쁜 모양으로 만든 후에 축으로 잡는 수법을 회돌이축이라고 합니다.

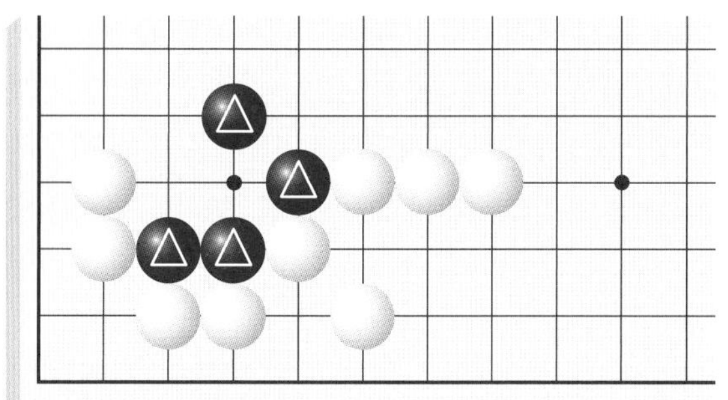

흑 △ 네 점을 잡으려면 어떻게 해야 할까요? 얼핏 흑은 호구 모양이라 잡을 수 없는 것처럼 보입니다. 하지만 좋은 수단이 있습니다.

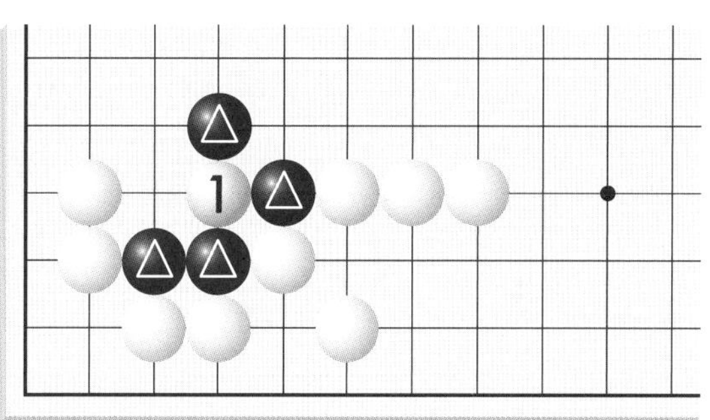

먼저 백 ①로 먹여치는 것이 좋은 수법입니다. 한 점을 희생하는 방법입니다.

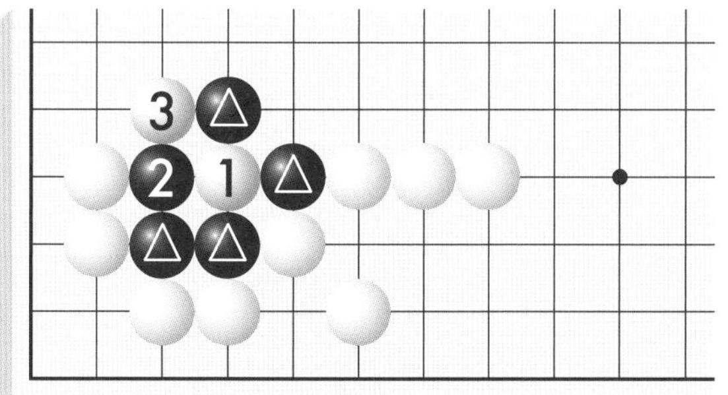

흑이 ❷로 백 한 점을 따낸다면, 백은 ③으로 단수 몰아갑니다.

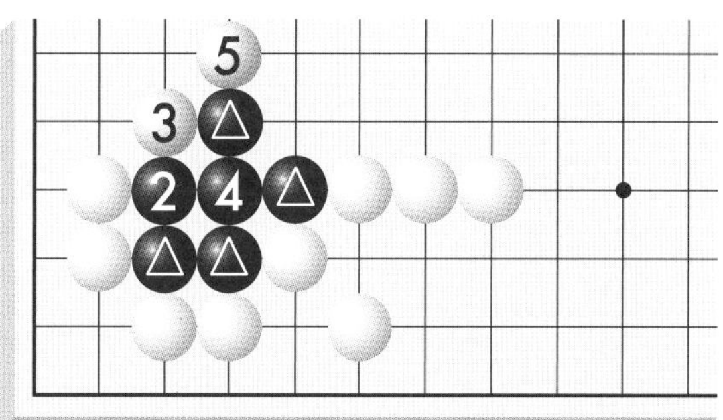

흑이 ❹로 이을 때 백 ⑤로 계속 몰아가면 축에 걸립니다. 이처럼 회돌이(먹여치기를 이용하여 돌을 연단수로 돌려치는 것)를 이용하여 돌을 나쁜 모양으로 만든 후에 축으로 잡을 수 있습니다(**회돌이축**).

회돌이축의 응용

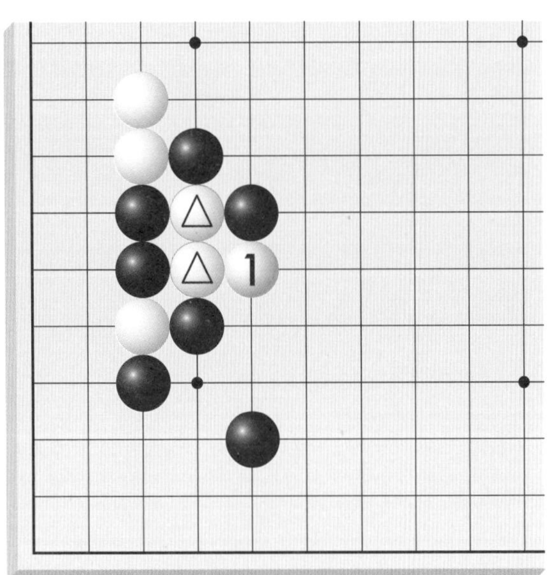

백 △들이 단수에 몰려 백 ①로 달아난 장면입니다. 과연 흑은 백돌을 잡을 수 있을까요?

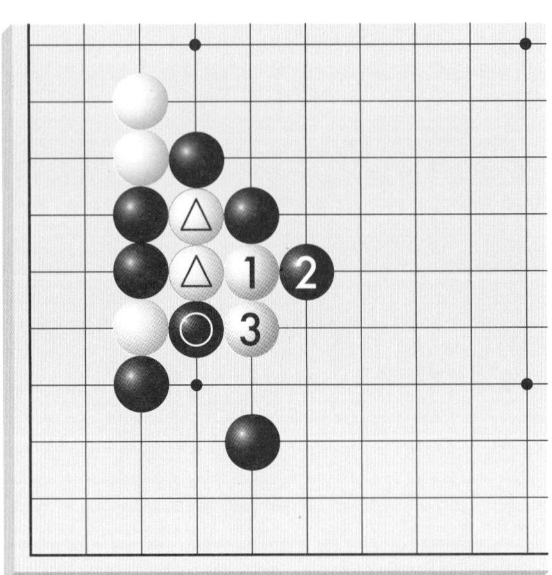

흑 ❷로 단수치고 백 ③으로 나가면 흑 ◉가 단수에 몰려 더는 백돌을 잡으러 갈 수 없는 것처럼 보이기도 합니다. 하지만 수읽기를 잘 해보면 방법이 있습니다.

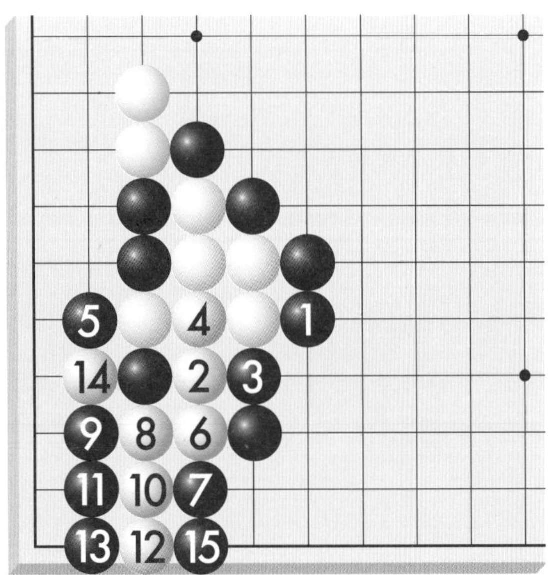

흑 ❶로 단수 몰고 백이 ②로 흑 한 점을 따내면 다시 흑 ❸으로 단수칩니다. 백 ④로 이을 때 흑 ❺~⓯까지의 수순 대로 두어가면 회돌이축에 걸려 백은 꼼짝없이 잡히고 맙니다.

이처럼 회돌이로 죄어 붙이다가
방향을 바꾸어 축을 성립시켜
잡는 것도 회돌이축의 기법이에요.

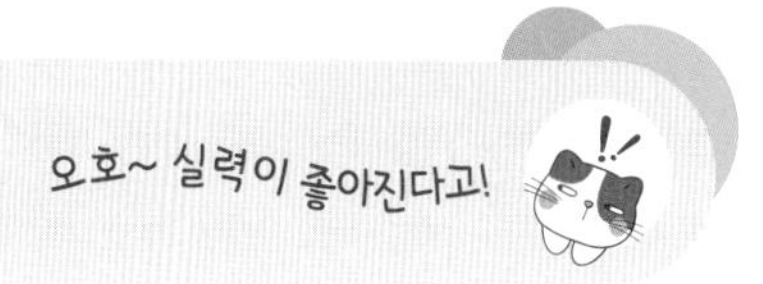

 흑으로 백 ◬를 빈축으로 잡아봅시다. (3수 표시)

1

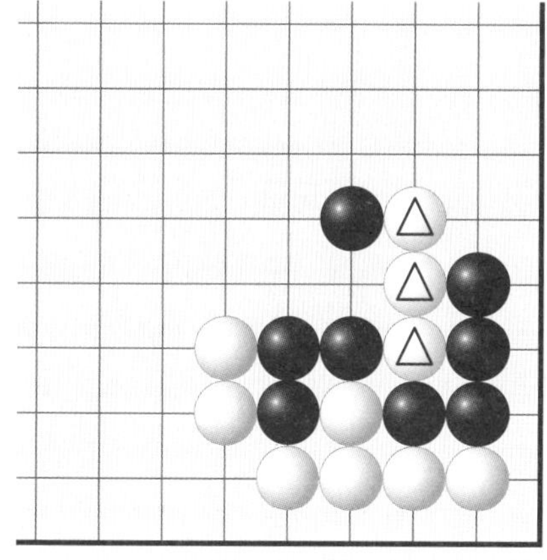

2

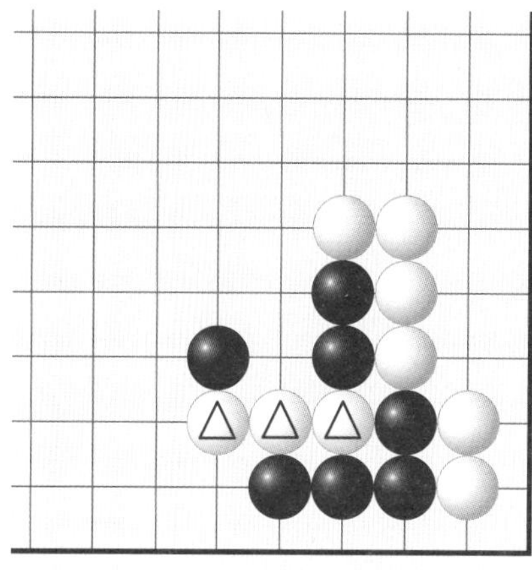

3

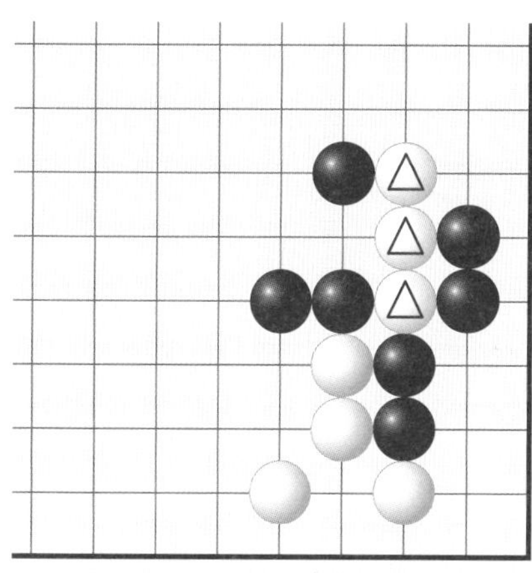

4

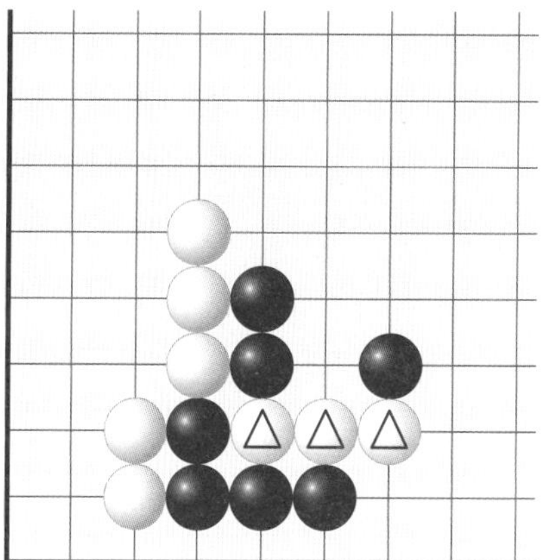

5

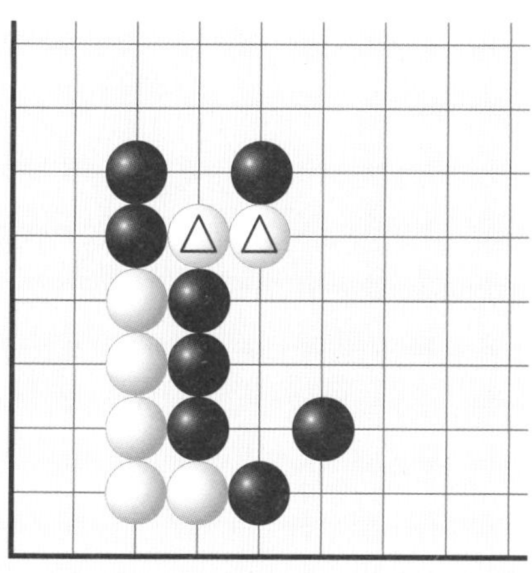

6

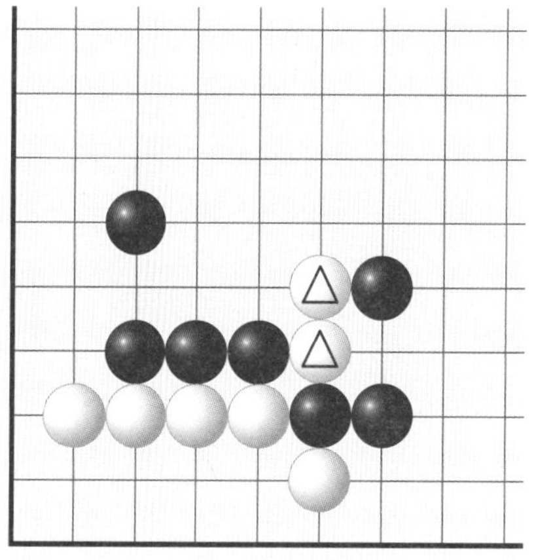

실력이 탄탄

흑으로 백 ◬를 빈축으로 잡아봅시다. (5수 표시)

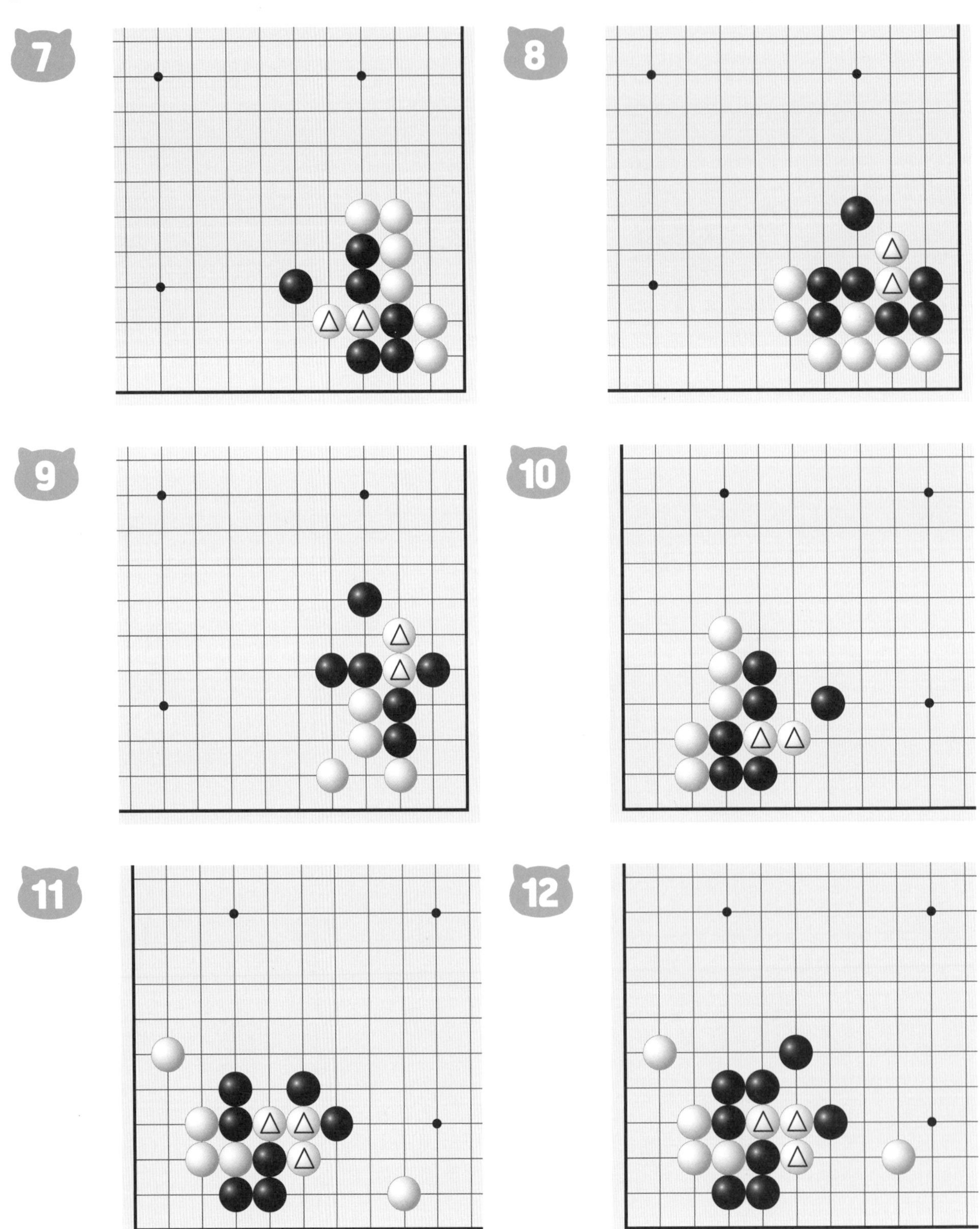

흑으로 백 △를 회돌이축으로 잡아봅시다. (5수 표시)

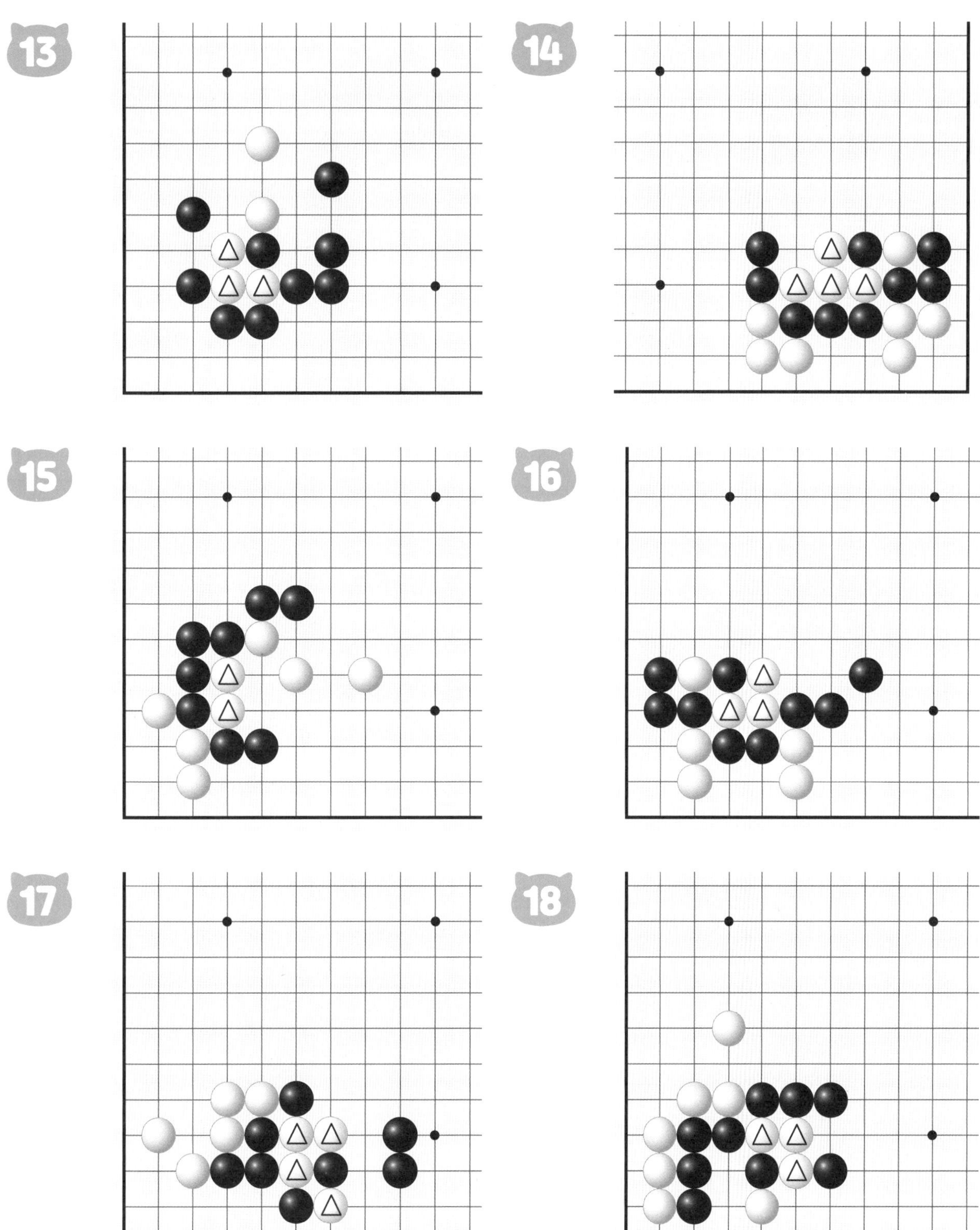

마음이 쑥쑥

다음 만화를 보고, 질문에 답해 봅시다.

이번에 이기면 승급할 수 있어. 자신 있어.

시간이 흐르고...

이제 다 됐네! 내가 이긴 게 분명해! 승급이다!

어? 거기는 자충인데?

내가 공배를 메워간 자리가 자충이 되어 수가 나다니.

말도 안 돼! 다 이긴 바둑을 이렇게 진다니!

누리야, 거의 이길 뻔한 바둑을 공배 메우다 수가 나서 지게 되니 얼마나 억울하니?

승부라는 건, 돌 담기 전까진 알 수 없단다. 다 이긴 바둑을 질 수도 있고, 반대로 불리했던 바둑을 이길 수도 있지.

패배를 교훈삼아 앞으로 공배를 메울 때도 조심하게 될 거야. 실력이 늘을 테니 속상해 하지 마렴.

바둑을 두면 항상 이길 수만은 없습니다. 바둑에서 졌을 때, 그리고 삶에서 좌절의 순간이 왔을 때 나는 어떤 태도를 지녀야 할까요?

이야기로 배우는 바둑 상식

세계에서 가장 오래된 바둑판은?

▲ 목화자단기국

세계에서 가장 오래된 바둑판은 무엇일까요? 일본의 나라시에 있는 박물관, 정창원에 보관되어 있는 '목화자단기국'입니다. 이 바둑판은 재질이 단단한 '자단나무'로 만들어졌습니다. 그래서 1,400년이나 지났지만 손상되지 않은 그대로 보존되어 있습니다. 일본에서 보물로 지정된 바둑판이기도 합니다.

목화자단기국은 1,400년 전의 공예품이라고는 믿어지지 않을 만큼, 아주 정교하고 화려한 세공기법으로 제작된 빼어난 작품입니다. 옆면에는 낙타, 사슴, 공작새 등 각종 동물과 꽃을 상아로 정교하게 조각하여 박았고, 바둑알을 넣는 서랍이 양쪽 모서리 부분에 대각선 방향으로 달려 있습니다. 금동 고리가 달린 서랍장은 한쪽은 거북 모양이고, 다른 한쪽은 자라 모양인데, 어느 한쪽 서랍을 잡아당기면 건너편 쪽 서랍이 자동으로 튀어나오도록 장치되어 있습니다. 바둑판의 가로, 세로줄은 상아를 가늘게 박았으며, 정교한 꽃술무늬 화점(花點) 17개가 박혀 있습니다.

목화자단기국은 출처가 불가사의로 남아 있습니다. 정창원에 소장된 보물 목록을 기록한 '국가진보장'에는 목화자단기국의 출처에 관한 기록이 없기 때문입니다. 그런데 국가진보장에 7세기 중엽, 백제 의자왕이 일본 조정의 내신 후지와라 가마타리에게 두 벌의 바둑통과 바둑알을 선사했다고 뚜렷이 기록되어 있습니다. 그래서 목화자단기국 역시 백제에서 건너간 것이 아니냐는 추측이 제기되고 있습니다. 특히 바둑판에 그려진 17개의 화점이 우리나라 고유의 *순장 바둑을 연상케 하기 때문입니다.

목화자단기국의 정확한 출처는 아직까지 밝혀지지 않았지만, 신비롭고 정교한 예술성을 지닌 세계 최고의 바둑판이라는 점에서 역사적인 가치가 매우 큽니다.

*** 순장 바둑** 우리나라 고유의 재래식 바둑.

2 패 만들기

이 단원을 배우면!

- 패싸움의 의미를 더 깊이 이해할 수 있어요.
- 상대방 돌을 패를 만들어 잡으러 갈 수 있어요.
- 내 돌을 패를 만들어 살릴 수 있어요.

인성 바둑을 두며 반성하는 자세를 배울 수 있어요.

오늘 배울 내용을 생각해 보며, 그림을 살펴봅시다.

바둑 격언 사전

패는 요술쟁이라구?

만화로 배우는 바둑

자, 두 눈을 만들었으니 살았지?
끙…

아니야, 백에게 아직 기회가 있는 것 같은데?

기회는 무슨! 사활의 기본 조건! '떨어진 두 집을 만들면 산다.'는 것도 모르냐?
버럭

저러다 한돌이가 또 당할 것 같은데.
그러게 말이야.

하하
꺄르르
음…

아!

그런 수가 있다니! 패가 났잖아!
1
쯧쯧. 내가 그럴 줄 알았지!

으…. 이럴 수가. 다 잡혀버렸네.
아직 포기하기엔 일러!

아까 니가 당했던 수법을 쓰면 되잖아.
뭐야, 누구 약 올리는 거야? 단수몰린 돌을 이으면 떨어진 두 집이 안 나잖아.

에라, 모르겠다.
1
탁!

탁

휴, 잡았네.
1
2
하하

한돌아, 흑 ❶로 두어 패를 만들면 살릴 수도 있었는데.
1
헉! 그러네. 아…. 패는 너무 어려워!
으아아~

패싸움

패싸움은 패 모양에서 흑과 백이 서로 패를 따내는 싸움입니다. 한쪽이 패를 따내면 상대방은 곧바로 패를 따낼 수 없습니다. 패를 다시 따내려면 어딘가 한 수를 두고 난 후에야 가능합니다.

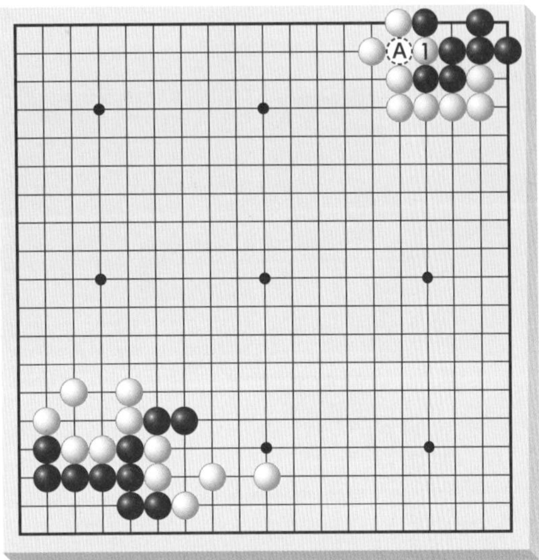

백이 ①로 패를 따낸 장면입니다. 이 패는 흑돌의 사활이 걸린 중요한 패입니다. 흑은 곧바로 Ⓐ로 따낼 수 없으니 팻감을 써야 합니다.

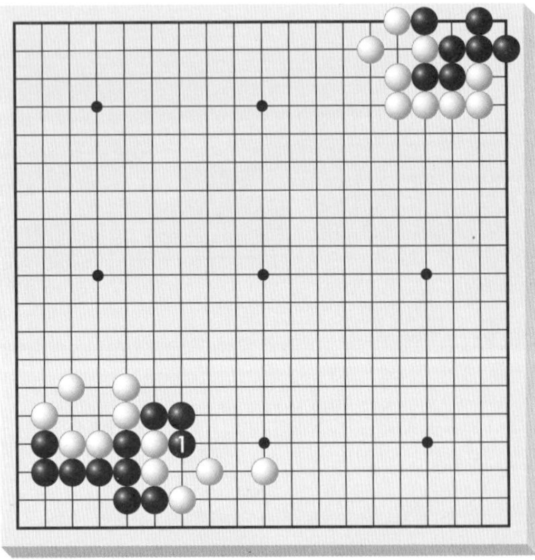

흑이 ❶로 단수를 치는 수가 팻감입니다. 백은 이 수에 받아줄 것인지, 아니면 패를 해소할 것인지를 판단해서 결정해야 합니다.

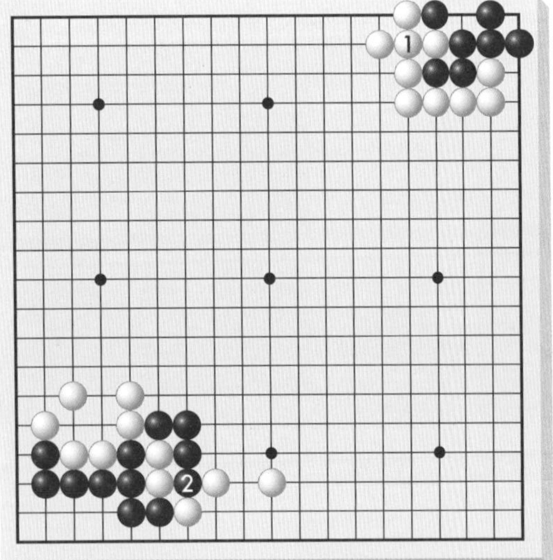

만약 백이 ①로 이어 패를 해소한다면 우상귀의 흑돌은 모두 잡을 수 있습니다. 대신 흑은 ❷로 두어 백돌 두 점을 잡을 수 있습니다. 흑이 백 두 점을 잡은 것도 큰 이득입니다. 결국 이 패싸움에서는 백이 패를 이기고, 흑은 좌하쪽의 백돌을 잡아 이득을 보는 바꿔치기를 한 셈입니다.

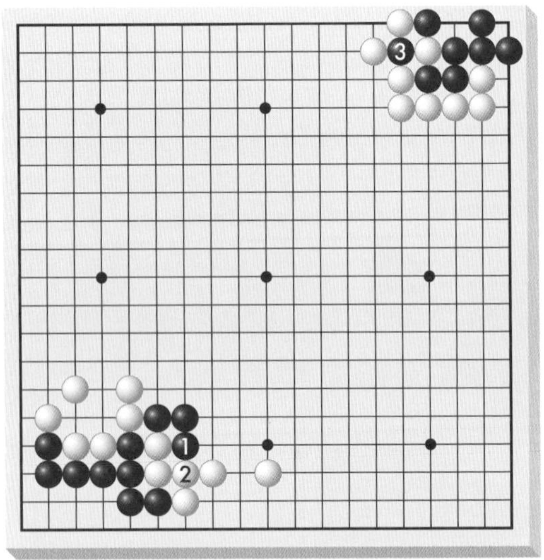

만약 백이 ②로 이어 두 점을 살린다면, 흑은 ❸으로 패를 따내면 됩니다. 이번에는 백이 다른 곳에 두어 팻감을 쓸 차례입니다.

패싸움 / 패 만들기

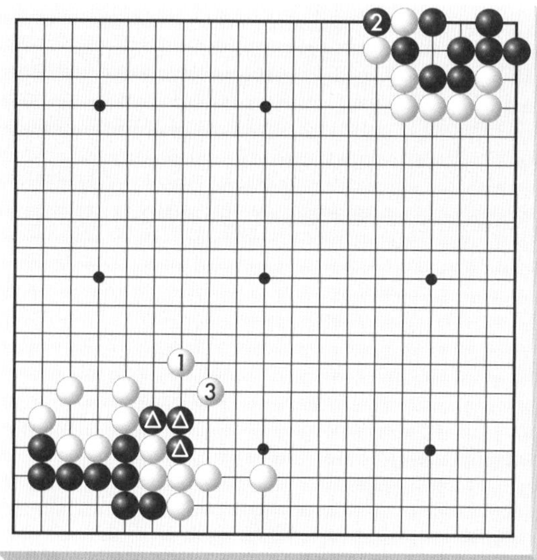

이어서 백 ①로 흑 ▲ 세 점을 공격하는 수를 팻감으로 둔다고 가정해 봅시다. 흑이 받지 않고 흑 ❷로 패를 해소하면 우상귀쪽 흑돌은 살아갈 수 있습니다. 대신 백 ③으로 흑 세 점이 잡히게 됩니다. 이 패싸움에서는 흑이 패를 이기고, 백은 좌하쪽의 흑돌을 잡아 이득을 보게 됩니다.

패 만들기

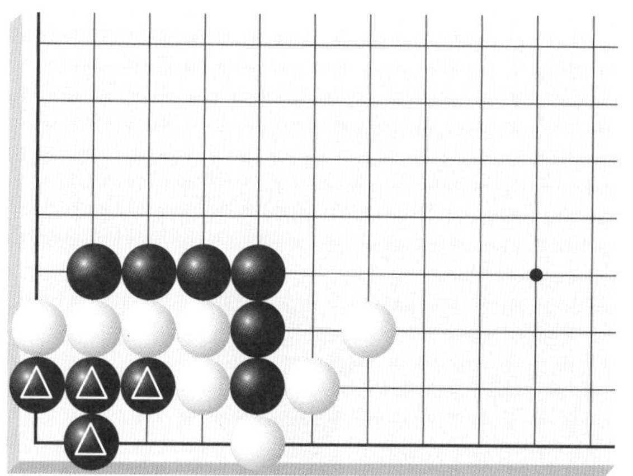

흑 ▲ 네 점이 위기에 처했습니다. 백돌 속에 갇혀 있고, 한 집 밖에 갖고 있지 못해 죽게 생겼습니다. 이 흑돌을 어떻게 살려낼까요?

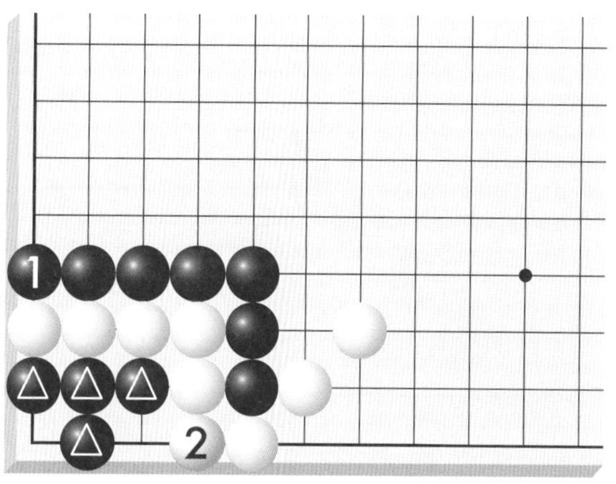

흑이 그냥 ❶로 단수치는 것은 백이 ②로 이어서 아무것도 되지 않습니다. 지금은 패를 만드는 수단을 연구해야 합니다.

흑 ❶로 먹여쳐 들어가는 수가 좋은 수입니다. 그럼 백 ◎돌들이 단수가 됩니다.

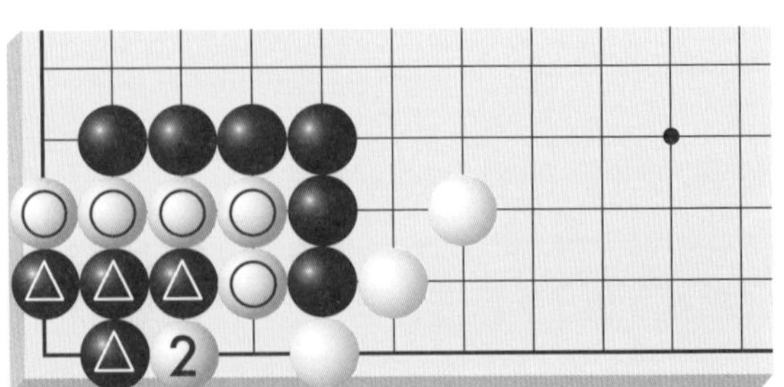

백은 ②로 따내야 하는데, 그럼 패가 난 모습입니다. 이 패싸움에 따라 흑 ▲와 백 ◎중 한쪽은 잡히게 됩니다.

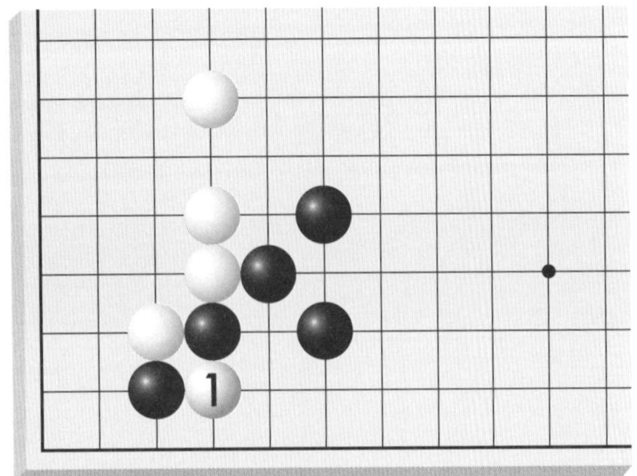

백이 ①로 끊어온 장면입니다. 흑은 어떻게 응수하는 것이 최선일까요?

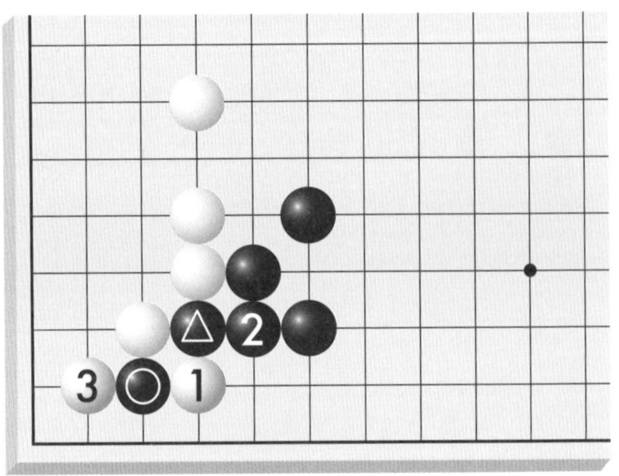

흑 ▲가 단수라고 흑 ❷로 잇는다면, 백 ③으로 몰아 흑 ●가 바로 잡혀 버립니다.

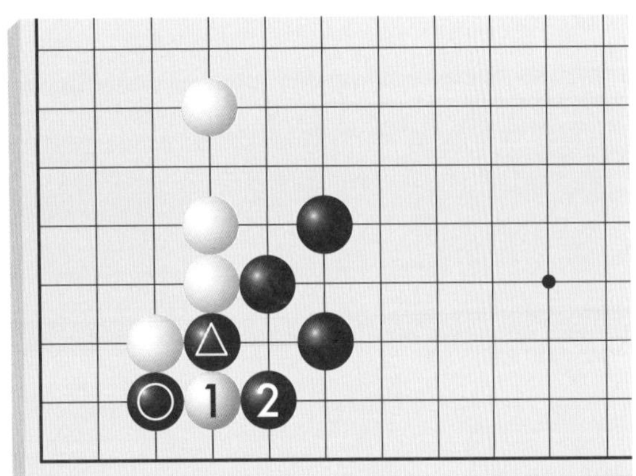

이럴 때는 흑 ❷로 단수 몰아 패를 만드는 것이 좋은 방법입니다. 패싸움을 이긴다면 백① 한 점을 잡을 수 있고, 만약 지더라도 팻감을 통해 다른 곳에서 이득을 볼 수 있습니다.

오호~ 실력이 좋아진다고!

흑이 △로 두어 잡으러 온 장면입니다. 백으로 패를 만들어 봅시다.

1

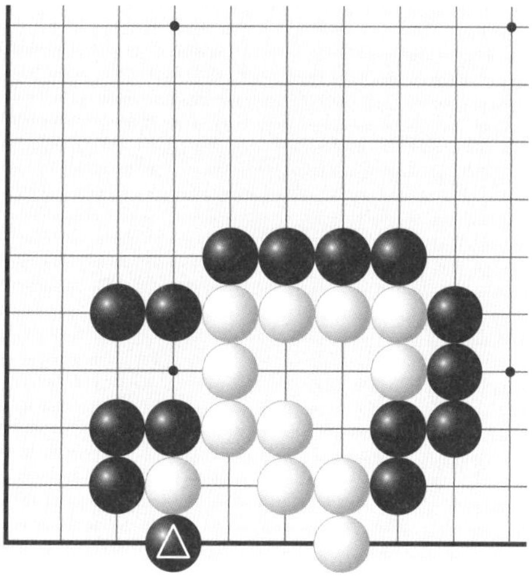

2

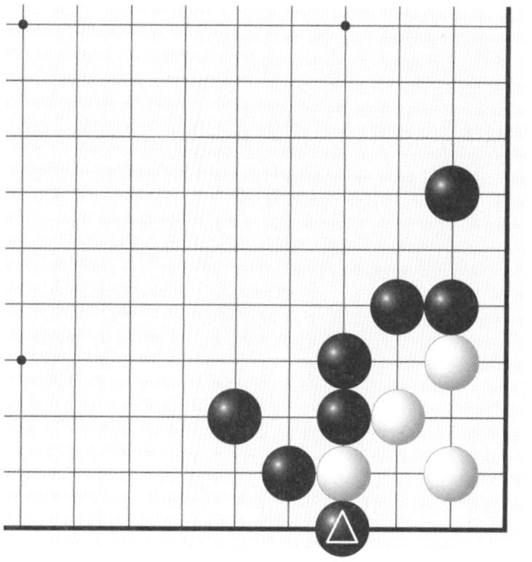

3

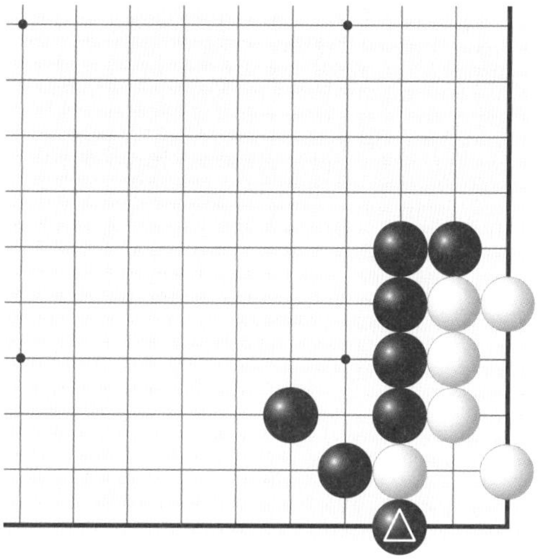

4

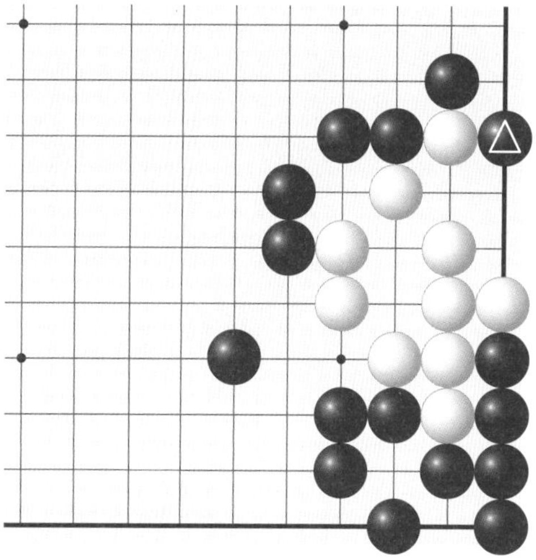

5

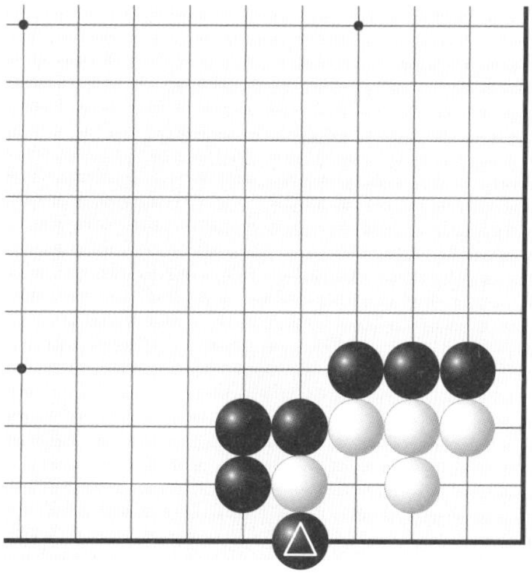

6

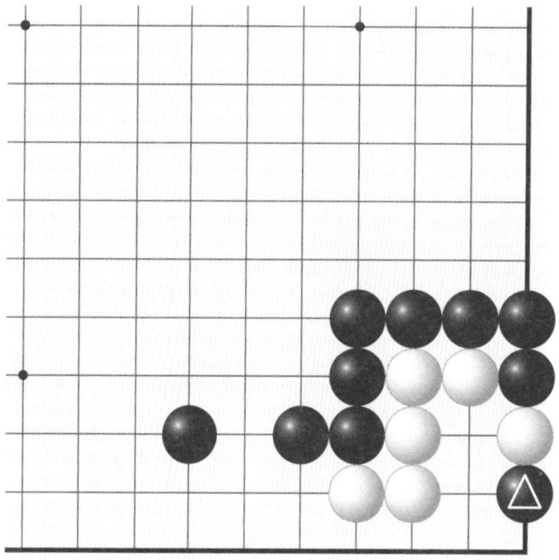

실력이 탄탄

흑 △로 두어 잡으러 온 장면입니다. 백으로 패를 만들어 봅시다.

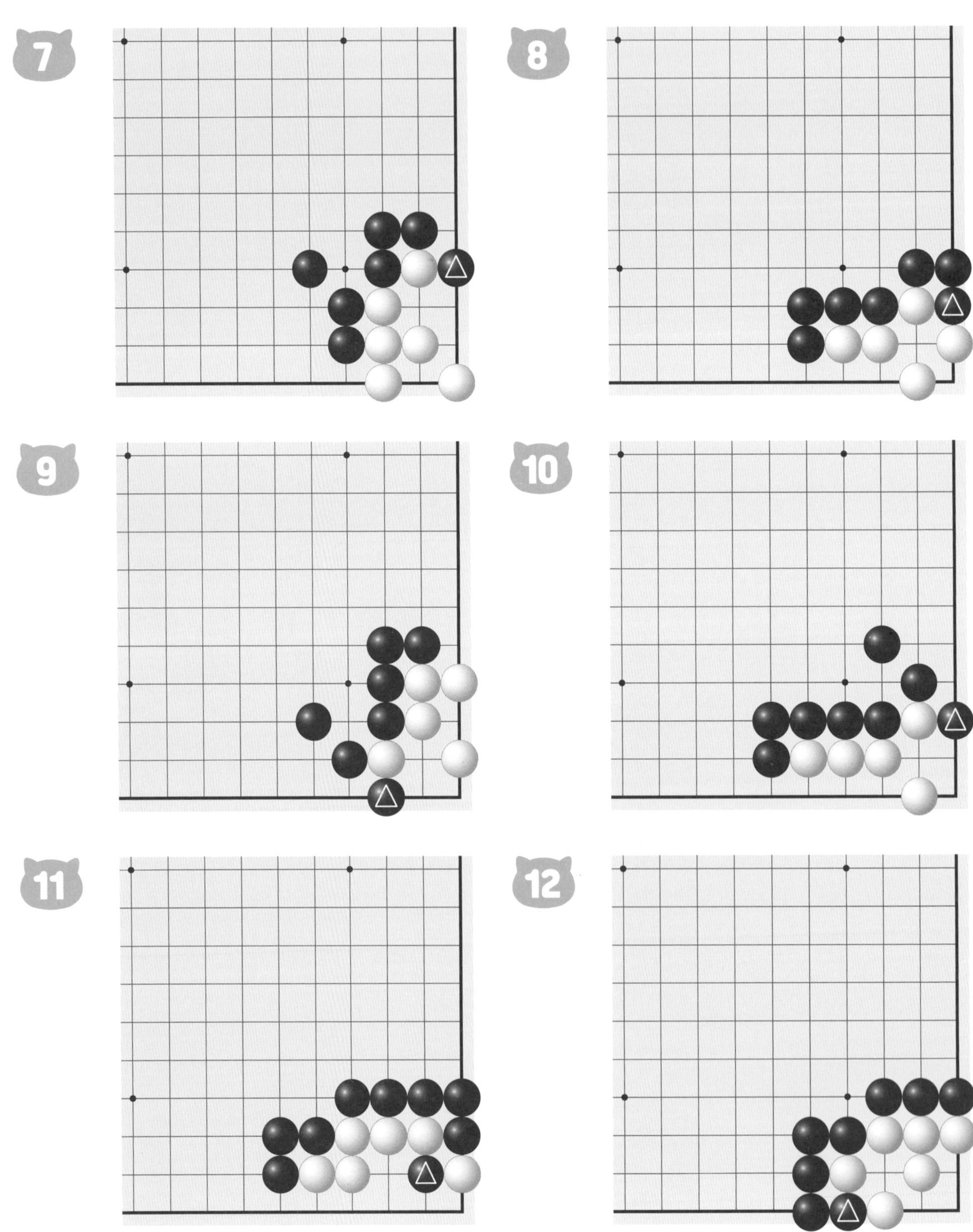

백으로 패를 만들어 흑돌을 잡으러 가 봅시다.

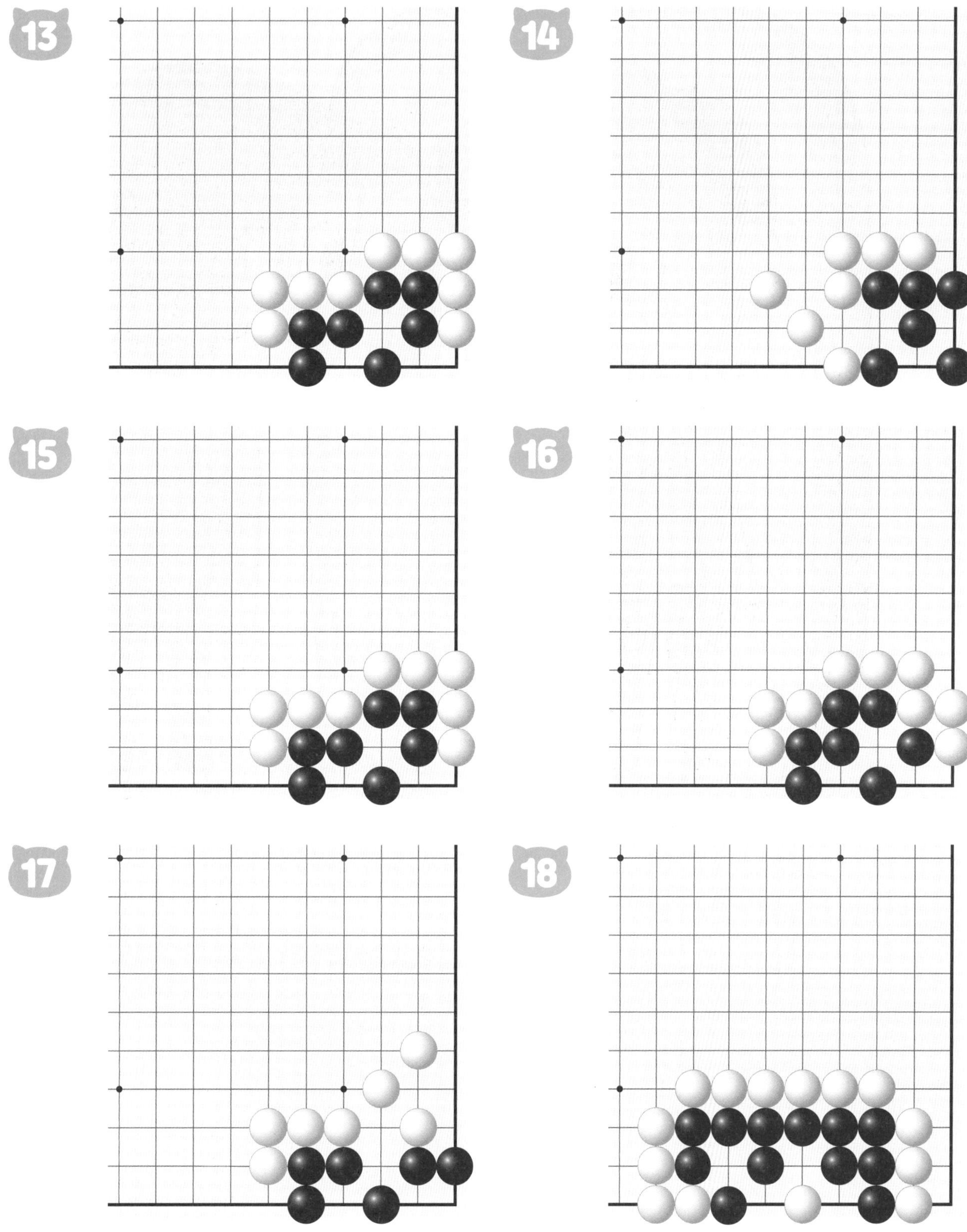

마음이 쑥쑥

다음 그림을 보고, 질문에 답해 봅시다.

바둑은 마음을 비추는 거울입니다. 나의 마음을 바둑에 비추어 본다면 무엇이 보이나요?

이야기로 배우는 바둑 상식

*일수불퇴

우리의 삶이 순간순간 선택의 연속인 것처럼, 한 판의 바둑은 수많은 선택과 실천의 과정이라고 할 수 있습니다. 한 수 한 수 둘 때마다 선택을 해야 합니다. 상대가 던진 질문, 즉 상대가 둔 수에 대해 가장 좋은 대답을 생각하여 선택해 두어 갑니다. 그리고 내가 선택하여 둔 수는 상대방에겐 또 하나의 질문이 되고, 상대 역시 가장 좋은 답을 찾아 선택합니다. 대국이 끝날 때까지 이 과정이 반복됩니다. 한 판의 바둑과 한 사람의 인생은 선택의 과정이라는 면에서도 닮아 있습니다.

바둑에서는 후회 없는 선택을 하는 것이 정말 중요합니다. 늘 경솔하게 손이 나가지 않도록 하고, 신중하게 두어야 합니다. 그래서 바둑을 두면 신중함을 기를 수 있습니다.

그런데 아무리 신중하게 두어도 항상 좋은 수만 둘 수는 없습니다. 두기 전에는 그 수가 가장 좋은 수 같았지만, 막상 두고 나면 악수(나쁜 수)가 되기도 하고, 또 더 좋은 수가 보일 때도 있습니다. 그럴 때는 어떡해야 할까요? 마냥 후회하며 안타까워해야 할까요? 내가 선택한 수는 내가 책임질 줄도 알아야 합니다. 설령 그 수가 좋지 않은 수일지라도 이미 둔 수는 후회해봤자 소용이 없습니다. 그럴 때는 잘못 생각한 부분만 반성하고, 다음 수를 생각해야 합니다. 그래야 실수를 떨쳐버리고 더 좋은 수를 발견할 수 있습니다.

우리의 인생도 마찬가지입니다. 내가 무언가를 선택해야 할 때는 신중하게 잘 생각해서 결정하되, 내가 선택한 결과는 스스로 책임져야 합니다. 내가 선택한 길이 바로 나 자신을 만듭니다. 선택을 되돌릴 수 없다면 나의 결정을 믿고 나아가야 합니다. 때로는 실수를 해도 괜찮습니다. 세상에 실수를 하지 않는 사람은 아무도 없습니다. 어른들도 수없이 실수를 저지릅니다. 그 실수를 통해 배우고, 다음에는 더 좋은 선택을 하기 위해 노력하면 됩니다. 그러면서 더 나은 나로 발전하고 성장할 수 있습니다.

*** 일수불퇴(一手不退)** 한 수(手)도 통하지 아니한다는 뜻으로, 바둑을 둘 때 한 번 둔 수는 물릴 수 없다는 말.

빅 만들기

이 단원을 배우면!

- 빅의 개념을 명확히 이해할 수 있어요.
- 빅을 만들어 돌을 살리는 방법을 배울 수 있어요.

인성 바둑을 둘 때, 욕심을 버리고 마음을 다스리는 법을 깨우칠 수 있어요.

 오늘 배울 내용을 생각해 보며, 그림을 살펴봅시다.

먼저 움직여!

너야말로
움직여 봐!

먼저 움직이면 진다.

만화로 배우는 바둑

흠…

탁
오호! 나리가 빅을 만들어 백돌을 살렸네?

우슨 소리? 내 집 속에서 백돌은 한 집 밖에 안 났는데 살았다니?
너도 한 집 밖에 안 났거든!

앗. 그러네? 그럼 내 돌도 죽은 건가?
하하. 이런 모양은 빅으로 서로 살아 있는 형태야.

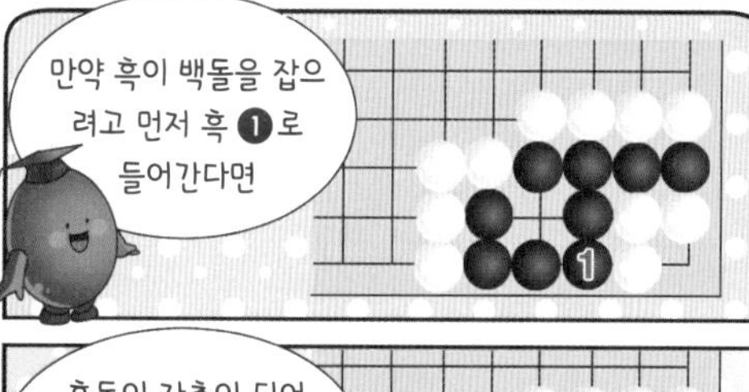
만약 흑이 백돌을 잡으려고 먼저 흑 ❶로 들어간다면

흑돌이 자충이 되어 백에게 다 잡혀버리고 말지.

으~ 상상만 해도 끔찍해!
에~휴~

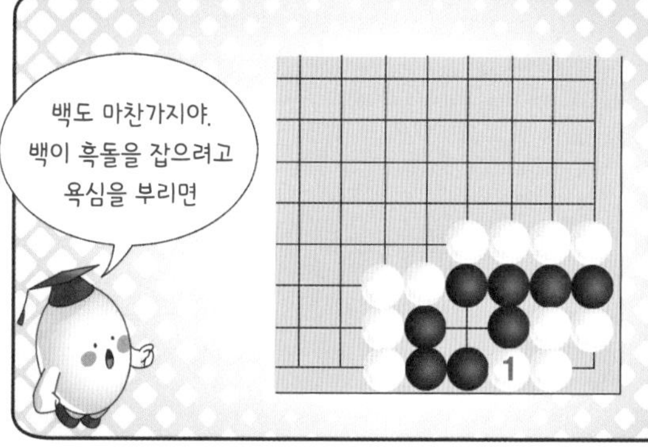
백도 마찬가지야. 백이 흑돌을 잡으려고 욕심을 부리면

흑에게 먼저 잡혀버리지.

아하!
끄덕
끄덕

그럼 못 참고 먼저 잡으러 가는 쪽이 오히려 잡히는 거네?
맞아. 바로 그거야! 서로 들어갈 수 없으므로 서로 살아있는 모양인 거야.

한돌이 넌 참을성이 없어서 빅이 나도 못 참고 먼저 들어갈 텐데 어쩌니?
하하
벌떡
뭐라고!

빅의 궁도

상대에게 포위되어 있는 돌들이 독립된 두 집을 내기가 어려울 때, 빅으로 삶을 도모할 수 있습니다. 빅은 살아 있는 것과 같습니다. 빅을 만들어 돌을 살리는 방법에 대해 알아봅시다.

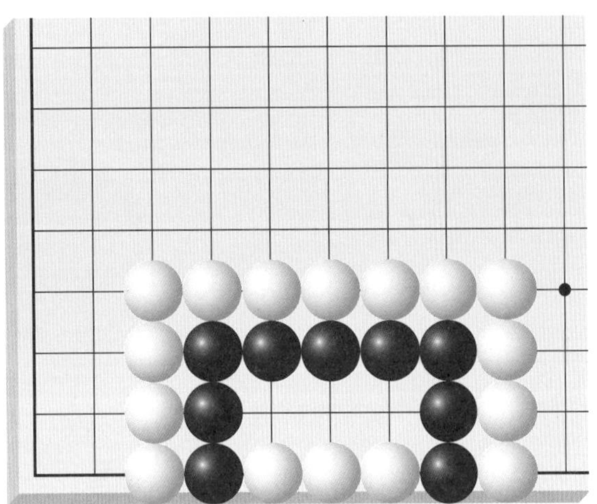

흑돌이 백에게 완전히 포위당해 있고, 흑집 안에 백 세 점이 갇혀 있는 상황입니다. 이 흑돌의 사활은 어떻게 될까요?

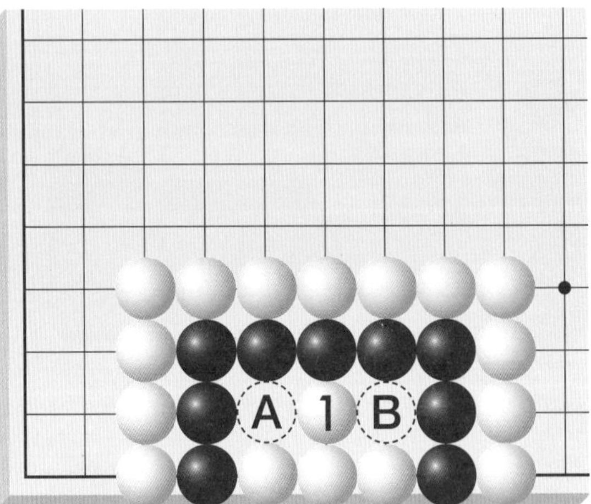

만약 백이 먼저 둔다면, 백 ①의 자리가 급소입니다. 이 모양은 백이 Ⓐ나 Ⓑ로 두면 ***오궁도화**가 되기 때문에 흑이 죽은 형태입니다.

* **오궁도화(五宮桃花)** 복숭아꽃 모양을 한 5궁. 완전한 삶의 형태가 아니므로 상대방이 먼저 둘 경우 잡힘.

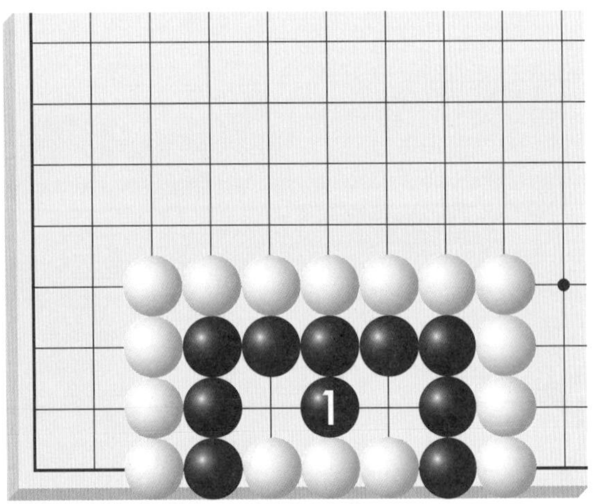

흑이 둘 차례라면 흑 ❶로 가운데 자리에 두는 것이 좋은 수입니다. '적의 급소는 나의 급소'라는 격언대로 말입니다.

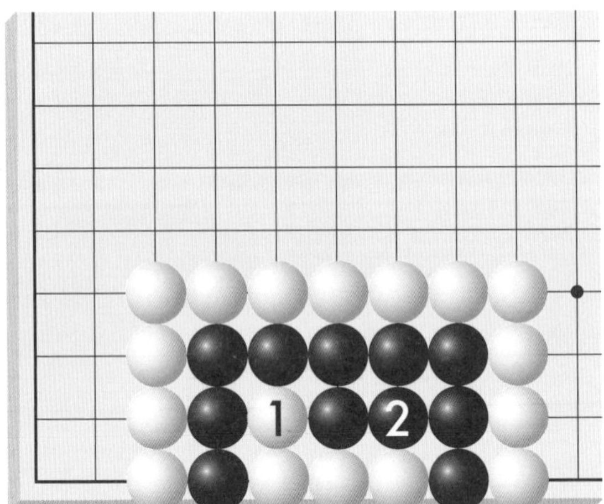

만약 백이 ①로 두어 잡으러 온다면 백 넉점이 단수가 되어 흑이 ❷로 먼저 백돌을 따낼 수 있습니다. 그러면 곡사궁이 되므로 흑이 살게 됩니다.

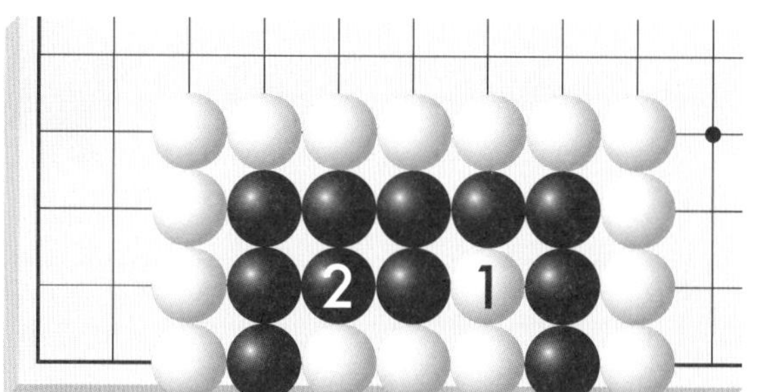

반대쪽 백 ①로 두어도 마찬가지입니다. 들어오는 순간 백돌이 단수가 되어 흑 ❷로 따내게 됩니다. 따라서 백은 흑돌을 잡으러 올 수 없습니다. 그렇다면 흑이 백돌을 잡은 것일까요?

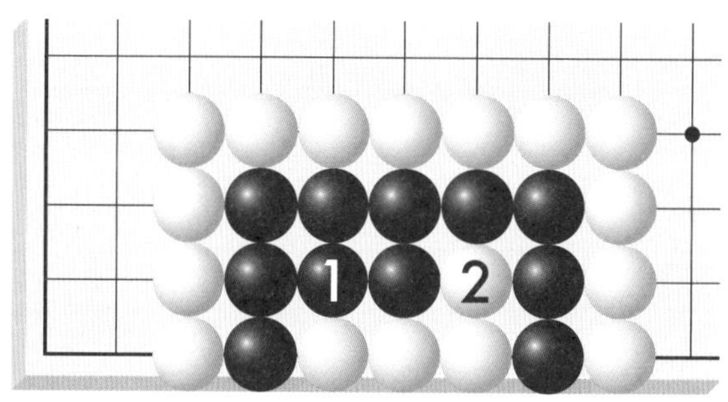

만약 흑이 백돌을 잡으려고 흑 ❶로 둔다면 흑돌 전체가 단수가 되어 백 ②로 잡아먹힙니다.

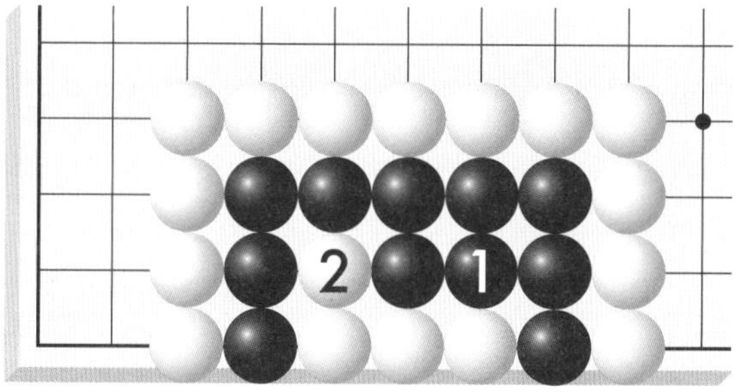

반대쪽 흑 ❶로 두어도 역시 백 ②로 따먹히게 됩니다.

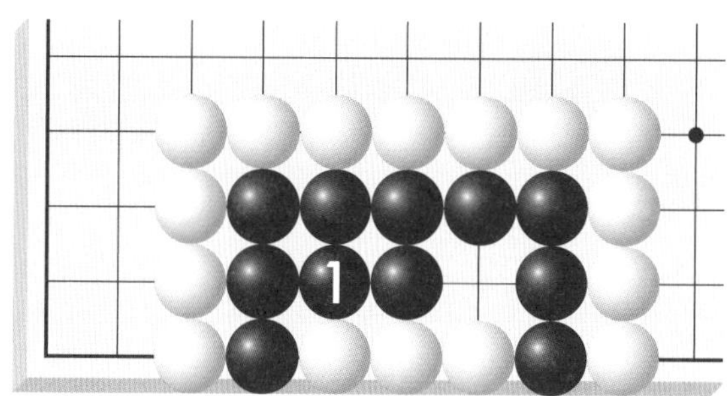

더욱이 이 형태는 흑 ❶로 두었을 때 백이 굳이 흑돌을 따내지 않고 손을 빼더라도, 이미 흑이 죽어있는 형태입니다. 다음에 흑이 백 세 점을 따내봤자, 백이 가운데 급소로 치중하면 떨어진 두 집을 만들 수가 없으니까요.

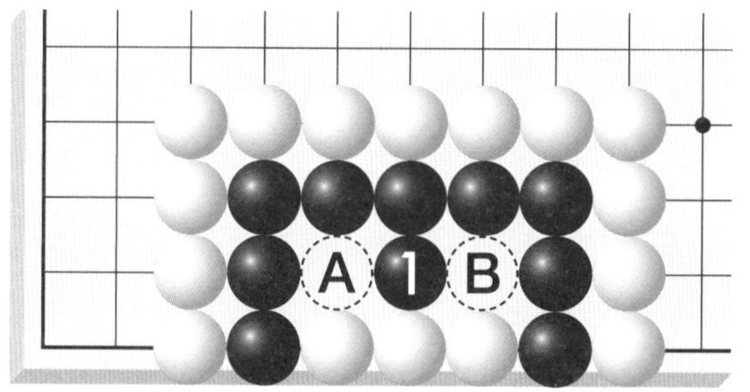

따라서 처음 흑이 ❶로 두고 나면 먼저 Ⓐ나 Ⓑ로 두는 쪽이 잡히므로 서로 두지 않게 됩니다. 바로 빅이 난 형태입니다. 빅은 산 것과 마찬가지므로, 이 형태는 흑과 백 양쪽이 모두 살아있는 형태입니다.

빅이 나면 먼저 두어가는 쪽이 잡히므로 성급하게 두지 말고 가만히 놔둬야 해요.

빅 만들어 살기

빅을 만들면 돌을 살릴 수 있다는 것, 명심해야 해요!

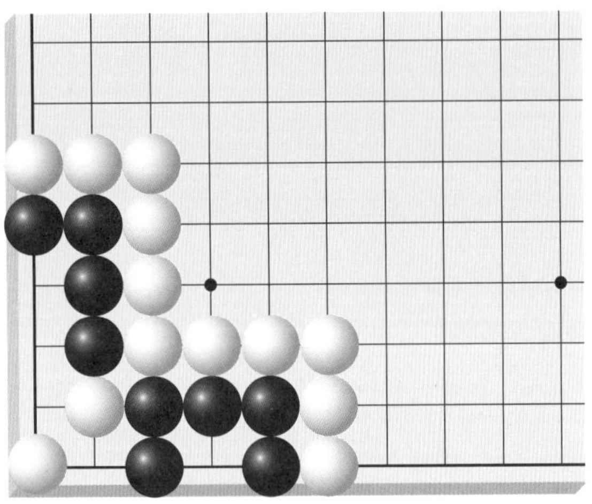

흑돌을 살리려면 어떻게 해야 할까요?

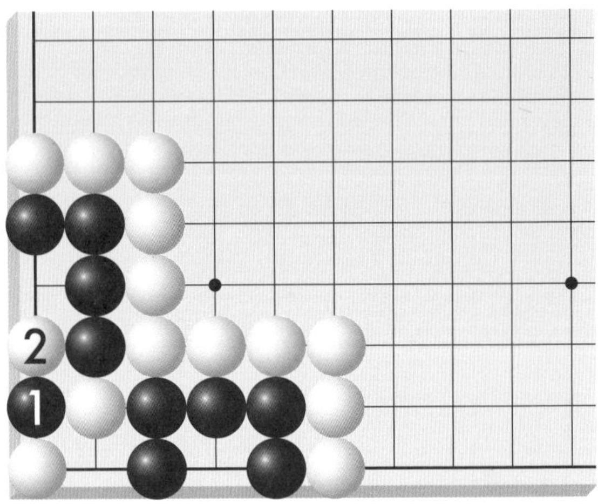

만약 흑이 ❶로 둔다면, 백 ②로 따내어 흑돌 전체가 잡히게 됩니다.

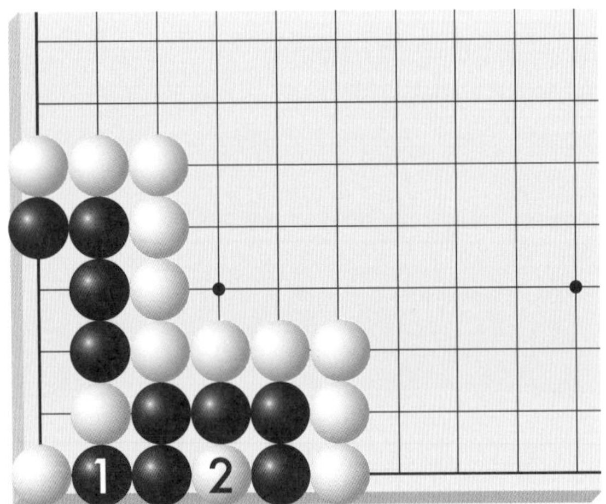

그렇다고 흑 ❶로 둔다면, 백 ②로 흑돌이 먼저 잡힙니다.

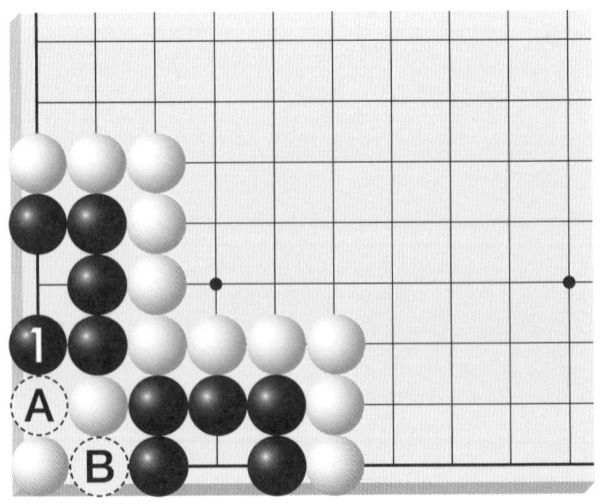

이럴 때는 흑 ❶로 가만히 내려서 한 집을 만드는 것이 좋은 방법입니다. 이제 Ⓐ나 Ⓑ의 곳은 먼저 두는 쪽이 단수에 몰리는 모양입니다. 서로가 상대를 잡을 수 없기 때문에 이 모양은 빅입니다. 따라서 흑 ❶로 두면 흑돌 전체를 살릴 수 있습니다. 물론 흑돌 속의 백 두 점도 살아 있는 돌이겠지요?

오호~ 실력이 좋아진다고!

흑으로 빅을 만들어 봅시다.

1

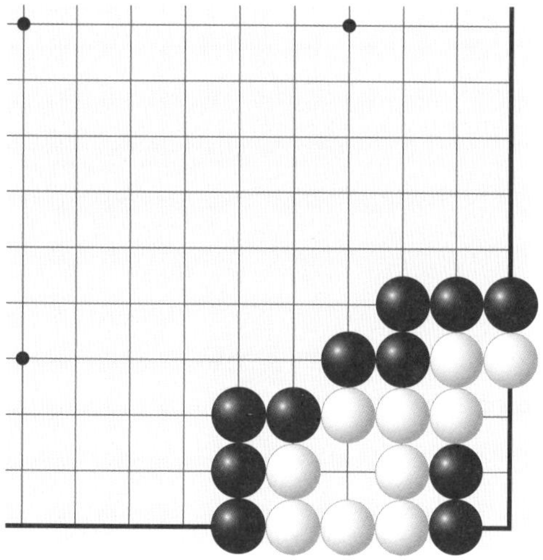

2

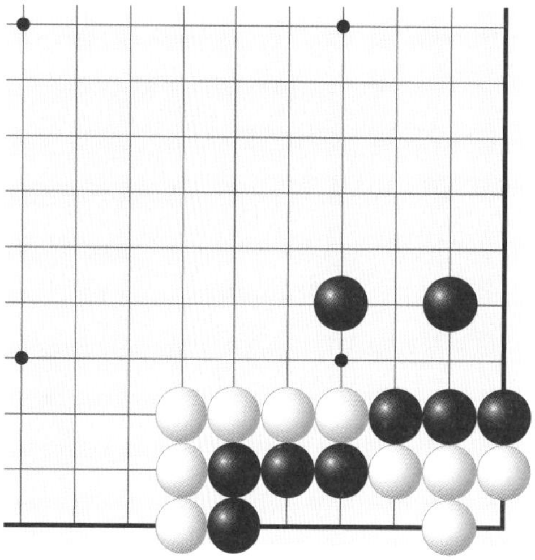

3

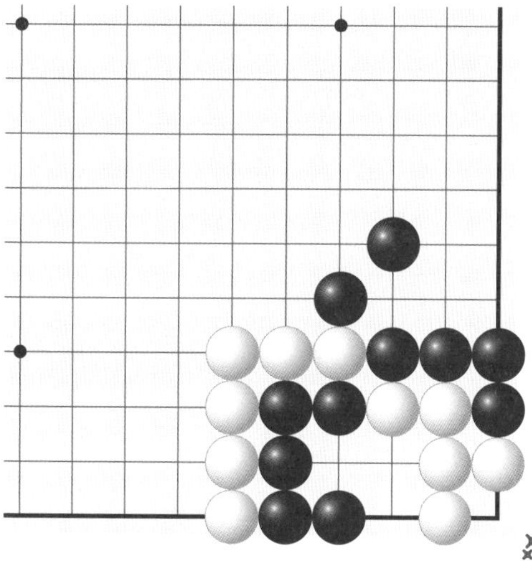

4

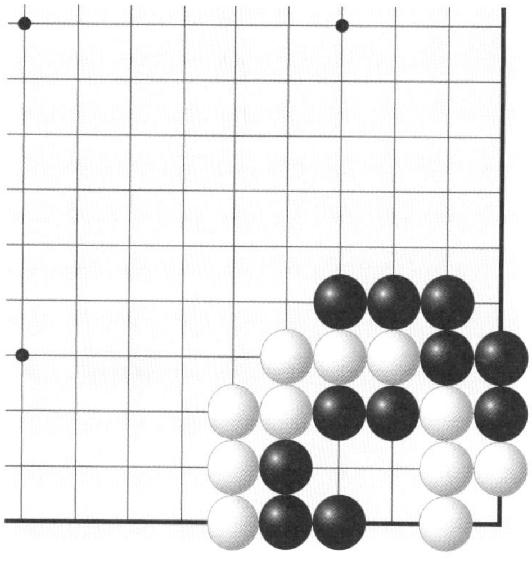

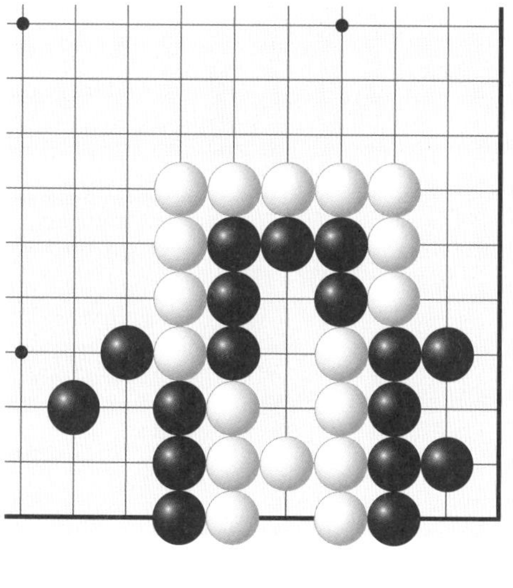

도전

5

6

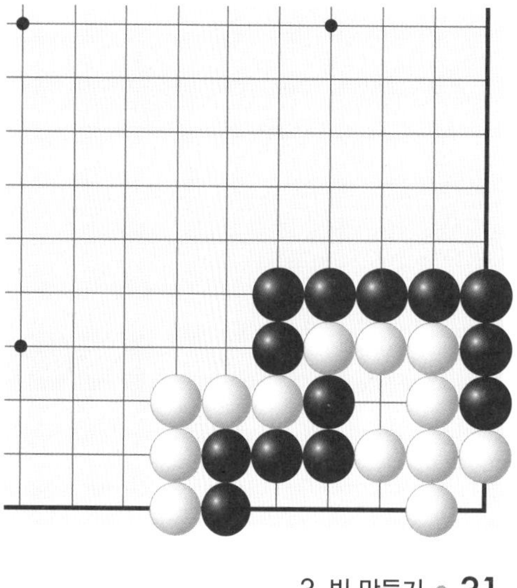

실력이 탄탄

백이 둘 차례입니다. 빅을 만들어 백돌을 살려봅시다.

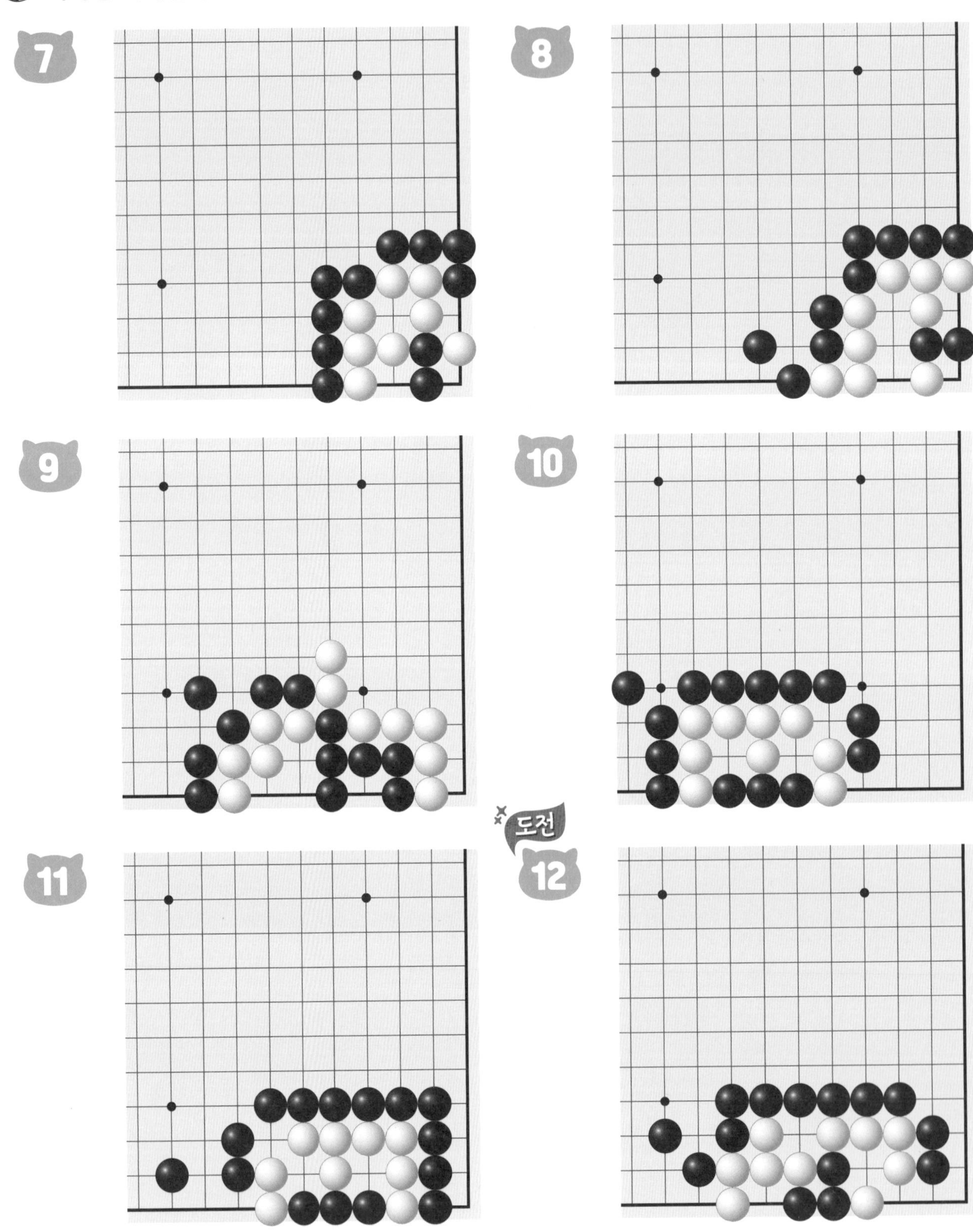

백이 둘 차례입니다. 빅을 만들어 백돌을 살려봅시다.

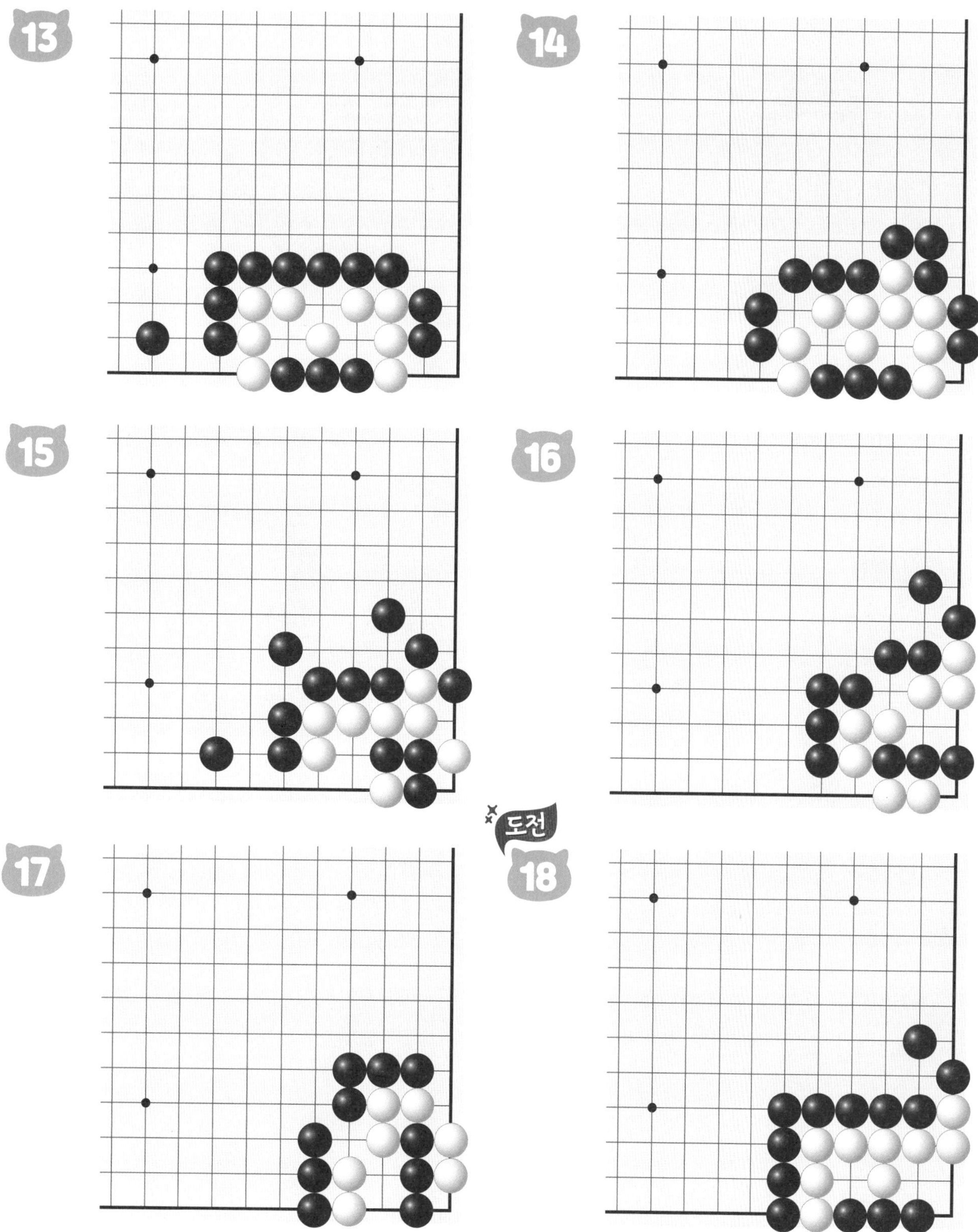

마음이 쑥쑥

다음 만화를 보고, 질문에 답해 봅시다.

욕심 부리다가는 …

내가 유리하지만, 대마를 공격해서 확실하게 끝내 버리자!

흠…. 실리가 부족하니 대마를 방치하고 집을 벌어들이기 위한 수를 위주로 두자.

어라? 대마를 돌보지 않고 손을 뺀다고? 매운맛을 보여줘야겠군!

이미 유리하지만 대마를 잡고 끝내주겠어!

기회다! 자, 이렇게 하면 규민이 집이 부숴졌지?

두 집을 내고 대마가 살았다. *대마불사!

대마불사

* **대마불사(大馬不死)** 대마는 결국 살길이 생겨 쉽게 죽지 않는다는 말.

아이고, 대마 안 잡으러 갔어도 됐는데. 괜히 욕심 부리다가 바둑만 그르쳐 버렸네.

헤헷! 대마는 쉽게 안 죽는다니까.

욕심 부리다가 돌이킬 수 없게 되었네. 후회해도 소용없지.

바둑을 두다 보면 역전패를 당할 때가 많습니다. 삶에서도 자신감 있게 한 일을 그르칠 때가 있습니다. 일을 그르치지 않으려면 어떤 점들을 주의해야 할까요?

진정한 고수

▲ 서봉수 9단

뛰어난 프로 기사여도 모두 어린 시절부터 바둑을 배운 것은 아닙니다. 늦은 나이에 아버지 어깨 너머로 바둑을 배워 정상까지 올라간 기사도 있습니다. 바로 '명인'으로 불리는 서봉수 9단입니다.

서봉수 9단은 중학생 때 아버지를 따라 동네 기원에 드나들면서 자연스럽게 바둑을 배우게 되었습니다. 다른 기사들처럼 훌륭한 스승도 없었습니다. 오직 혼자서 바둑책을 보며 공부했고, 열일곱의 나이에 프로에 입단했습니다. 그리고 이듬해 명인전에서 우승을 차지하며 '명인'으로 불리게 되었습니다.

조훈현 9단이 한국 바둑계를 휩쓸던 시절, 서봉수 9단만이 그의 라이벌로서 대적했습니다. 그리고 1997년, 진로배 대회에서는 세계의 강자들을 모조리 물리치며 무려 9연승이라는 놀라운 기록을 세웠습니다.

서봉수 9단은 일본으로 유학을 가지 않고 한국에서 혼자 공부를 했기 때문에, 모양에 얽매이지 않는 한국적인 바둑을 두었습니다. 그래서 '된장 바둑'이라는 별명도 얻었습니다.

서봉수 9단이 정식으로 스승에게 바둑을 배우지 못했음에도 정상급 기사가 될 수 있었던 이유는 무엇일까요? 아마도 다른 기사들의 실력을 인정하고 늘 배우는 자세를 지녔기 때문일 것입니다. 그는 이창호 9단이 소년이었을 때에도 자주 전화를 걸어 바둑에 대해 물어보곤 했습니다. 한참 어린 후배 기사에게 바둑의 수에 관해 묻는다는 것은 쉽지 않은 일입니다. 서봉수 9단은 나이 어린 사람에게 묻고 배우는 것을 조금도 부끄러워하지 않았습니다.

그는 지금도 틈날 때마다 한국 기원에 나와 손자뻘 기사들과 공부를 합니다. 그리고 모르는 게 있으면 서슴없이 물어봅니다. "나는 영원한 학생이다."라고 말하는 서봉수 9단이야말로 끊임없이 자신의 실력을 갈고닦는 진정한 고수가 아닐까요?

패의 종류

이 단원을 배우면!

- 지금까지 배운 단패 이외에 늘어진 패, 꽃놀이패, 양패 등의 개념을 알 수 있어요.
- 패의 다양한 유형을 알고 실전에서 적절한 패를 구사할 수 있어요.

인성 바둑을 둘 때 상대방의 수를 존중할 수 있어요.

오늘 배울 내용을 생각해 보며, 그림을 살펴봅시다.

꽃놀이패가 나면
이런 기분이지!

패는 요술쟁이

만화로 배우는 바둑

자,
내 단수를
받아라!

탁

흠…. 패가 났군.
그렇다면 팻감을
써야지.

탁
1

1
2
탁

어라? 팻감을 받아
줬네? 그렇다면….
흐음

자, 다시
단수다!

응? 희한한
모양이네?
아하

탁
뭐, 뭐야?
그쪽으로 따내는
수가 있었네?

짜잔
하하. 이런 모양은
처음이지? 이렇게 한쪽 패를 따내
면 다른 쪽 패를 따내어 패싸움이
되지 않는 형태를 '양패'라고 해.
양패? 그럼 어떻게
되는 거야?

이 경우엔
백이 Ⓐ로 패를
따내면 흑은 팻감을
쓸 필요 없이 Ⓑ로
따내면 돼.
흑은 백이
이쪽을 따내면
저쪽을 따내면
되는 거네?
A
B

맞아. 그렇기 때문에
패가 아니라 자체로
살아 있는 셈이지.

아이고, 기껏 팻감까지
썼더니 소용이 없네. 양패로
살아 있는 돌이라니!
휴~
하하하

단패 / 늘어진 패

단패는 패를 따낸 다음 한 수로 해소할 수 있는 패입니다.

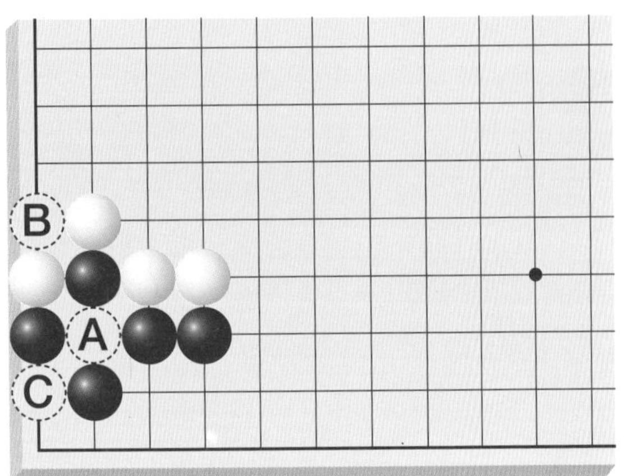

이 패는 만약 흑이 둘 차례라면 Ⓑ로 두어 패를 해소할 수 있습니다. 백이 둘 차례라면 Ⓐ로 패를 따낸 후, 역시 Ⓒ를 두어 패를 한 수로 해소할 수 있습니다.

늘어진 패

늘어진 패는 뒷수가 비어 있어 곧장 패를 해소할 수 없는, 한쪽에 여유가 있는 패입니다.

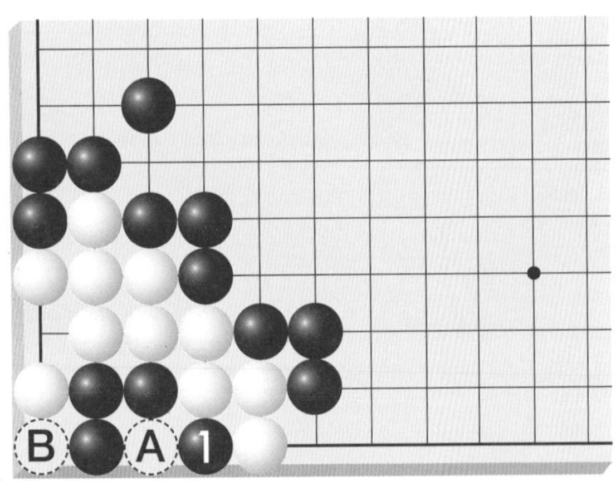

흑이 ❶로 패를 따낸 장면입니다. 만약 백이 쓴 팻감을 받지 않고 흑이 패를 해소하려 해도, 한 수로 해소할 수가 없습니다. 흑이 따낼 수 있는 돌도 없고, 그렇다고 Ⓐ로 잇는다면 Ⓑ로 잡히게 될 테니까요.

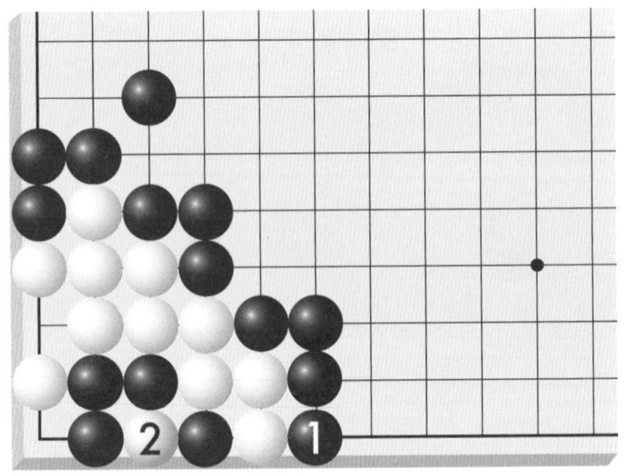

흑은 ❶로 한 번 더 두어 단패를 만들어야 합니다. 그럼 백이 ②로 패를 따내서 비로소 단패, 즉 한 수로 해소할 수 있는 패가 됩니다.

늘어진 패 / 꽃놀이패

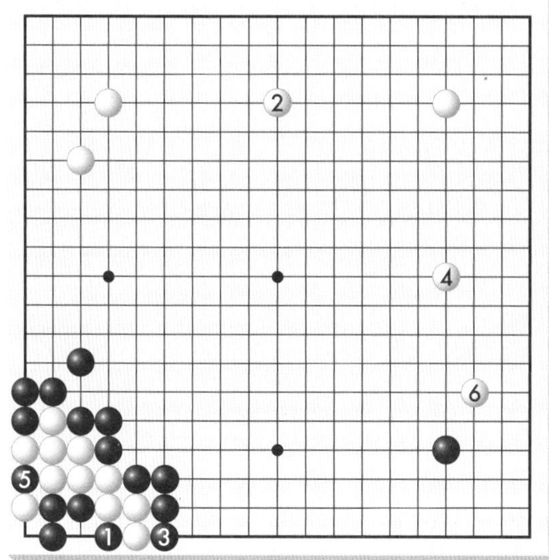

늘어진 패를 이기려면 세 수를 두어야 합니다. 흑 ❶로 패를 따낸 다음 흑 ❸에 두어 단패를 만들고, 흑 ❺로 해소하기까지 3수가 필요합니다. 그동안 백은 ②·④·⑥처럼 다른 곳에 세 수를 연속해서 둘 수 있습니다. 따라서 늘어진 패는 단패에 비해 위력이 약합니다.

꽃놀이패

이기면 큰 이익을 얻고 져도 부담이 가벼운 패입니다. 패에 지더라도 별 손해가 없기 때문에 마치 꽃놀이를 하는 기분으로 여유 있게 패를 할 수 있다는 뜻입니다.

'꽃놀이패는 마음 놓고 하라.' 는 바둑 격언이 있지.

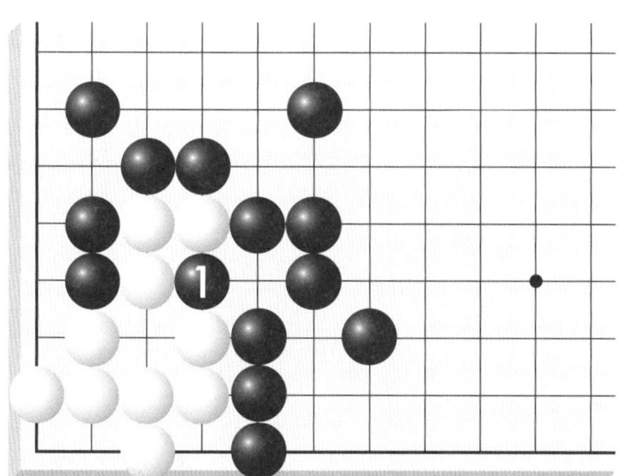

흑 ❶로 따내면서 패가 난 모습입니다. 그런데 이 패는 백이 지는 날엔 백돌 전체가 잡히지만, 흑은 패를 져도 겨우 한 집 밖에 손해를 보지 않습니다. 백의 입장에선 생사가 걸려 있지만, 흑에게는 단순한 패(꽃놀이패)에 불과합니다.

흑은 패를 지면 흑돌 전체가 잡히는 데 비해, 백은 패를 지더라도 돌 한 개가 죽을 뿐입니다. 한쪽은 패하면 큰 손실을 입고, 한쪽은 패해도 별 상관이 없습니다. 이 패는 백 쪽이 일방적으로 유리한 패이기 때문에 백의 입장에서 꽃놀이패가 난 경우입니다.

양패

양패는 양쪽이 패인 경우를 말합니다. 대부분 양패는 한쪽 패를 따내면 다른 쪽 패를 따내는 식이 되어 패싸움이 성립되지 않습니다.

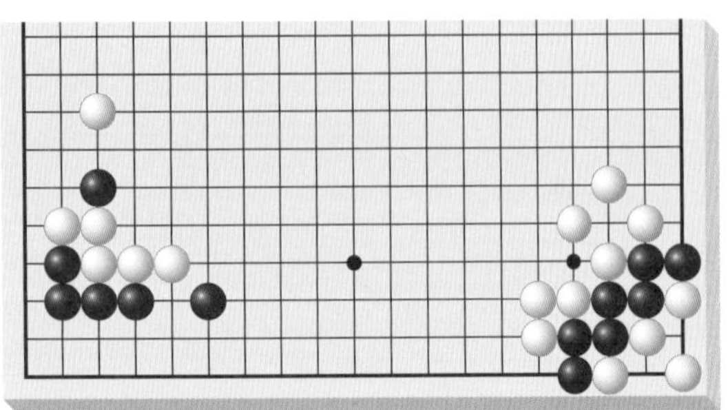

우하귀를 보면 흑이 양쪽의 패를 따낼 수 있는 모양을 하고 있습니다. 이런 형태의 패가 **양패**입니다.

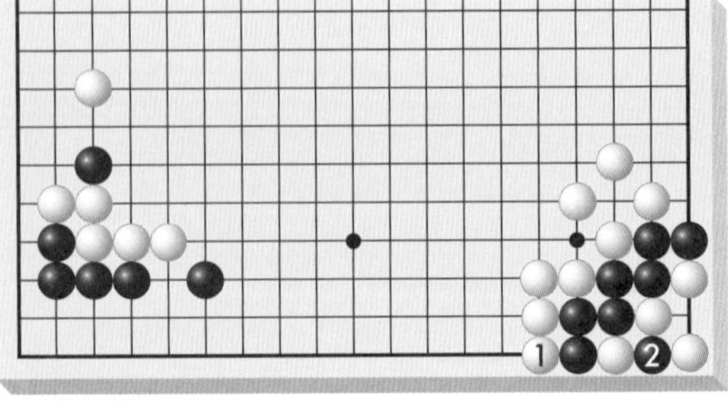

백이 ①로 단수를 몰아 패싸움을 걸어온다면, 흑은 ❷로 한 쪽을 따냅니다.

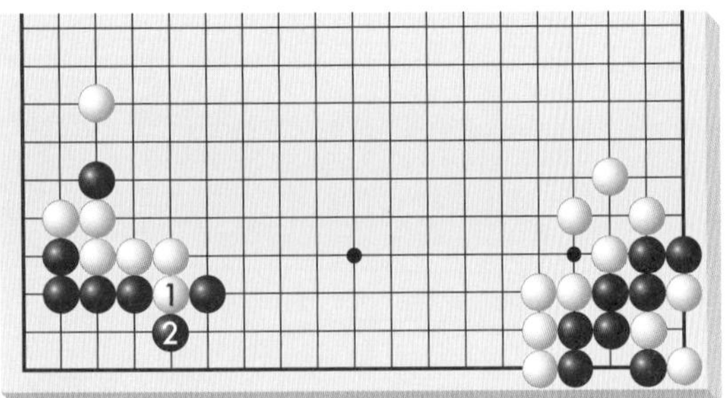

다음 백 ①과 같은 팻감을 쓸 때 흑은 모두 받아줘도 됩니다.

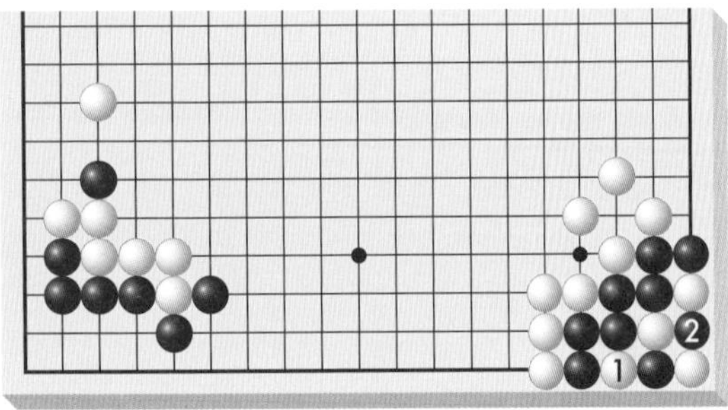

백이 ①로 패를 따내면 흑은 팻감을 쓸 필요 없이 흑 ❷로 다른 쪽 패를 따내면 됩니다. 백이 만약 팻감을 쓰고 또 패를 따내면 흑은 반대쪽 패를 따내면 됩니다. 흑은 계속해서 백이 이쪽을 따내면 저쪽을 따내는 식으로 둘 수 있기 때문에 패가 아니라 흑이 자체로 살아있습니다. 따라서 우하귀의 흑돌은 양패로 살아있는 형태입니다.

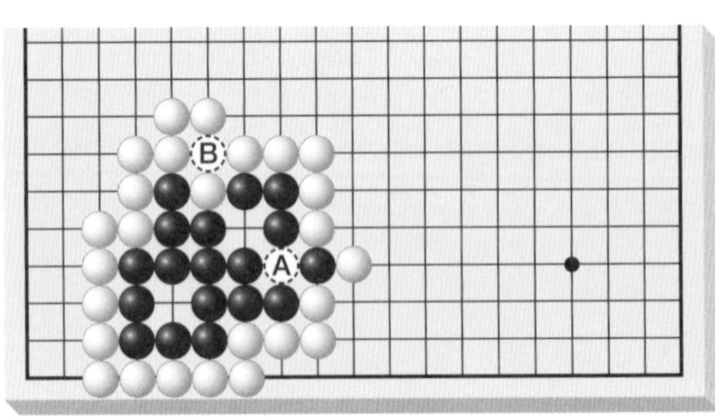

흑과 백의 접전에서 두 개의 패가 만들어진 형태입니다. 백이 Ⓐ의 패를 따낸다면 흑은 Ⓑ의 패를 따냅니다. 백이 팻감을 쓰고 다시 Ⓑ의 패를 따내면 흑은 Ⓐ의 패를 따냅니다. 이처럼 양쪽의 패가 끝없이 반복되기 때문에 백은 흑돌을 결코 잡을 수 없습니다. 따라서 이 흑돌은 양패로 살아있는 모습입니다.

오호~ 실력이 좋아진다고!

흑이 둘 차례입니다. 한 수 늘어진 패를 만들어 봅시다.

1

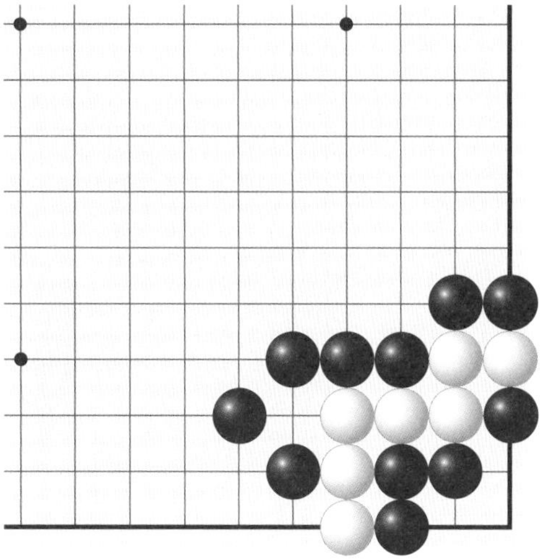

2

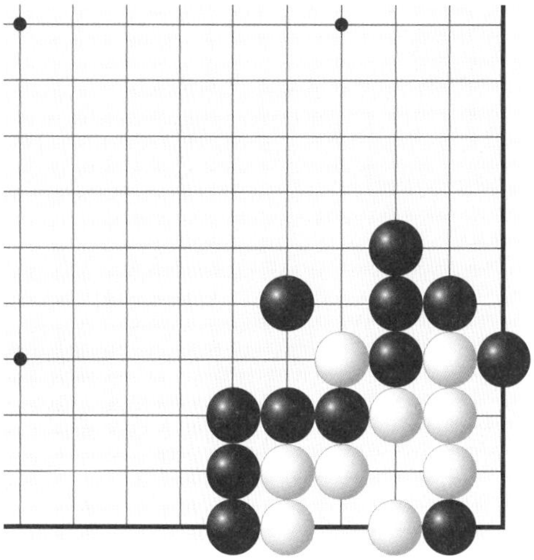

3

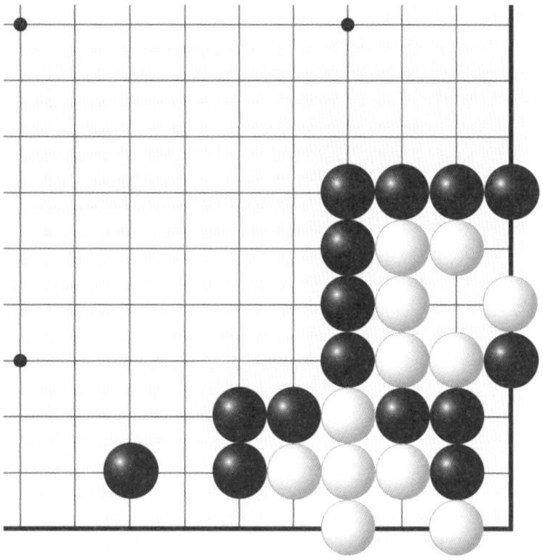

4

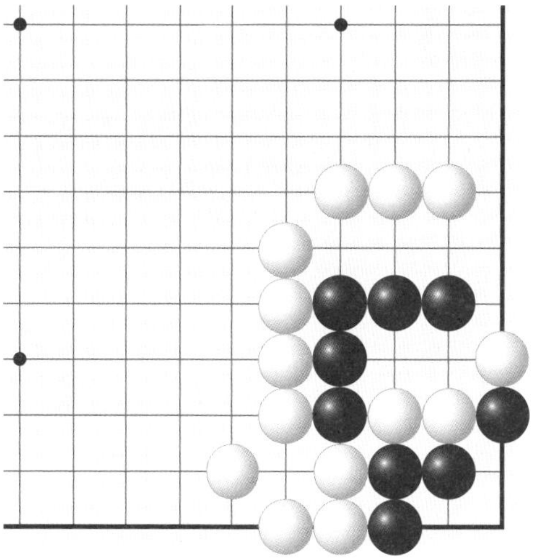

5

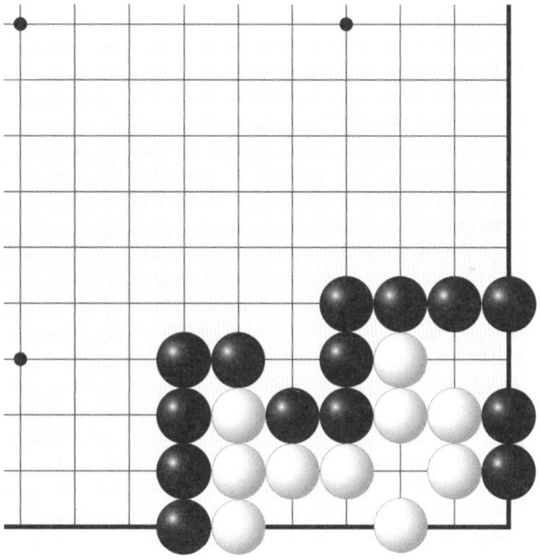

6

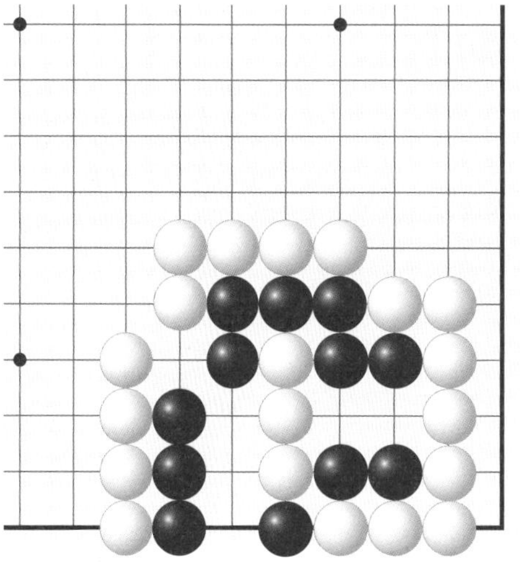

실력이 탄탄

흑이 둘 차례입니다. 흑의 입장에서 꽃놀이패를 따내 봅시다.

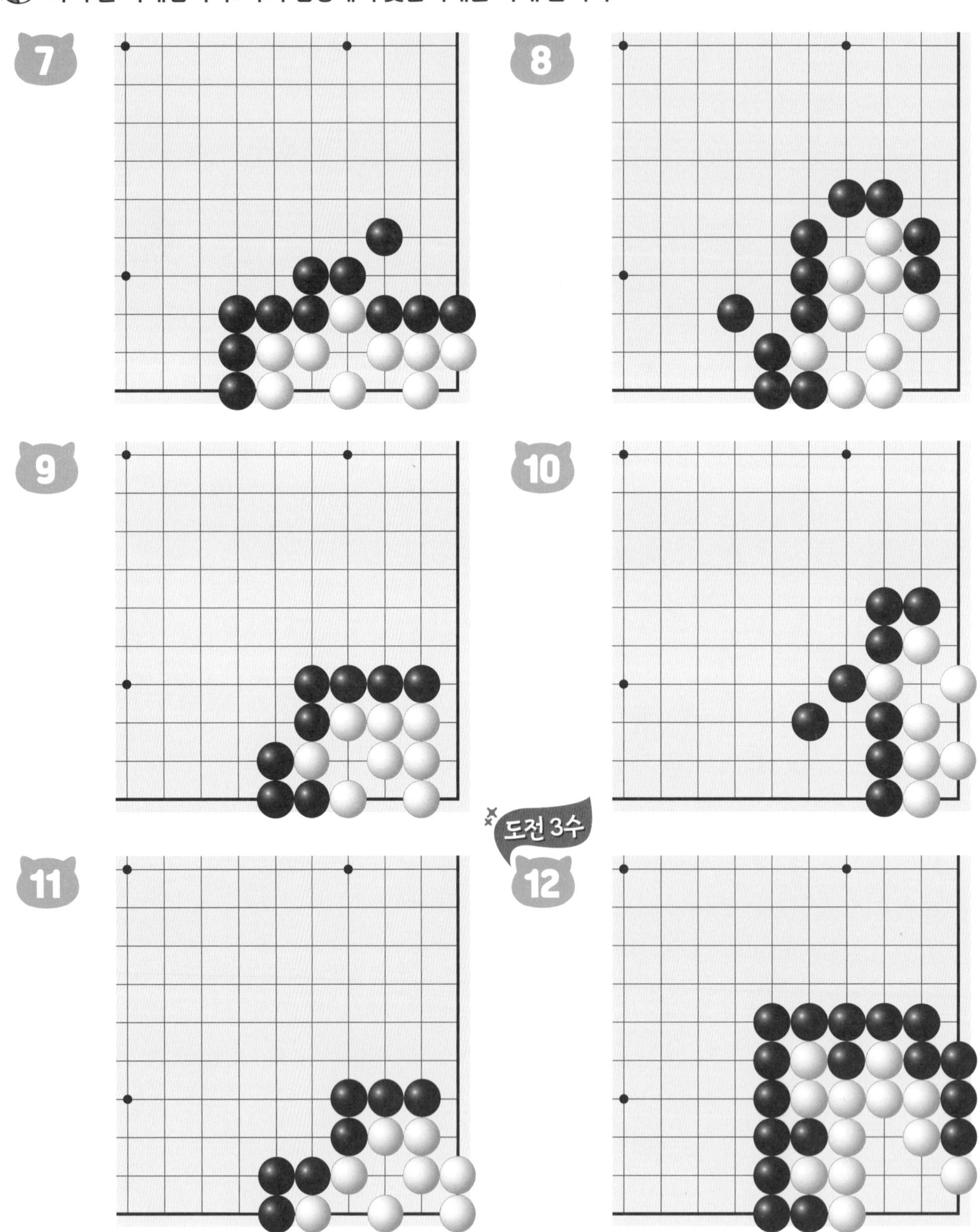

흑이 둘 차례입니다. 양패를 만들어 봅시다. (3수 표시)

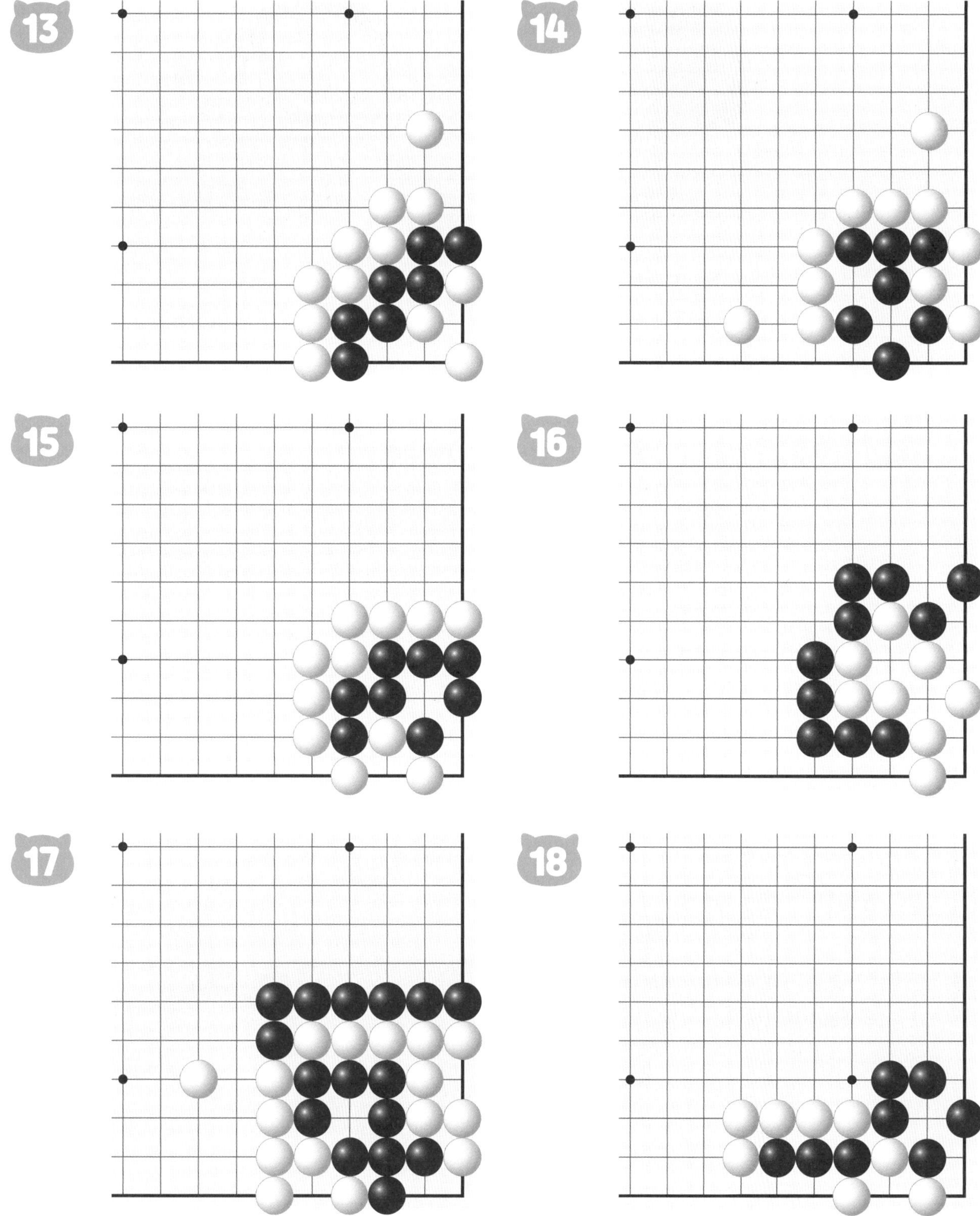

마음이 쑥쑥

다음 그림과 글을 보고, 활동해 봅시다.

'위기십결(圍棋十訣)' 가운데 '동수상응(動須相應)'이라는 말이 있습니다. 상대의 움직임에 맞춰 같이 움직여야 한다는 뜻입니다. 상대의 수를 존중하지 않으면 결코 좋은 바둑을 둘 수 없겠죠?

다음 한자를 따라 써 보며 '동수상응'의 의미를 마음에 새겨 봅시다.

움직일 (동)

모름지기 (수)

서로 (상)

응할 (응)

動須相應	動須相應	動須相應

바둑을 두며, 또는 일상생활에서 친구를 존중할 수 있는 방법에는 어떤 것들이 있을까요? 함께 이야기를 나누고 실천해 봅시다.

신비한 대국

'*장님 바둑'이라는 김청년 이야기

옛날 한 마을에 김청년이 살고 있었습니다. 그는 자신이 그 마을에서 바둑을 가장 잘 둔다고 생각했습니다.

이것 참, 나를 당해낼 상대가 없군. 하수들하고만 바둑을 두려니 싱거워.

김청년은 적수를 찾아 길을 나섰습니다.

분위기가 으스스한데. 길이라도 잃는다면 큰일이겠어.

아! 이제 살았구나!

김청년은 빠른 걸음으로 길을 재촉하였습니다.

허름해 보이지만 밤이슬이라도 피해야겠다.

불빛을 따라가 보니 보잘 것 없는 초가집 한 채가 나왔습니다.

여보시오. 주인어른 계십니까?

누구신지요?

나그네인데 밤이 깊어 하룻밤 신세를 지고자 합니다.

집이 누추한데, 들어오시지요.

얘야, 우리 바둑 한 판 둘까?

네, 어머님!

바둑판이 없는 거 같은데….

어머님, 몇의 몇에 두었어요.

그래, 나는 몇의 몇에 두었다.

제 말이 죽었네요. 오늘은 제가 졌습니다.

그래. 몇의 몇에 둔 것이 패착이었나 보다. 내일 또 두자꾸나.

바둑판도 없이 말로 바둑을 두는 고수들이 있다니! 난 아직 멀었구나.

다음날 아침

아니! 이럴 수가.

* **장님** 시각 장애인을 낮춰 부르는 말.

침입의 이해

이 단원을 배우면!

- 상대의 진영에 침입할 때, 급소가 되는 자리를 찾을 수 있어요.
- 상대가 침입해 왔을 때, 올바르게 대응하는 방법을 알 수 있어요.

인성 바둑을 두며 노력하는 자세를 기를 수 있어요.

 **오늘 배울 내용을 생각해 보며, 그림을 살펴봅시다.**

만화로 배우는 바둑

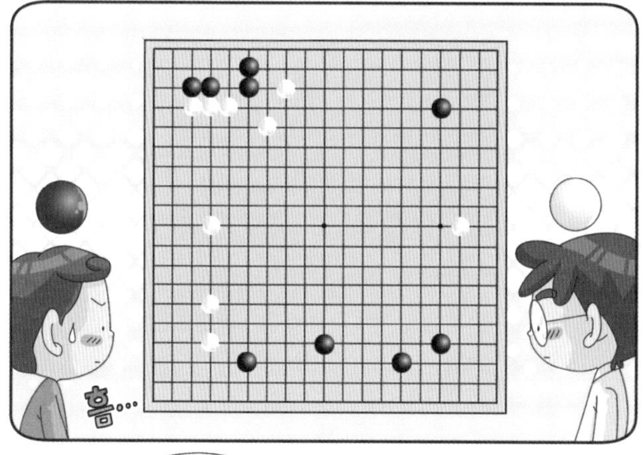
흠…

최나리! 그러다가
백집이 정말 백집
나겠는데? 크하하!
음…

어떻게 침입하는
게 좋을지 생각
중이거든!
찌릿

다 잡힐까 봐
겁나서 못 들어가는
건 아니고? 킥킥!
뭐라고?

한돌아, 대국 중
훈수두면 안 돼.
그, 그래.
알았어.

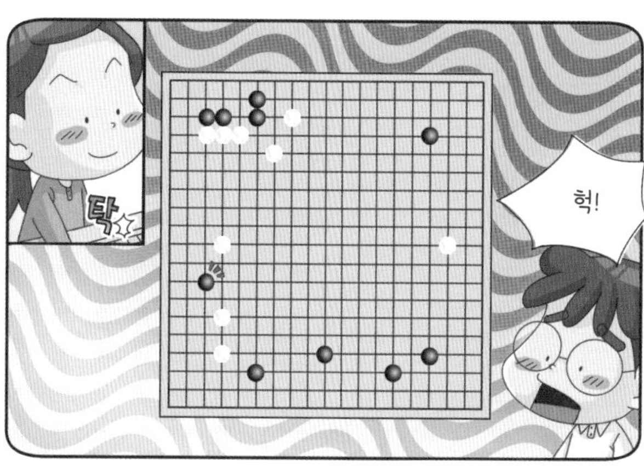
탁
헉!

하하
나리! 아주 좋은데?
침입의 급소를 잘 찾았네!
침입의 급소?

응. 상대의 진영에 들어갈 때도
급소가 되는 자리가 있어.

우리 오늘은 상대의 진영에
침입하는 방법을 배워볼까?
좋아,
좋아!

나의 타개 실력으로 어디든
쳐들어가주마! 흐흐.
못 말려.

침입의 의미

침입은 상대의 세력 또는 진영이 집으로 굳어지는 것을 막기 위해, 그 속으로 쳐들어가 삶을 구하는 일입니다.

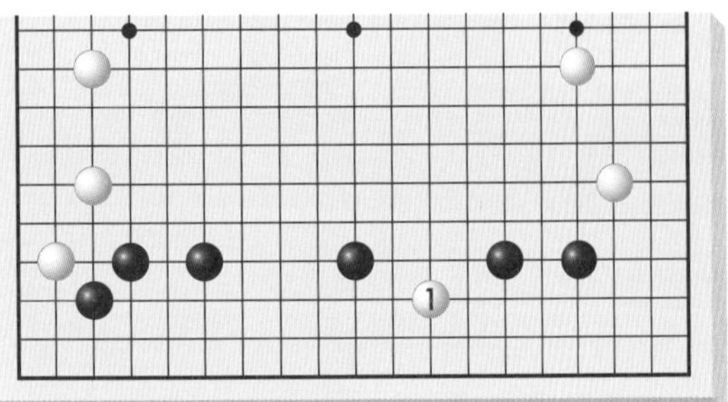

백이 ①로 흑의 진영에 뛰어들었습니다. 흑은 백 한 점을 공격해 올 텐데, 이후에 백돌이 살아갈 가능성이 많다면 이렇게 들어갈 수 있습니다. 지금 백 ① 한 점은 중앙으로 달아나는 방법과 안쪽에서 삶을 도모하는 수를 엿볼 수 있어서 충분히 타개가 가능합니다.

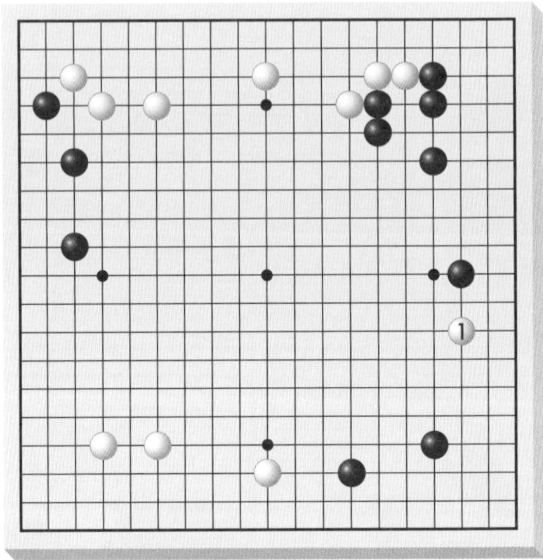

백 ①로 우변 흑 진영에 뛰어들었습니다. 이것은 우변이 흑의 집으로 굳어지는 것을 막기 위한 수단입니다.

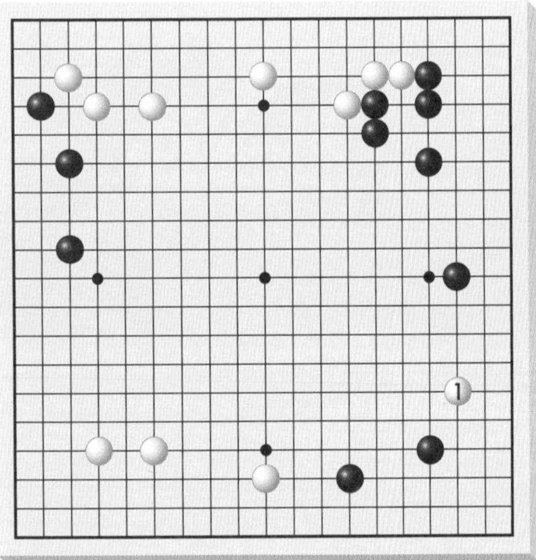

백은 ①로 걸쳐서 들어갈 수도 있습니다. 이 수 역시 우변의 흑집을 깨려는 목적으로 둔 침입입니다.

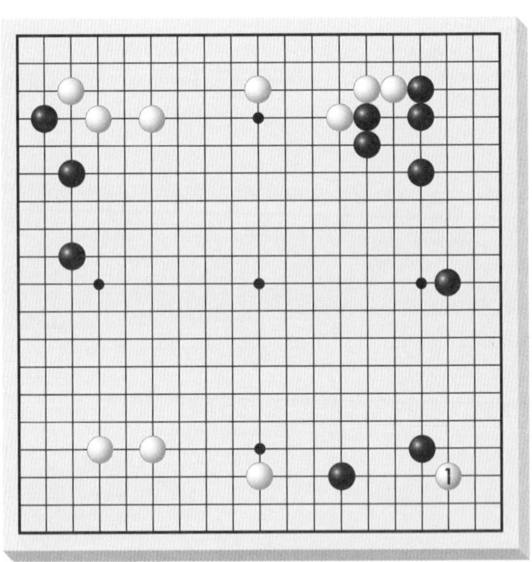

백은 ①과 같이 귀로 들어갈 수도 있습니다. 이것은 3 · 3 **침입**입니다. 3 · 3 침입은 귀의 흑집을 깨뜨리기 위한 수입니다.

진영의 수비, 철주

철주는 '쇠로 만든 단단한 기둥'이라는 뜻으로, 내 돌과 나란하게 내려놓는 수입니다.

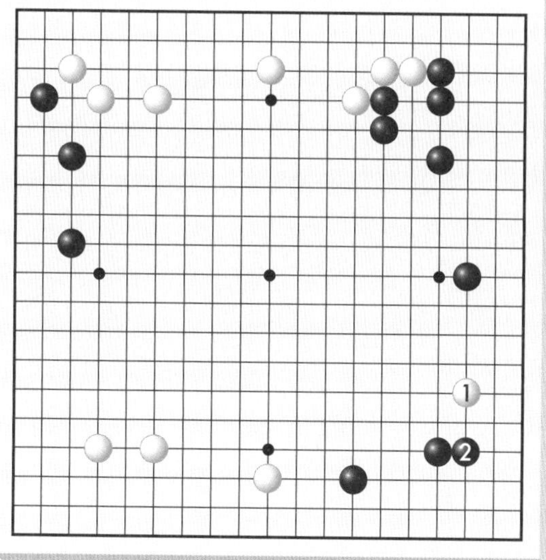

조금 전 모양에서 백 ①로 걸쳐 침입해 왔을 때, 흑은 어떻게 지키는 것이 좋을까요? 흑 ❷로 가만히 내려서 지키는 수가 좋습니다. 이렇게 두면 백은 귀 쪽으로 들어가지 못합니다. 흑 ❷는 철기둥처럼 튼튼한 수비수가 됩니다.

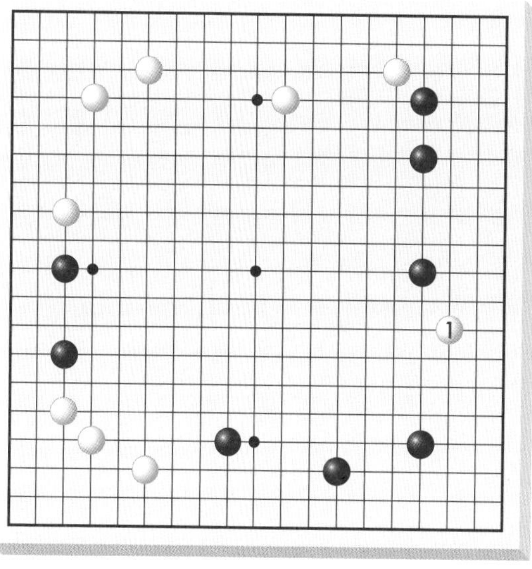

백 ①로 우변 흑 진영에 침입해 온 장면입니다. 이에 대하여 흑은 어떻게 응수하는 것이 좋을까요?

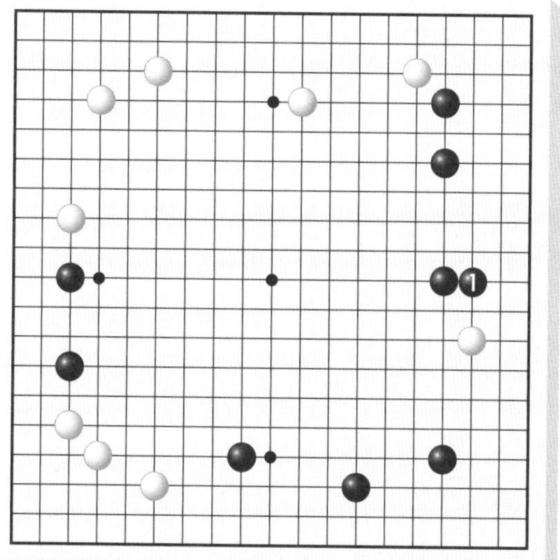

흑 ❶로 철주를 내려 지키는 수가 좋은 수입니다. 흑 ❶로 철주를 내리면, 백은 더 이상 우상변 쪽으로는 들어가지 못합니다.

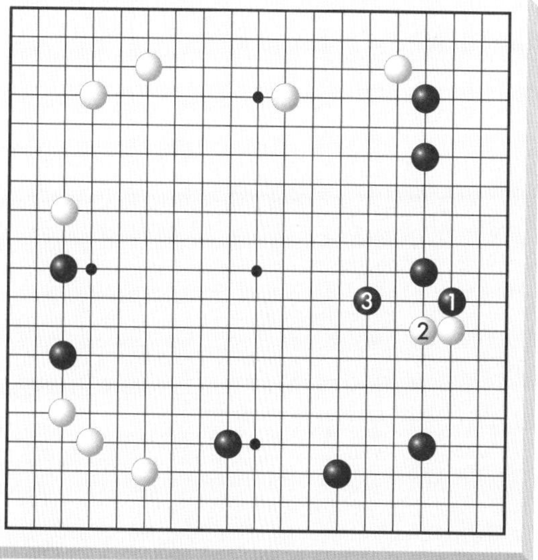

흑 ❶의 입구자 붙임을 하고, 백이 ②로 받는다면 흑 ❸의 날일자로 씌워서 백돌을 공격해 갈 수도 있습니다. 앞의 진행이 수비에 중점을 둔 수라면, 이 진행은 좀 더 공격적인 수입니다.

침입의 급소

적진에 침입하려고 할 때는 급소를 잘 찾아내야 효과를 거둘 수 있습니다. 아무 곳에나 뛰어들면 심하게 공격당해 불리한 결과를 가져올 수 있습니다.

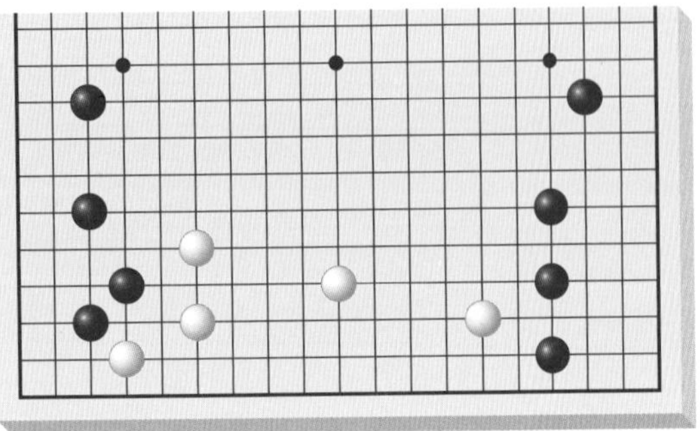

백의 진형이 허술해서 흑이 침입하려 하는데, 어디로 들어가는 것이 좋을까요?

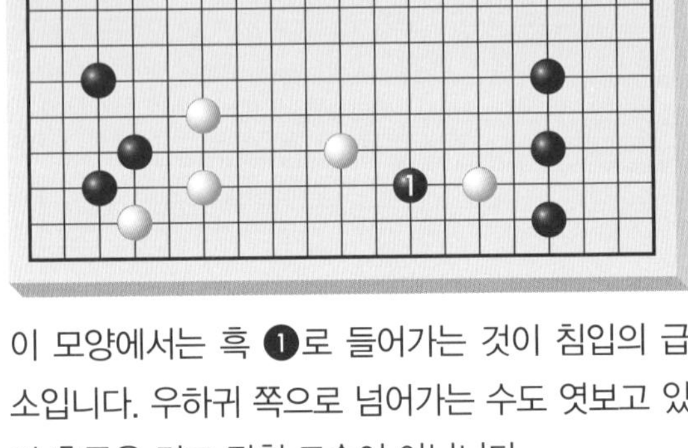

이 모양에서는 흑 ❶로 들어가는 것이 침입의 급소입니다. 우하귀 쪽으로 넘어가는 수도 엿보고 있어 흑돌은 결코 잡힐 모습이 아닙니다.

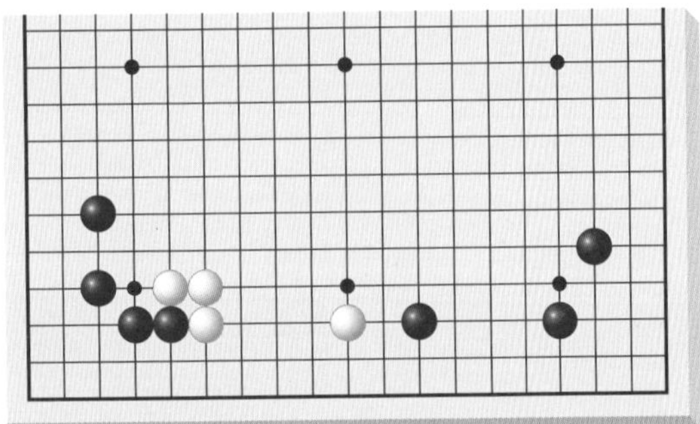

하변의 백 진영에 흑이 침입을 하려고 합니다. 어디로 들어가는 것이 좋을까요?

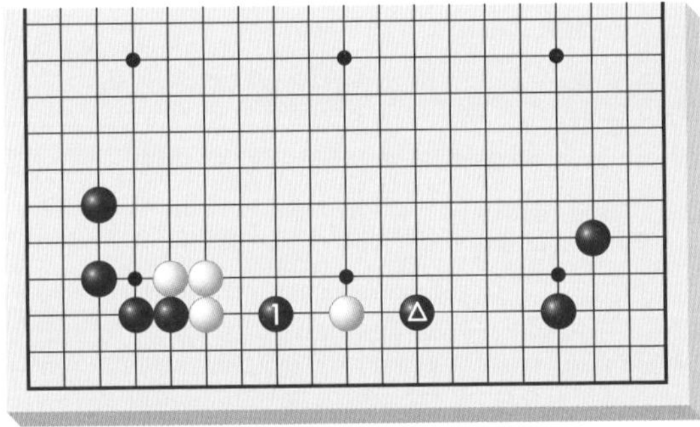

이 모양에서는 흑 ❶이 침입의 급소입니다. 이렇게 들어가면 오른쪽 흑 △와 연결되는 수단이 있어서 백이 흑을 잡을 수 없습니다.

오호~ 실력이 좋아진다고!

흑이 둘 차례입니다. 어느 곳으로 침입하는 것이 좋을지 ☑표를 해 봅시다.

1 ☐A ☐B ☐C

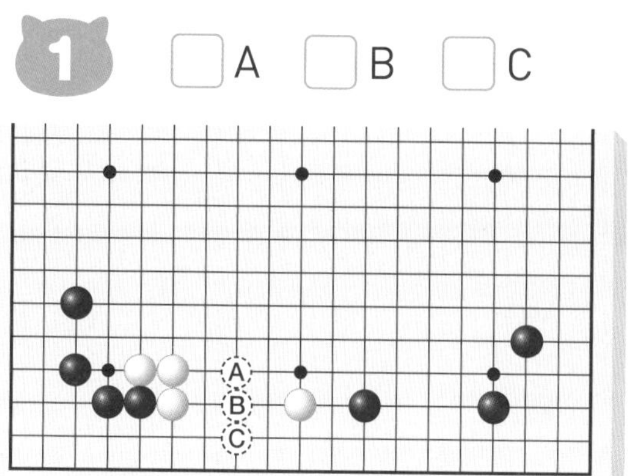

2 ☐A ☐B ☐C

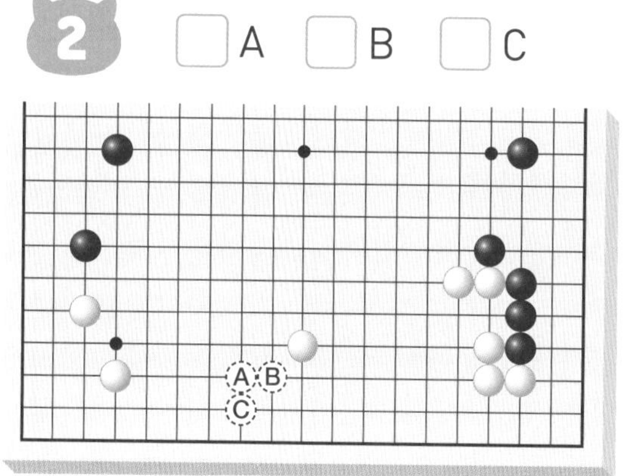

3 ☐A ☐B ☐C

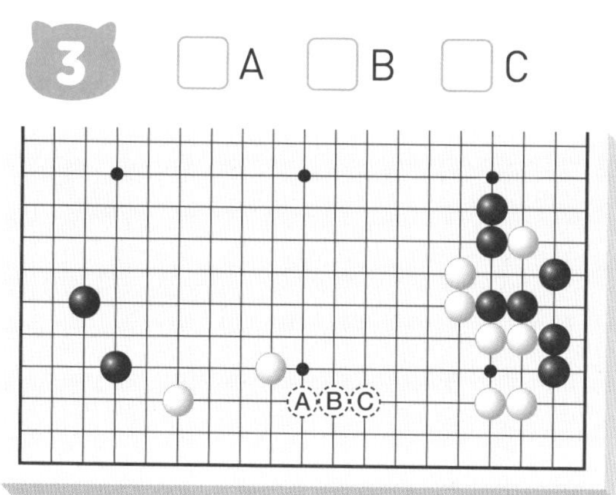

4 ☐A ☐B ☐C

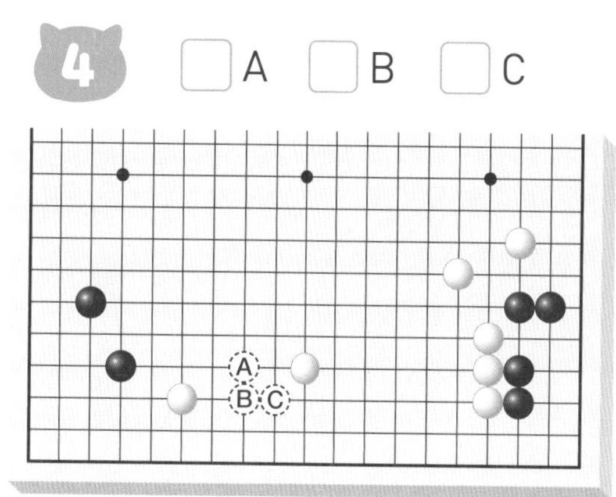

5 ☐A ☐B ☐C

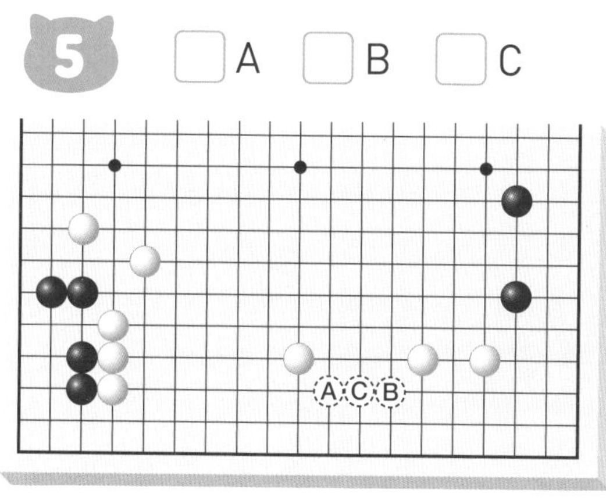

6 ☐A ☐B ☐C

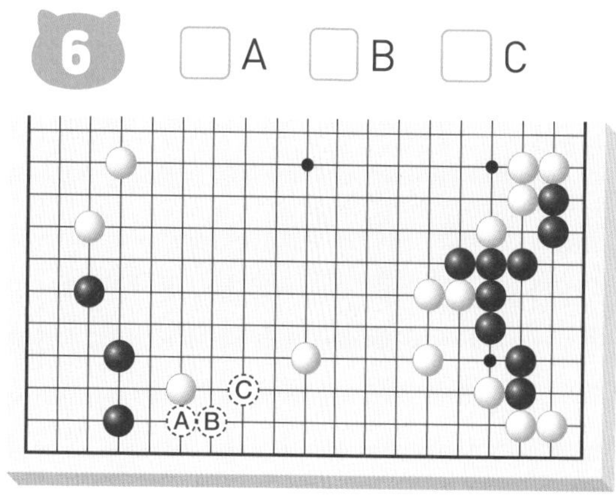

흑이 둘 차례입니다. 어느 곳으로 침입하는 것이 좋을지 ☑표를 해 봅시다.

7 ☐A ☐B ☐C

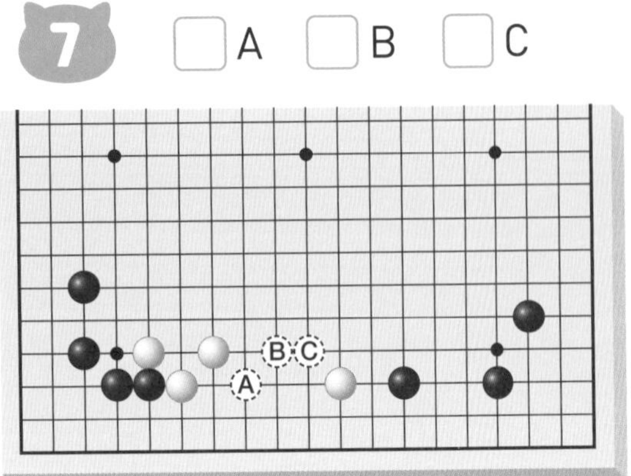

8 ☐A ☐B ☐C

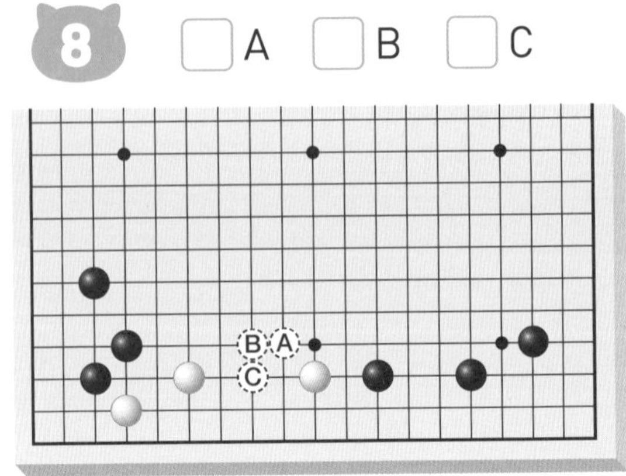

9 ☐A ☐B ☐C

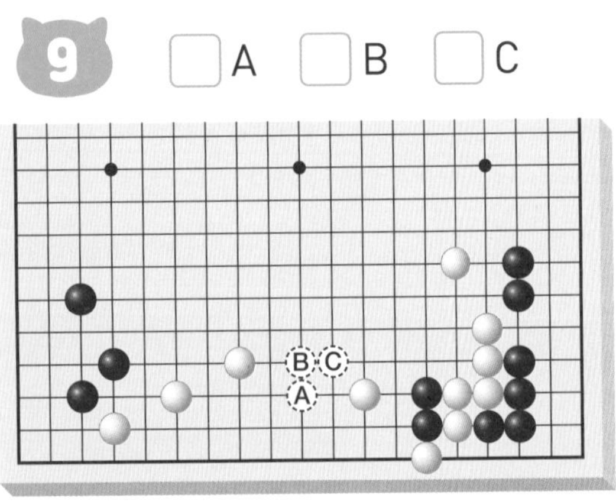

10 ☐A ☐B ☐C

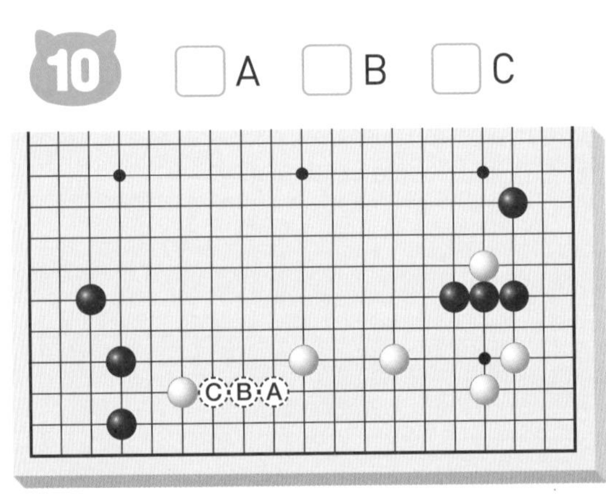

11 ☐A ☐B ☐C

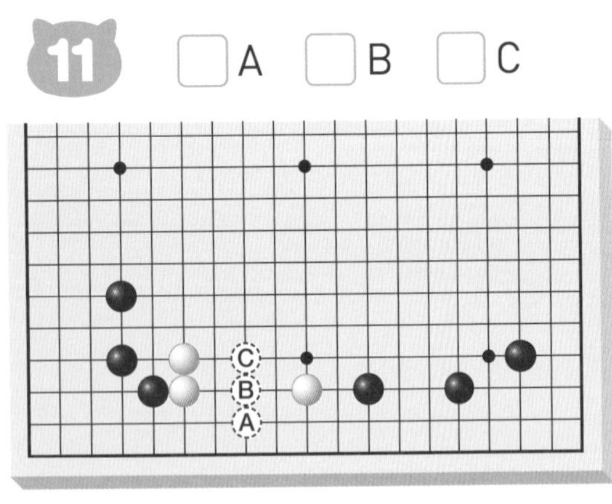

도전

12 ☐A ☐B ☐C

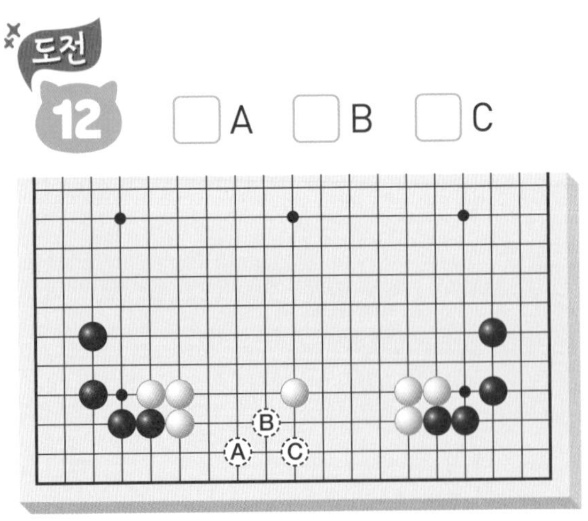

흑이 ▲로 침입해 온 장면입니다. 백은 어느 곳으로 대응하는 것이 좋을지 ✓표를 해 봅시다.

13 ☐A ☐B ☐C

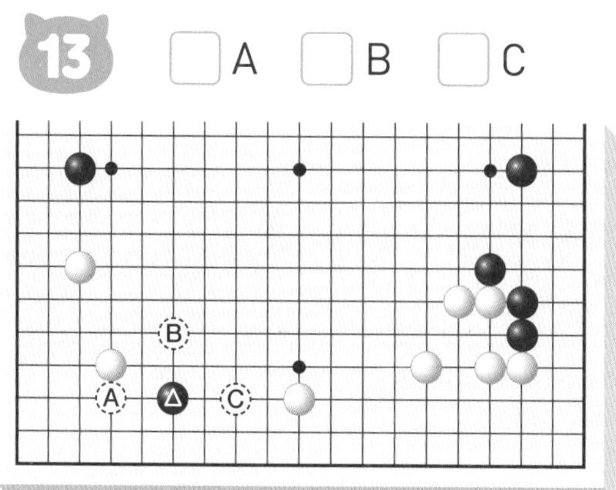

14 ☐A ☐B ☐C

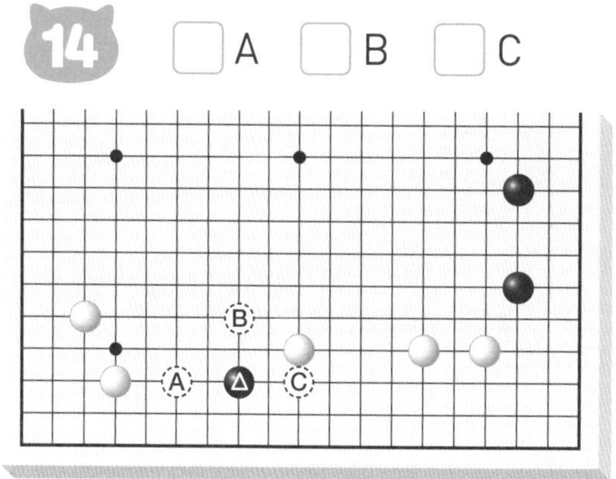

15 ☐A ☐B ☐C

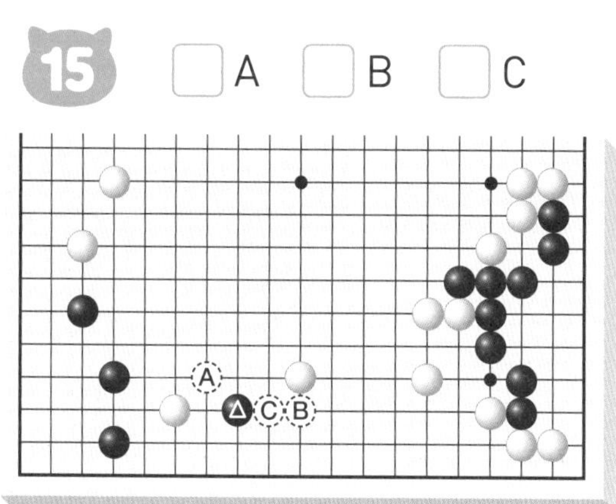

16 ☐A ☐B ☐C

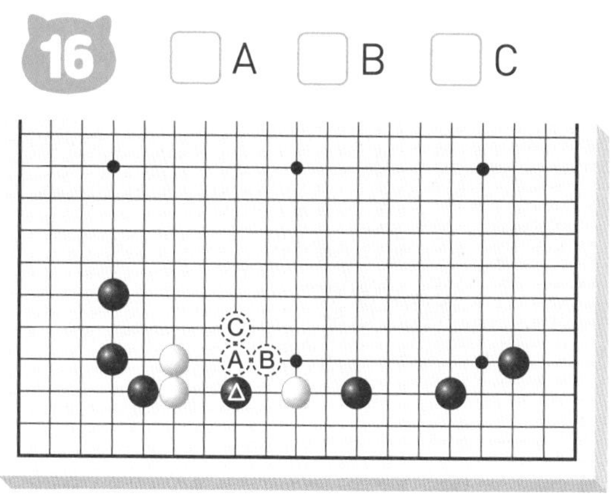

17 ☐A ☐B ☐C

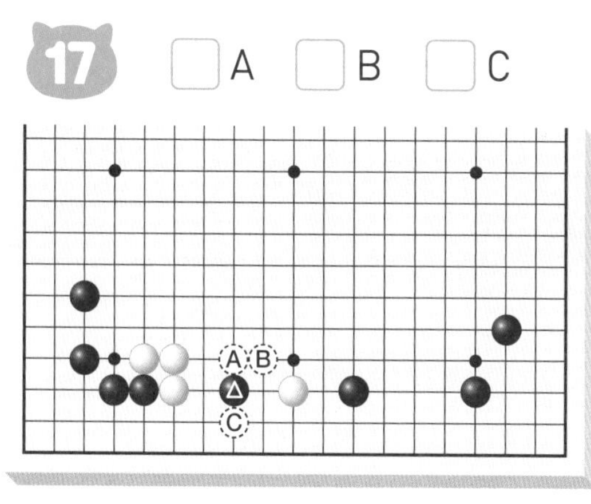

도전

18 ☐A ☐B ☐C

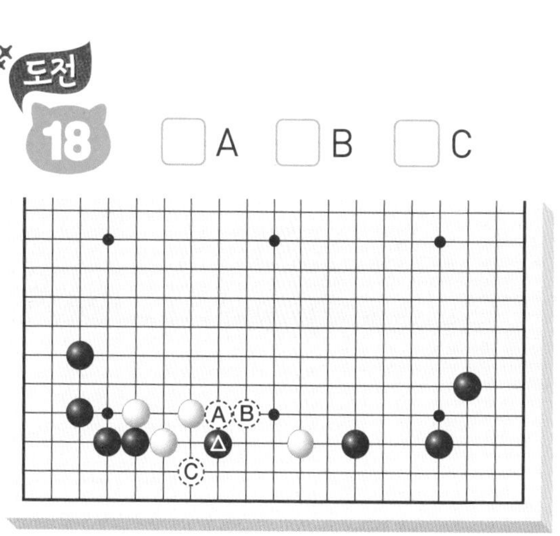

마음이 쑥쑥

다음 만화를 보고, 질문에 답해 봅시다.

천부적인 재능이 있으면서도 그 재능을 소홀히 하는 사람이 열심히 노력하는 사람에게 지는 때가 종종 있습니다. '노력을 이기는 재능은 없다.'라는 말을 내 경험에 비추어 말해 봅시다.

이야기로 배우는 바둑 상식

수읽기

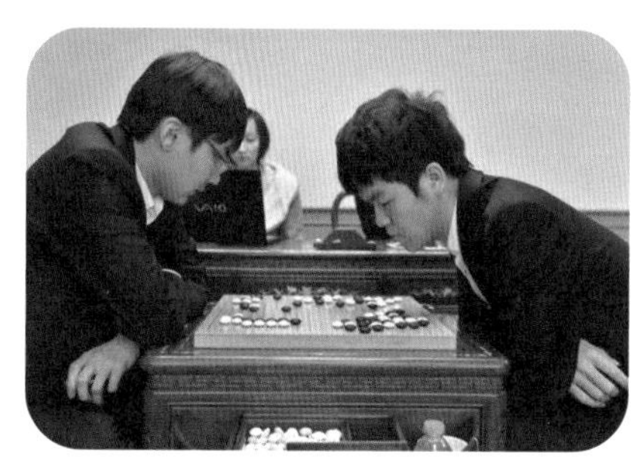

바둑 실력에서 무엇이 가장 중요할까요? 바로 '수읽기' 입니다. 포석 감각, 형세 판단, 끝내기 등 모두 중요하지만, 수읽기가 바둑 실력을 좌우한다 해도 과언이 아닙니다. 수읽기가 약하면 결코 기력이 강하다고 할 수 없습니다.

수읽기란, 상대방의 수의 의미를 해석하고, 일어날 변화를 머릿속으로 추리하여 최선의 수를 선택하는 과정을 말합니다. 대국할 때는 바둑판에 직접 바둑알을 놓아보며 생각할 수 없기 때문에, 다음 수를 머릿속으로 그려보면서 상대의 수를 예측해 변화를 읽어야 합니다. 바로 이렇게 눈으로만 바둑판을 보고, 머리로 수를 읽어가며 생각하는 과정이 수읽기입니다.

고수가 되기 위해서는 무엇보다 수읽기 실력을 길러야 합니다. 그리고 초급을 넘어서 중급 정도의 기력을 갖추기 위해서는, 바둑을 둘 때 최소 3수 앞은 내다보는 훈련을 해야 합니다. 내가 둔 수에 상대가 어떻게 받을지 예상하고, 또 그 수에 대해 내가 어떻게 둘지를 생각하는 것입니다. '3수 내다보기 훈련'은 수읽기 능력을 키울 수 있는 좋은 방법입니다. 또한 꾸준히 사활 문제를 풀면 수읽기 능력을 기를 수 있습니다.

그렇다면 프로 기사들은 수읽기를 과연 몇 수까지 내다볼 수 있을까요? 흔히 50수를 내다보는 것은 기본이고, 중요한 장면에서는 100수를 넘기기도 합니다. 왜냐하면 단순한 한 방향의 변화를 쭉 내다보는 것이 아니라, 여러 갈래의 변화에 따른 각각의 수를 읽어야 하기 때문에 그만큼 수를 더 멀리 내다봐야 하는 것입니다. 이 때 예상되는 몇 갈래 변화의 다양한 가능성을 헤아려 그중 최선의 수순을 찾아야 합니다. 자기에게 가장 유리한 길을 찾아내는 것까지가 수읽기 실력이라고 할 수 있습니다.

우칭위안, 조훈현, 조치훈, 서봉수, 이창호, 이세돌, 박정환, 신진서, 최정 9단 등은 모두 당대 최고의 수읽기 실력을 지닌 기사들입니다. 세계적인 기사가 되려면 무엇보다 강한 수읽기 능력을 갖춰야 하지요. 여러분도 바둑이 강해지고 싶다면 수읽기 공부를 열심히 해 보세요. 수읽기 훈련은 고수가 되는 가장 빠른 지름길이니까요!

6 삭감의 이해

이 단원을 배우면!

- 상대의 집을 위에서 깎는 삭감의 기술을 익힐 수 있어요.
- 깊숙이 침입할 때와 위로 삭감해 들어갈 때를 잘 구별할 수 있어요.

인성 바둑을 두며 질문하는 사고를 기를 수 있어요.

 **오늘 배울 내용을 생각해 보며, 그림을 살펴봅시다.**

특공대 투입! 내 침입수를 받아랏!

탁!

한돌아, 너무 깊이 들어 간 거 아냐?

응?

무슨 소리! 침입의 급소로 딱 들어 갔는데!

에헴

스윽

헉

달아나자!

어림없지!

탁

한돌이 특공대가 다 잡히게 생겼네.

에구~

한돌이가 너무 깊이 쳐들어갔어. 때로는 상대 집에 침입하는 것보다 위에서 집을 줄이는 게 더 좋아.

이렇게 말이야.

이 기술을 '삭감'이라고 해.

삭감?

응. 위에서 깎는다는 뜻이야.

그럼 삭감하는 기술을 어서 알려줘.

와락

삭감의 의미

삭감은 침입할 때 적진 깊숙이 뛰어들지 않고, 위에서 상대방의 집모양을 줄이는 기술입니다. 상대방의 진영을 깨뜨리려고 할 때 침입을 한다고 배웠죠? 이때 이 기술을 쓸 수 있습니다.

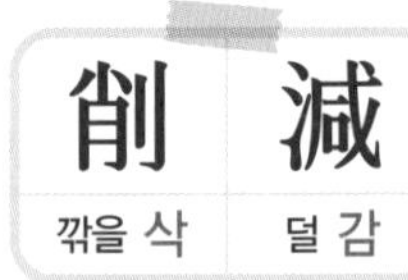

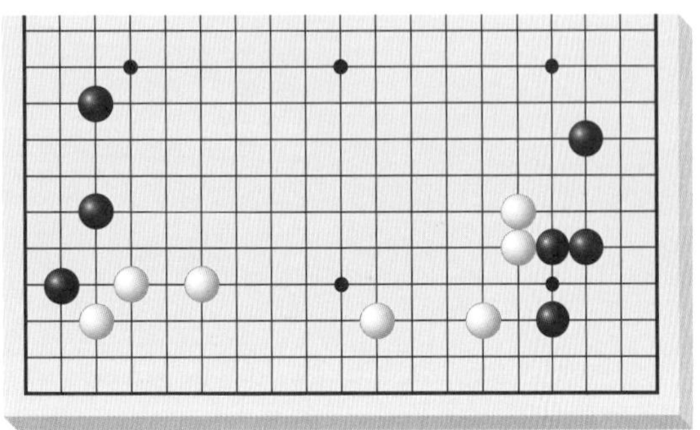

하변의 백 모양이 꽤 넓습니다. 흑이 이 백진을 줄이려면 어떻게 두어야 할까요?

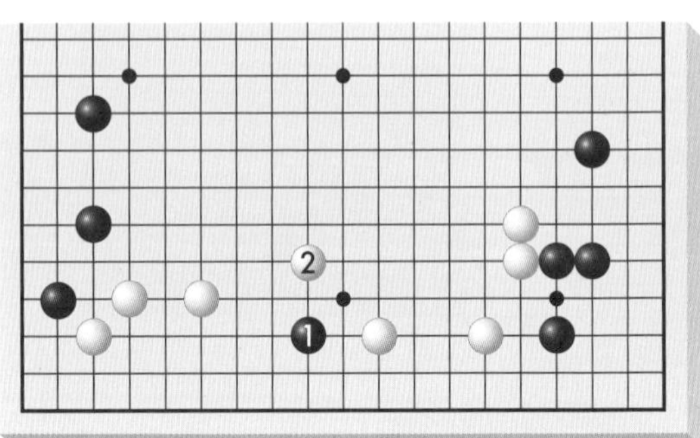

이 경우 흑 ❶로 뛰어드는 침입은 너무 깊어 잡힐 위험성이 있습니다. 백 ②로 씌워 포위해 오면 안에서 살기가 쉽지 않습니다.

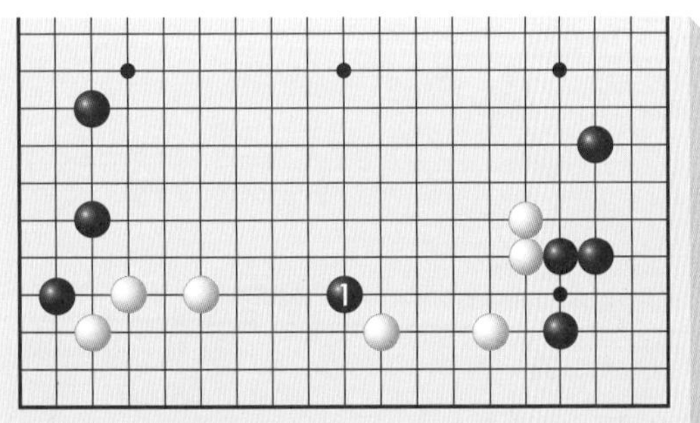

이때는 흑 ❶과 같이 위에서 백진을 깎는 수를 둘 수 있습니다. 이것은 백의 모양이 집으로 크게 굳어지지 않도록 삭감하는 수입니다.

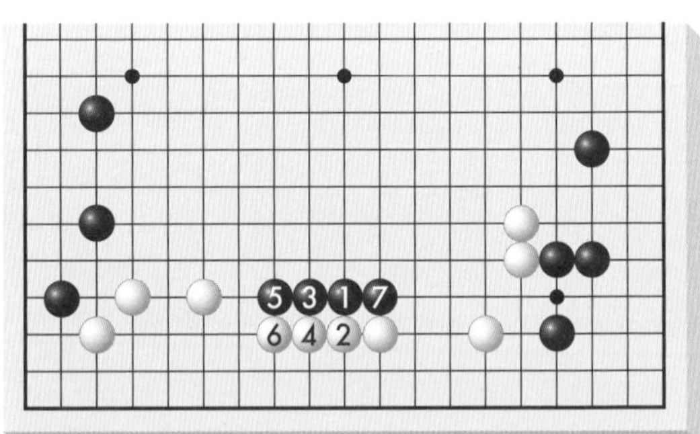

흑 ❶에 백 ②로 받는다면 백은 실리를 차지할 수 있습니다. 하지만 백 ⑥까지 넘어간 실리는 원래의 백모양에서 볼 때 대단치 않습니다. 흑 ❼까지 외벽이 튼튼해져서 흑도 불만 없는 결과입니다.

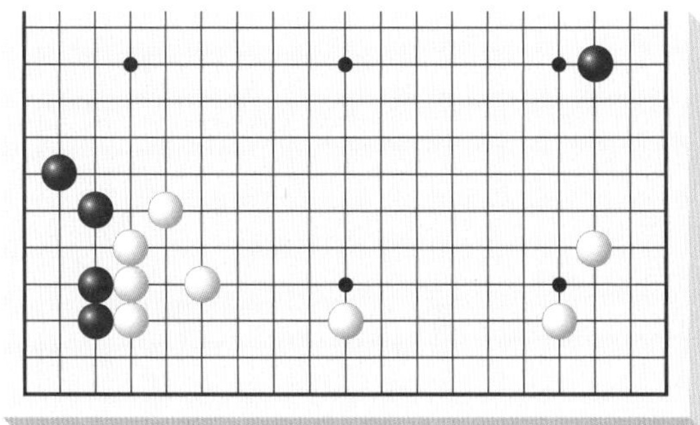

하변의 백모양이 꽤 넓어요. 흑이 이 백진을 줄이려면 어떻게 두어야 할까요?

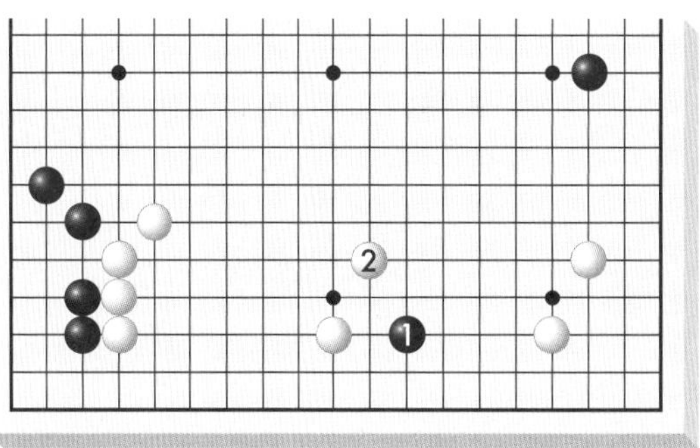

흑 ❶로 뛰어들면 백 ②의 날일자로 공격해 올 겁니다. 그럼 흑이 근거를 만들고 살아야 하는데, 그 과정에서 왼쪽의 백집이 크게 굳어집니다.

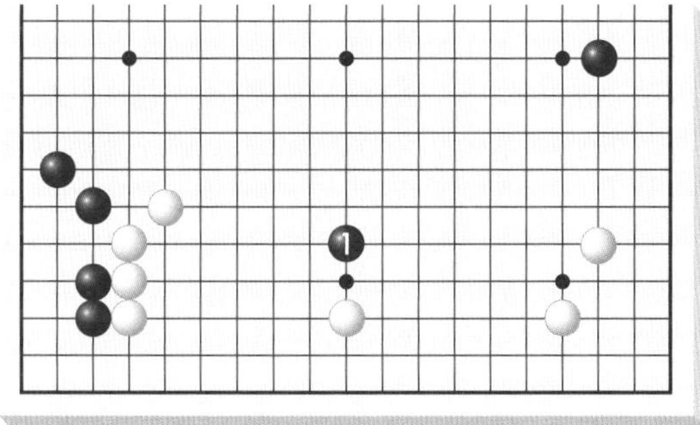

이 경우 깊이 침입하는 것보다 흑 ❶과 같이 위로 들어가 삭감하는 것이 좋은 방법입니다. 흑 ❶의 삭감은 위치가 높아 쉽게 포위당하지 않습니다.

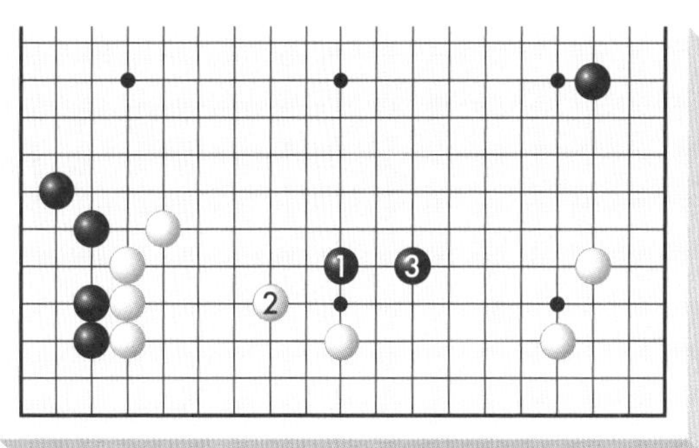

흑 ❶의 삭감에 백이 ②로 받아준다면 흑 ❸으로 뛰어 백진을 깎아갑니다. 흑 ❶과 같은 삭감은 상대에게 실리를 내어주고, 진영이 크게 불어나지 않게 막는 전술입니다.

삭감의 요령

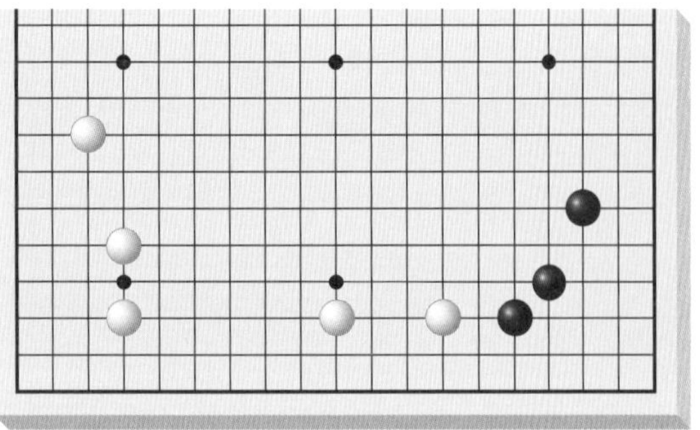

흑이 백의 진영에 들어가려면 어디쯤으로 가는 것이 좋을까요?

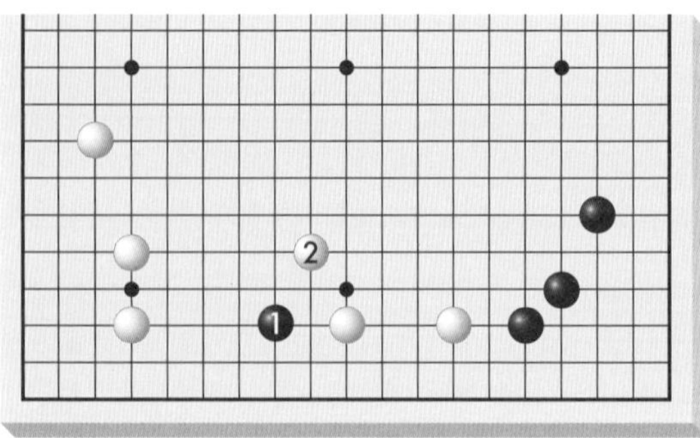

흑 ❶의 침입은 너무 깊어서, 백이 ②의 날일자로 공격해 온다면 위험해 질 수 있습니다.

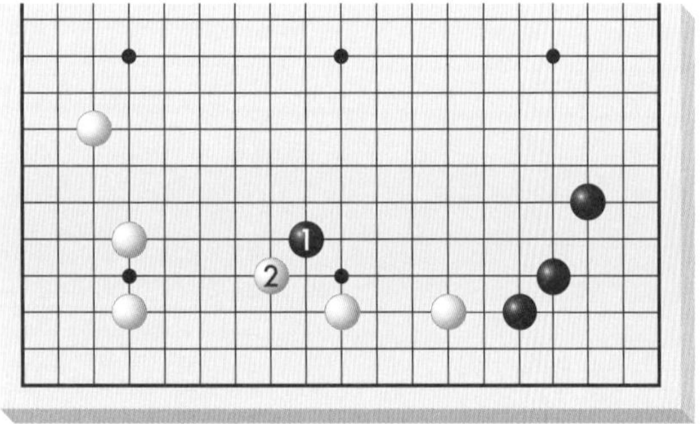

그렇다고 흑 ❶ 정도로 깎는 것은 백이 ②로 받아서 조금 아쉽습니다. 백 집이 꽤 크게 나기 때문입니다.

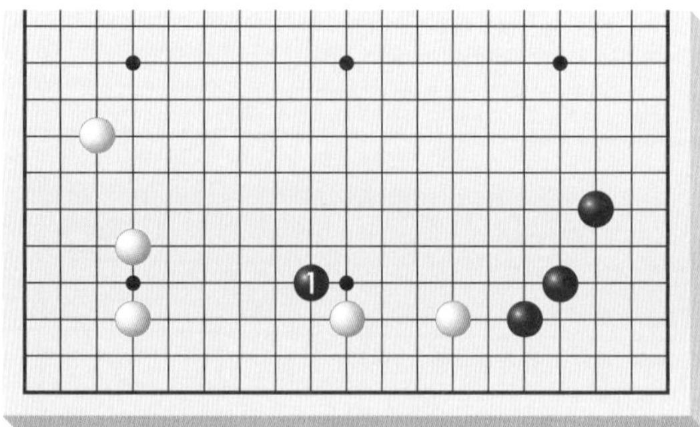

이럴 때는 흑 ❶의 삭감이 안성맞춤입니다.

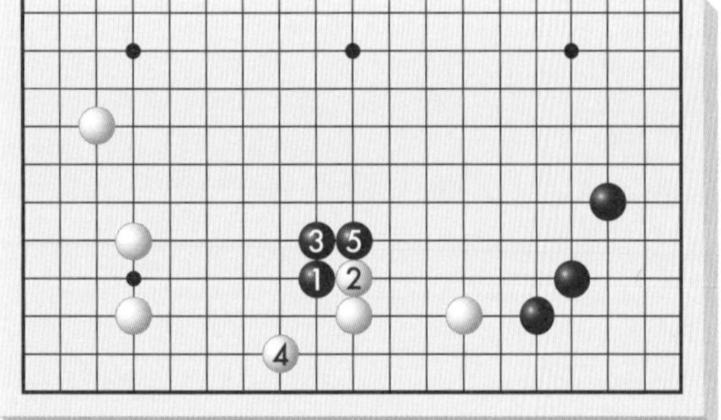

백 ②로 밀어오면 흑 ❸으로 뻗고, 백 ④로 실리를 취하면 흑 ❺로 두텁게 꼬부려서, 백의 모양을 충분히 지웠습니다. 이처럼 상대의 세력을 삭감할 때는 가볍게 하는 것이 요령입니다.

오호~ 실력이 좋아진다고!

흑이 둘 차례입니다. 어느 곳에 두면 좋을지 ✓표를 해 봅시다.

1 □A □B

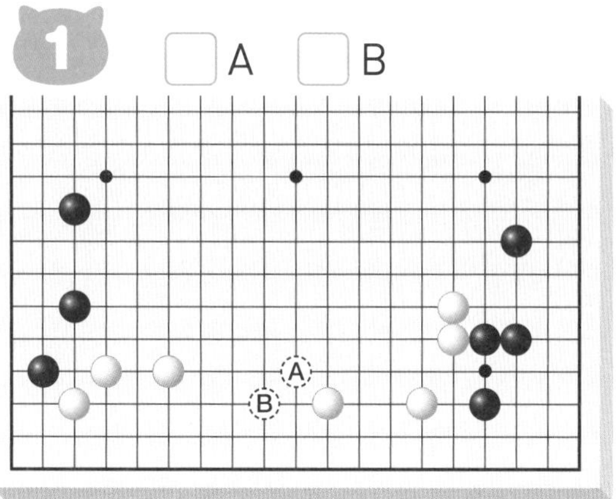

2 □A □B

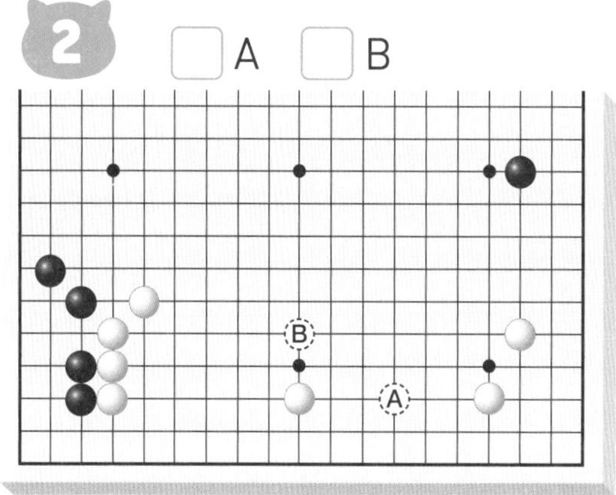

3 □A □B

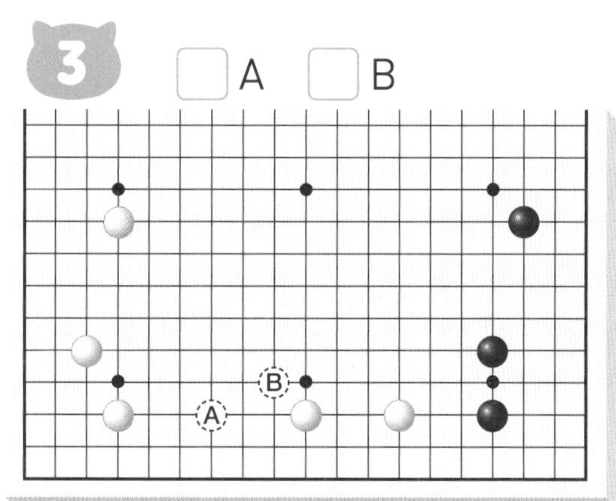

4 □A □B

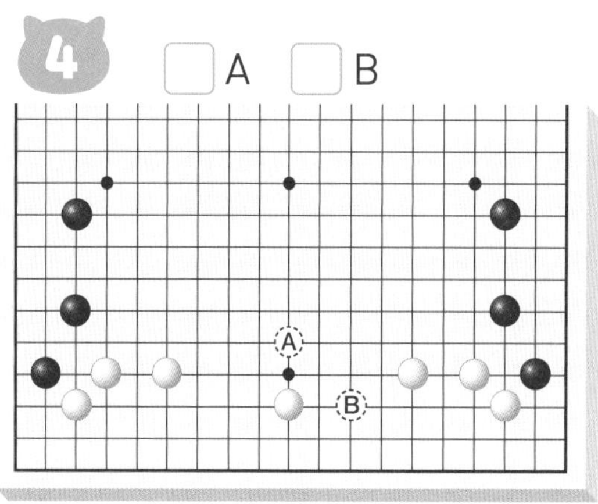

5 □A □B

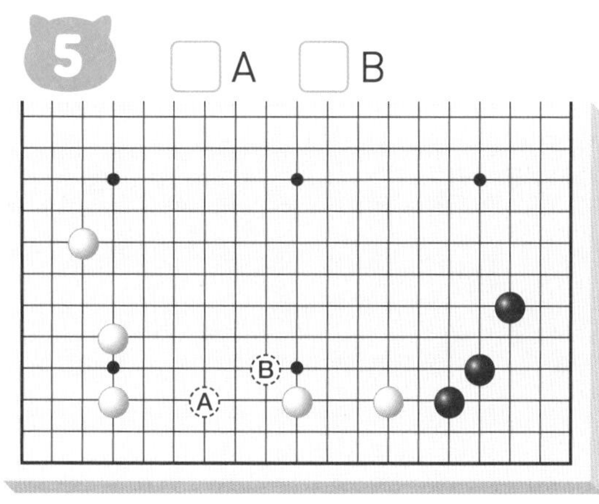

6 □A □B

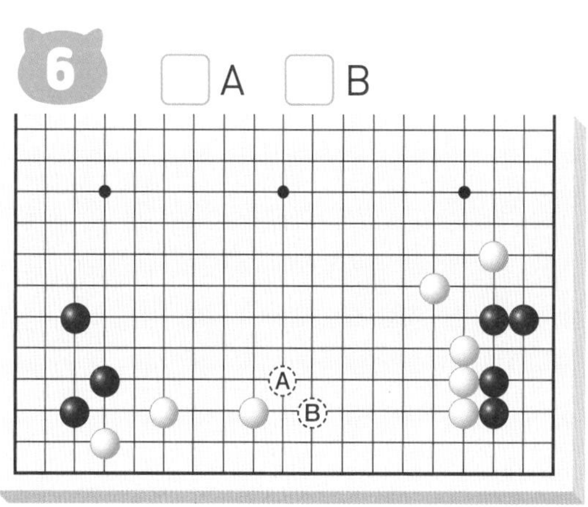

실력이 탄탄

흑이 둘 차례입니다. 어느 곳에 두면 좋을지 ✓표를 해 봅시다.

7 ☐ A ☐ B

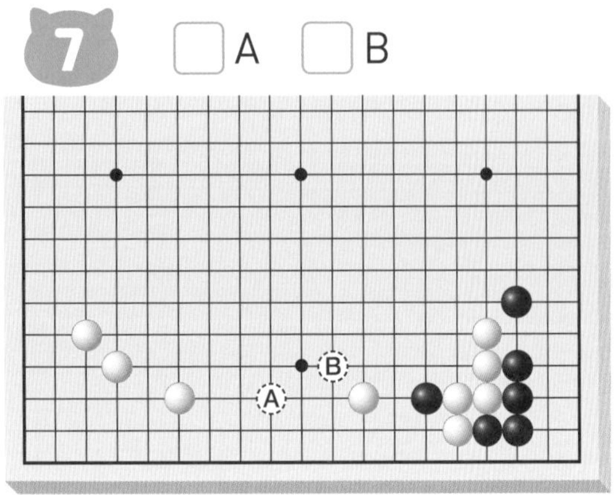

8 ☐ A ☐ B

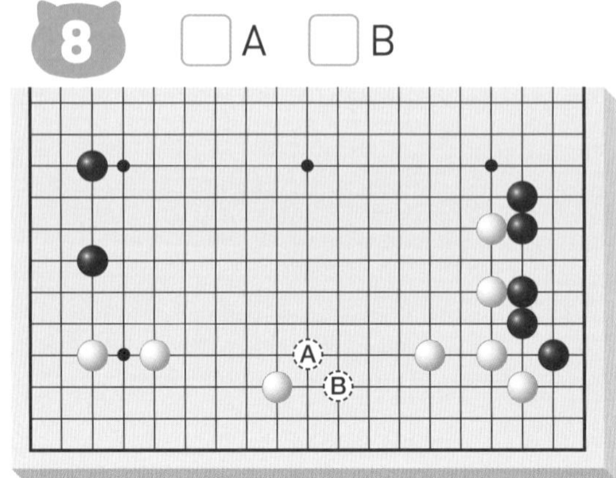

9 ☐ A ☐ B

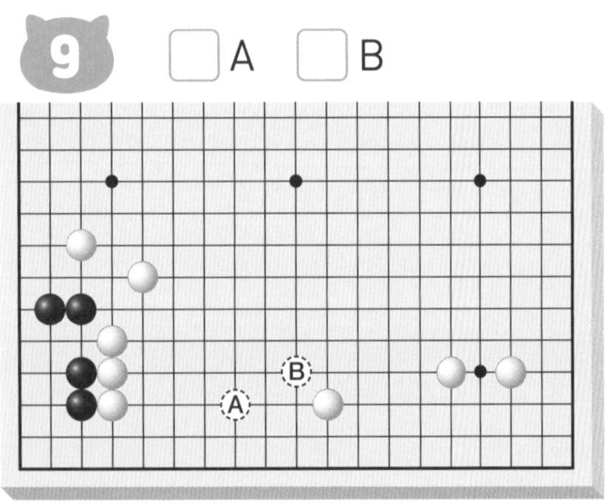

10 ☐ A ☐ B

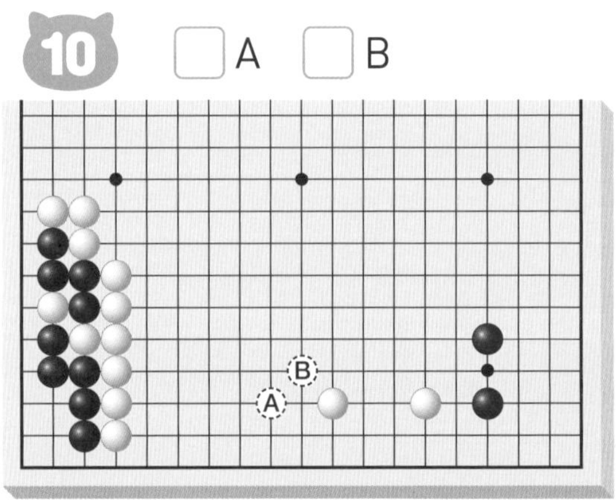

11 ☐ A ☐ B

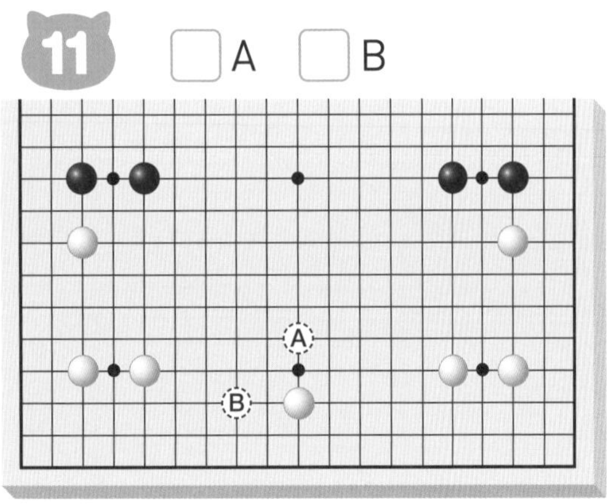

12 ☐ A ☐ B

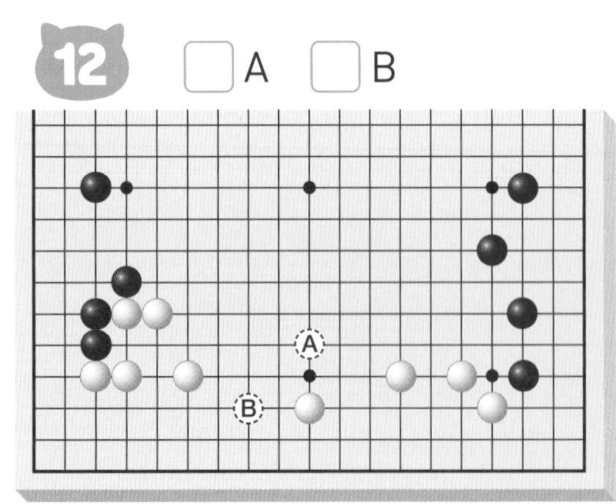

백이 둘 차례입니다. 어느 곳에 두면 좋을지 ☑표를 해 봅시다.

13 ☐A ☐B

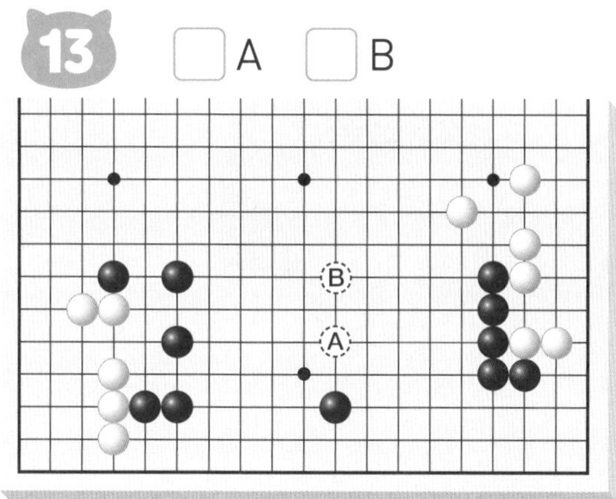

14 ☐A ☐B

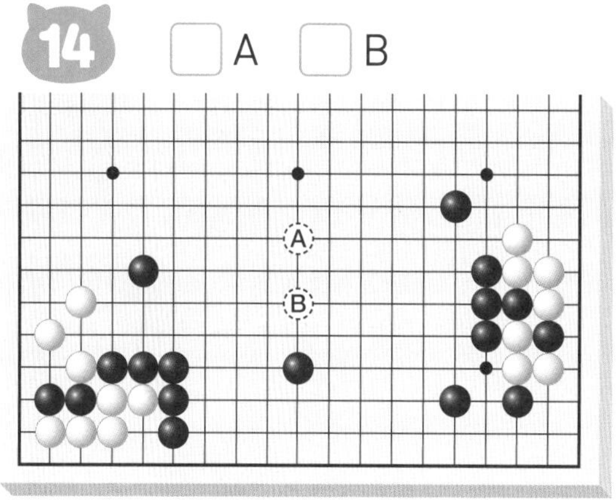

15 ☐A ☐B

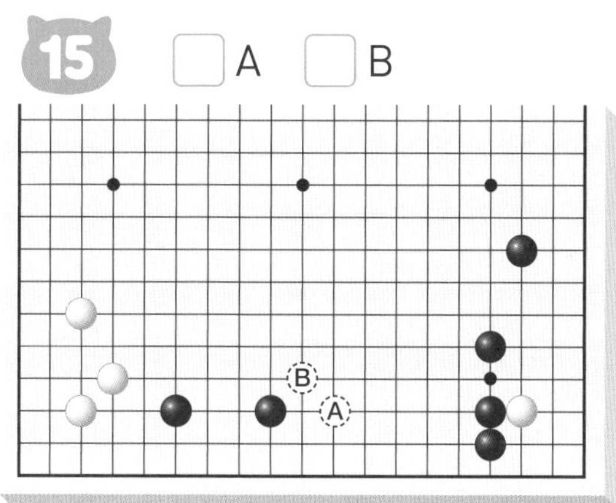

16 ☐A ☐B

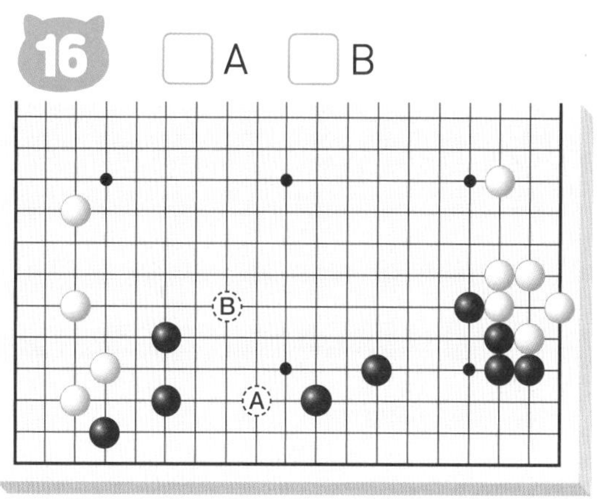

17 ☐A ☐B

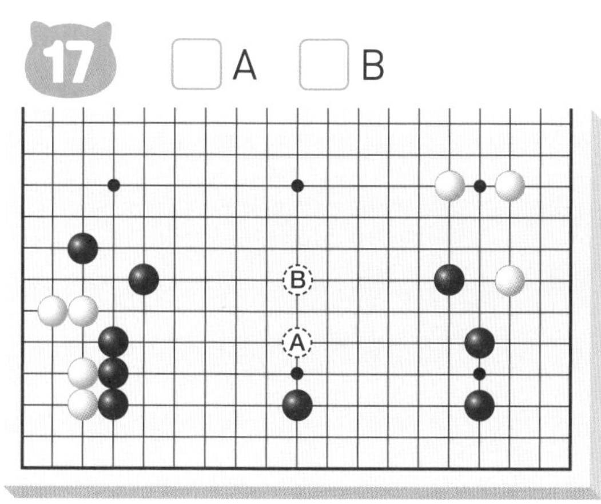

도전

18 ☐A ☐B

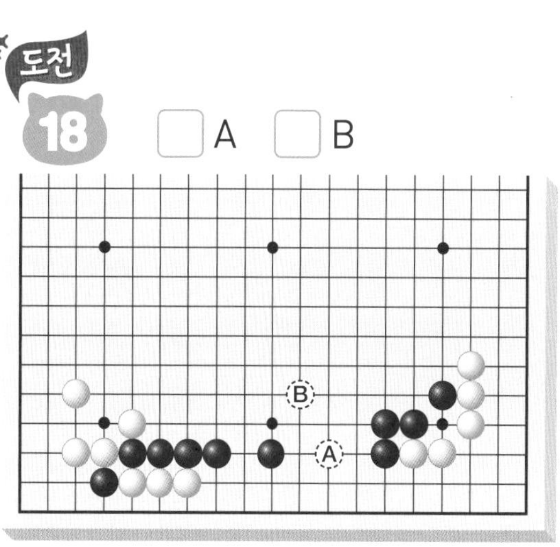

마음이 쑥쑥

다음 그림을 보고, 질문에 답해 봅시다.

바둑은 끊임없이 질문하고 답을 찾아가며 문제를 해결하는 과정입니다. 상대가 둔 수에 '왜?' 라는 질문을 던지면서 바둑을 두어 봅시다.

다음의 정석 수순에서 '왜?'라는 질문을 통해 한 수 한 수가 왜 그렇게 두어지는지 나의 생각을 말해 봅시다.

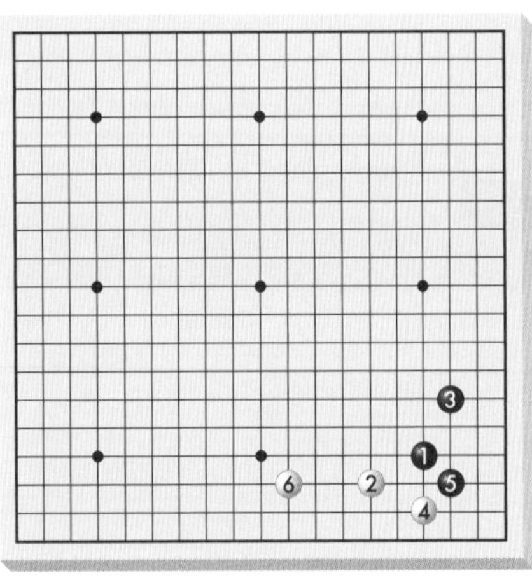

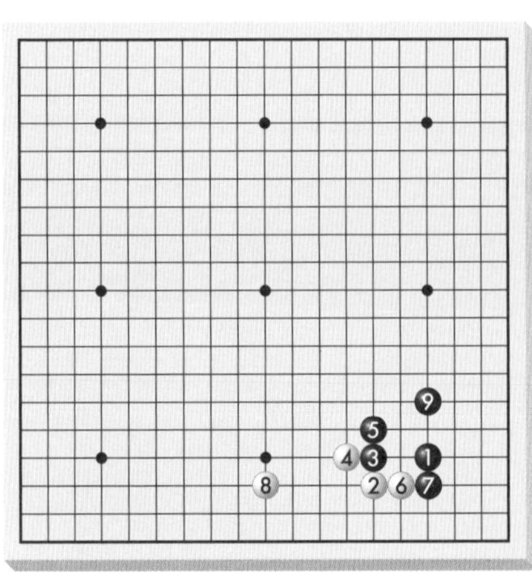

내 말과 행동에 대해 스스로 질문했던 경험이 있다면 친구들에게 말해 봅시다.

이야기로 배우는 바둑 상식

형세 판단

대국하는 도중에 형세가 유리한지 불리한지 판단하는 일을 '형세 판단'이라고 합니다. 형세 판단은 수읽기와 더불어 바둑 실력을 좌우하는 중요한 기술입니다. 형세 판단에 따라 내가 어떤 수를 선택하고, 어떤 방향으로 바둑을 이끌어 갈지를 정할 수 있기 때문입니다.

만약 불리한 형세인데도 안일하게 두어 그대로 패하거나, 많이 이기고 있는 바둑을 너무 무리하며 두어가다가 역전을 당한다면 무척 억울하겠죠? 올바른 형세 판단은 내가 어떻게 판을 이끌어 나갈지, 그 태도를 결정하는 데 매우 중요합니다.

그렇다면 형세 판단은 어떻게 하는 것일까요? 바로 중간중간 '계가'를 하는 것입니다. 계가는 바둑이 다 끝나고 마지막에 하는 것 아니냐고요? 그 계가는 승패를 확인하기 위해 실제로 집을 세보는 것을 말하고, 형세 판단의 계가는 속으로 집을 계산하는 것을 뜻합니다. 즉 바둑의 중요한 순간마다, 내 집이 많은지, 상대방의 집이 더 많은지 머릿속으로 세어보며 비교하는 것입니다. 그래서 형세 판단을 잘하려면 정확한 계산력이 필요합니다. 물론 바둑이 끝나지 않았기에 집을 정확히 계산할 수는 없지만, 대강 완성된 집의 경계선을 그려보며 머릿속으로 집 수를 세어보는 것입니다.

프로 기사들 중 형세 판단이 뛰어난 기사로는 박정환 9단, 이창호 9단, 박영훈 9단 등이 있습니다. 이 기사들은 워낙 계산력이 뛰어나서 '*신산'이라고 불리기도 합니다. 당연히 인공지능과 같은 컴퓨터는 계산이 정확하기 때문에 형세 판단도 뛰어날 수밖에 없습니다.

바둑의 중간중간마다 형세 판단을 해 보고, 내가 불리하다고 생각하면 더 강하게 두어 가고, 유리하다고 판단되면 안전하게 두어 가야 합니다.

여러분도 이제 대국을 할 때, 형세 판단을 해 보며 전략적으로 두어 보세요. 그럼 여러분의 바둑 실력이 더욱 빠르게 성장할 수 있을 거예요.

* **신산(神算)** 계산 능력이 신과 같이 뛰어남.

7 화점 협공 정석

이 단원을 배우면!

- 화점에서 걸쳐왔을 때 한 칸 협공하는 정석을 익힐 수 있어요.
- 상대가 협공해 올 때 올바르게 대응하는 방법을 배울 수 있어요.

인성 더 큰 것을 욕심내지 않는 마음을 기를 수 있어요.

오늘 배울 내용을 생각해 보며, 그림을 살펴봅시다.

만화로 배우는 바둑

더 공격적으로 두는 방법은 없을까? 나는 수비형 기풍이 아니라서.
흠…

그럼 오늘은 화점 협공 정석을 배워볼까?
뭐? 지난 번 정석도 아직 다 못 외웠는데?

하하. 한 수 한 수 그 의미를 생각하다보면 저절로 공부가 될 거야.
하…

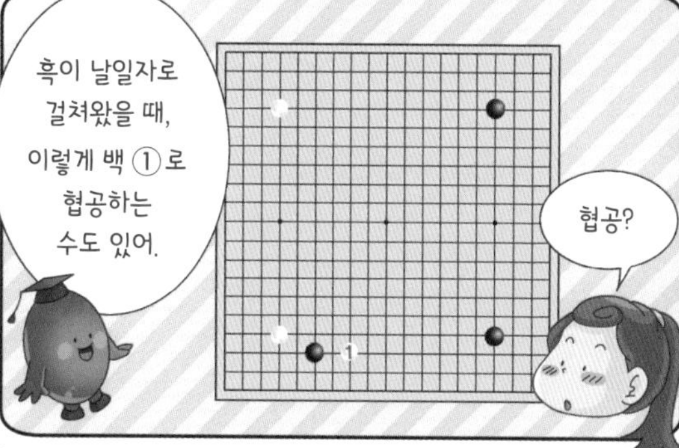
흑이 날일자로 걸쳐왔을 때, 이렇게 백 ①로 협공하는 수도 있어.
협공?

공격
공격
아하!
이렇게 상대의 돌을 가운데 두고 양쪽에서 공격하는 거야.

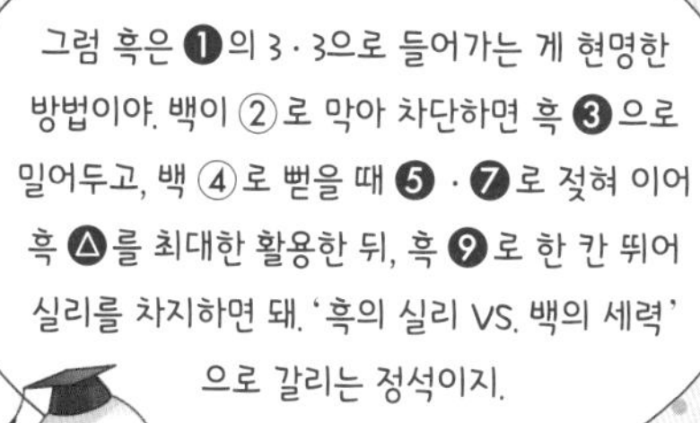
그럼 흑은 ❶의 3·3으로 들어가는 게 현명한 방법이야. 백이 ②로 막아 차단하면 흑 ❸으로 밀어두고, 백 ④로 뻗을 때 ❺·❼로 젖혀 이어 흑 △를 최대한 활용한 뒤, 흑 ❾로 한 칸 뛰어 실리를 차지하면 돼. '흑의 실리 VS. 백의 세력'으로 갈리는 정석이지.

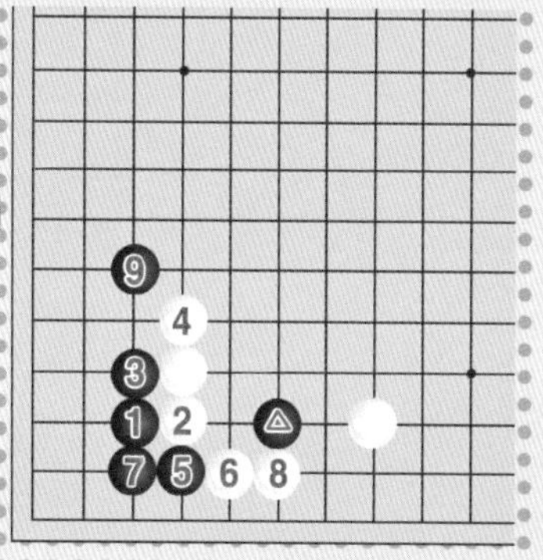

으. 지난번 정석보다 훨씬 길잖아!
어질
어질

이 정석을 처음부터 놓아보자.
역시 현빈이! 바둑반의 영재답네.
칫!

하하하
나도 질 수 없지!
화르르

한 칸 협공 정석

귀에 걸쳐 온 돌을 벌릴 여유를 주지 않고 양쪽에서 공격하는 일을 협공이라고 합니다. 한 칸 협공은 한 칸 떨어진 곳에서 협공하는 수법입니다.

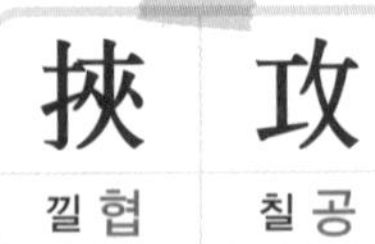

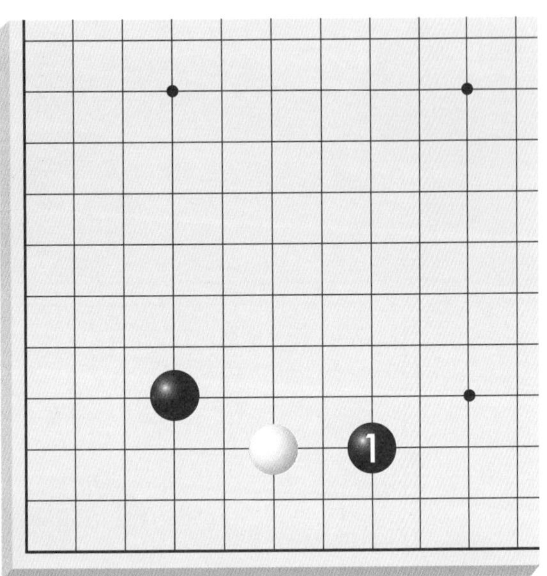

화점에서 백이 날일자로 걸쳐왔을 때, 수비하지 않고 흑 ❶과 같이 백 한 점을 공격해 갈 수도 있습니다. 흑 ❶이 '한 칸 협공' 입니다.

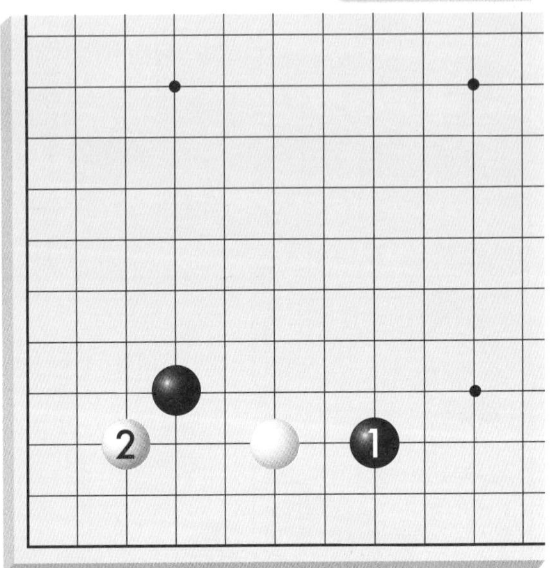

백은 여러 가지 응수가 있지만, 백 ②처럼 귀의 삼삼으로 들어가는 것이 가장 많이 두어지는 수입니다. 그럼 흑은 어느 쪽으로 막는 것이 좋을까요?

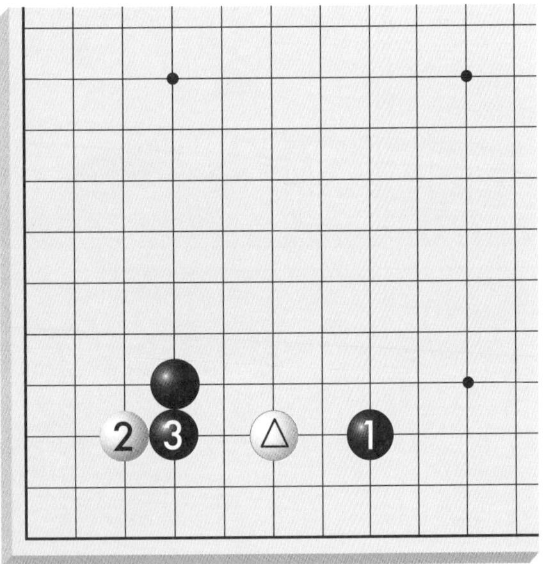

좌변 쪽에 흑돌이 없을 경우에는 흑 ❸으로 막아서 백 △와 백 ②를 차단해 가야 합니다.

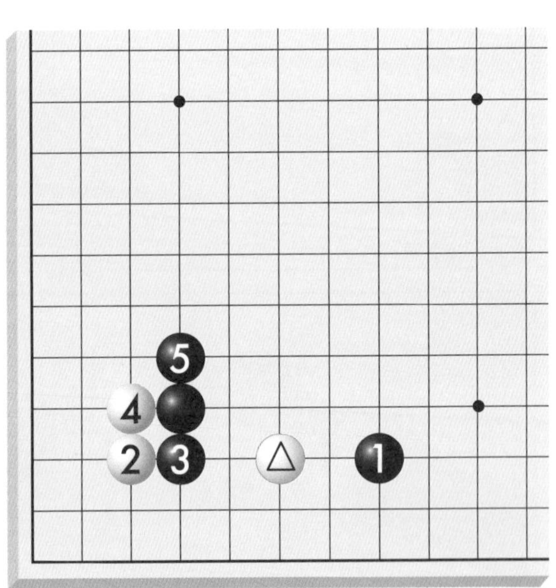

백은 ④로 밀어가고, 흑은 ❺로 뻗는 것이 정수입니다.

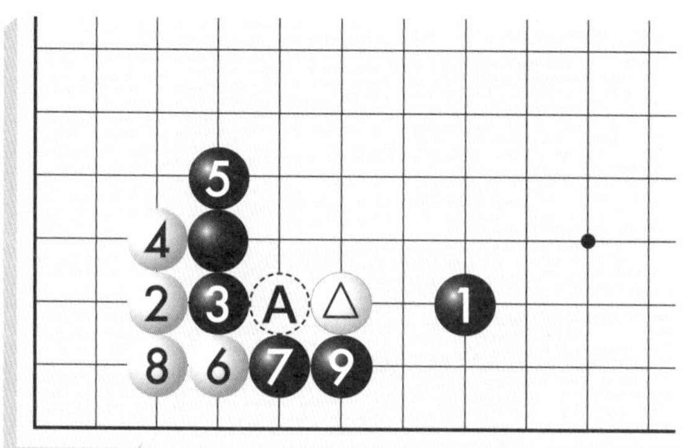

다음으로 백은 ⑥, ⑧로 젖혀 이어서 백 ⓐ를 버림돌로 활용하는 것이 좋은 방법입니다. 흑도 Ⓐ로 잇거나 ❾로 연결해 두어야 합니다. 만약 두지 않으면, Ⓐ 자리를 백이 끊어서 흑 ❼ 한 점이 잡힙니다.

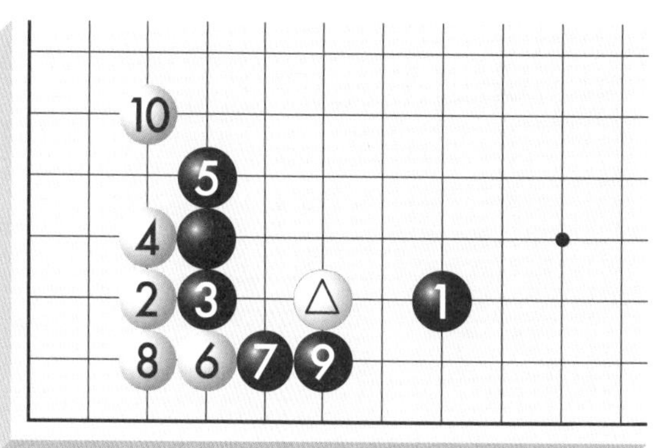

백은 ⑩으로 한 칸 뛰어서 변으로 진출하면 정석이 마무리됩니다. 여기까지가 화점 한 칸 협공의 기본 정석입니다. 백은 △ 한 점을 버리는 대신 귀의 실리를 차지하고, 흑은 세력을 차지하는 정석입니다.

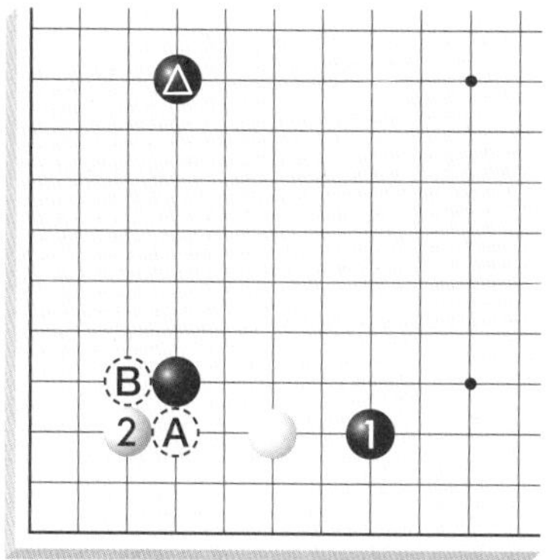

흑이 ❶로 한 칸 협공하고, 백이 ②로 삼삼에 들어온 장면입니다. 만약 좌변쪽에 흑 ▲처럼 흑돌이 있다면, Ⓐ와 Ⓑ중 어느 쪽으로 막는 것이 더 좋을까요?

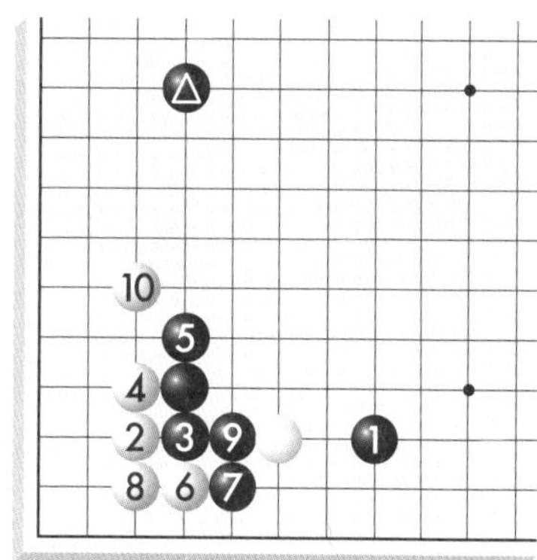

앞선 정석대로 흑 ❸으로 막고 진행한다면, 백 ⑩까지 정석이 마무리됐을 때 흑 ▲의 돌이 좀 어정쩡한 위치에 가 있게 됩니다. 백이 ⑩으로 머리를 내밀고 있어, 흑 ▲의 발전성이 제한되기 때문입니다.

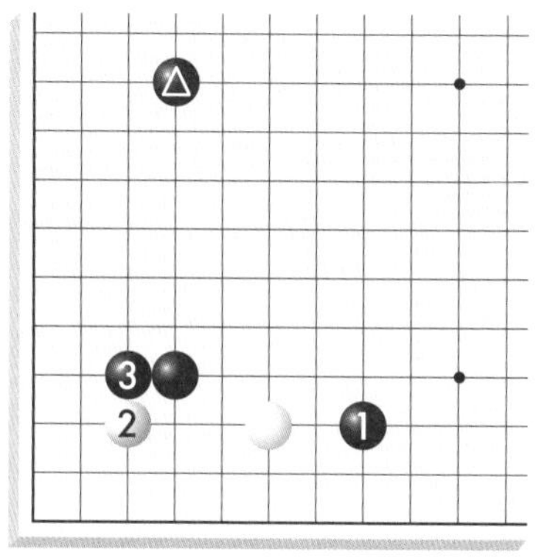

따라서 좌변 쪽에 흑돌이 있는 경우에는 흑 ❸의 방향으로 막아가는 것이 좋습니다. 백돌을 차단하지 않고, 연결시키는 방법입니다.

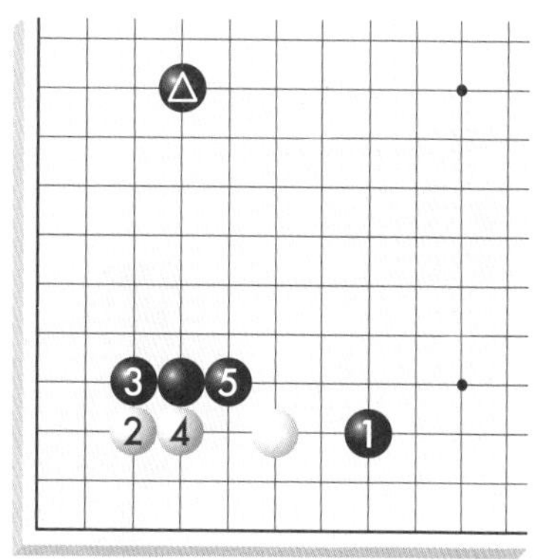

백이 ④로 밀어오면 흑도 ❺로 뻗어갑니다.

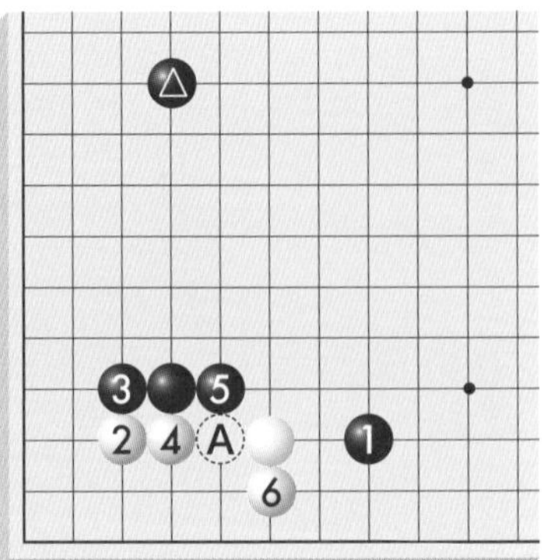

백은 Ⓐ로 이어서 약점을 지킬 수도 있지만, 더 효율적으로 백 ⑥으로 내려서 지켜 두는 것이 좋습니다. 다음 흑이 바깥쪽을 어떻게 둘러싸면 좋을까요?

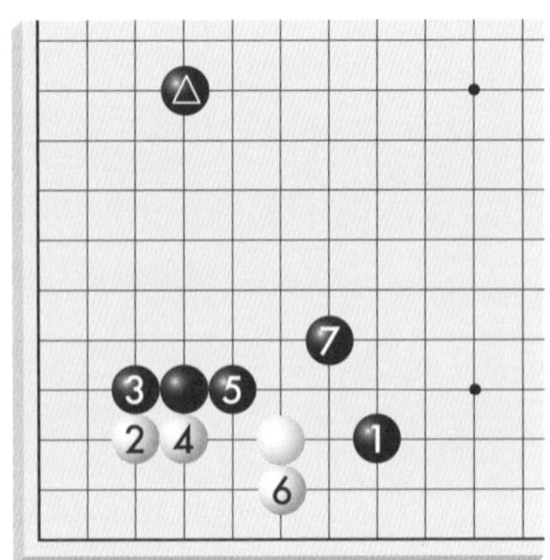

흑 ❼의 날일자 씌움이 멋진 수입니다. 흑이 ❼로 *봉쇄하면 정석이 일단락됩니다. 이 정석은 좌변 쪽에 흑의 세력이 생기기 때문에 흑 ▲의 위치가 안성맞춤입니다. 대신 백은 귀의 실리를 차지하고 선수를 잡습니다.

* **봉쇄(封鎖)** 에워싸서 상대가 중앙으로 진출하지 못하도록 막는 일.

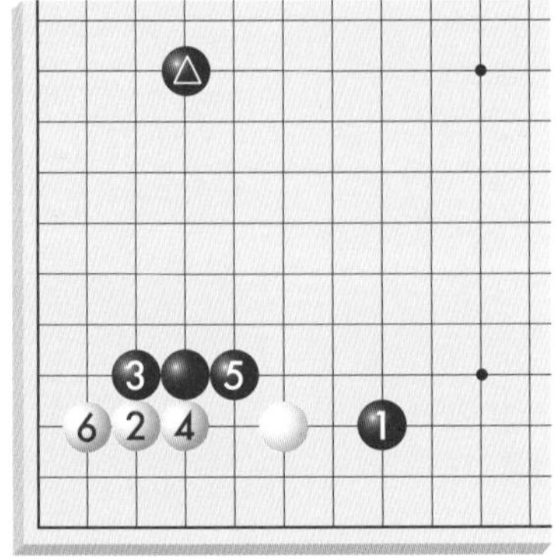

백 ⑥으로는 2선으로 내려 빠질 수도 있습니다. 실리를 더 중시하는 수입니다.

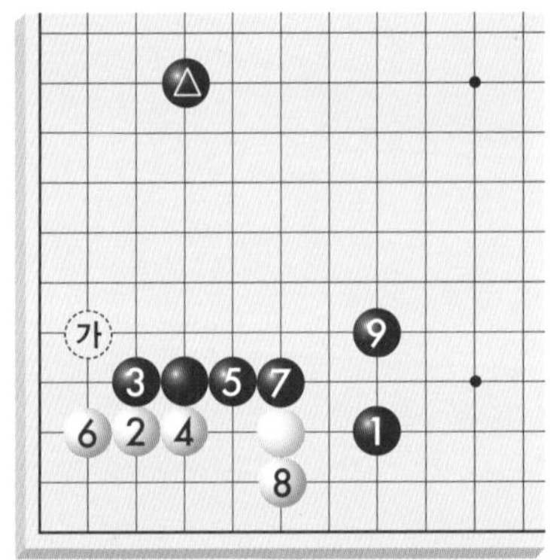

흑은 ❼로 막고, 백이 ⑧로 뻗어 약점을 지킬 때 흑 ❾로 한 칸 뛰어 중앙을 봉쇄합니다. 백은 훗날 ㉮로 뛰어 흑집을 깨는 수를 엿보고 있습니다. 이 형태도 한 칸 협공의 기본 정석입니다.

오호~ 실력이 좋아진다고!

△, △로 두어 온 장면입니다. 다음 응수로 알맞은 자리에 ✓표를 해 봅시다.

1

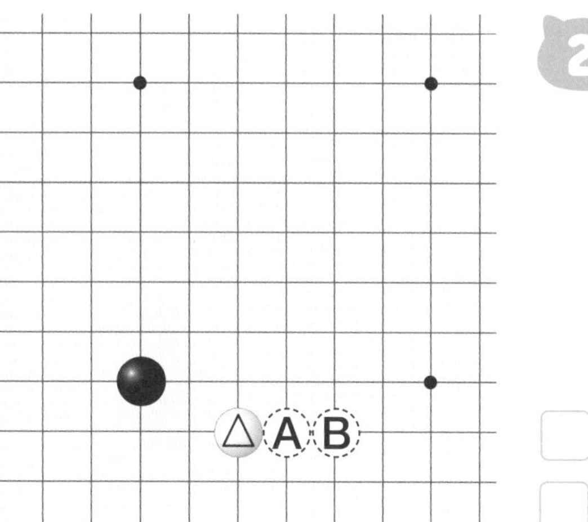

☐ A
☐ B

2

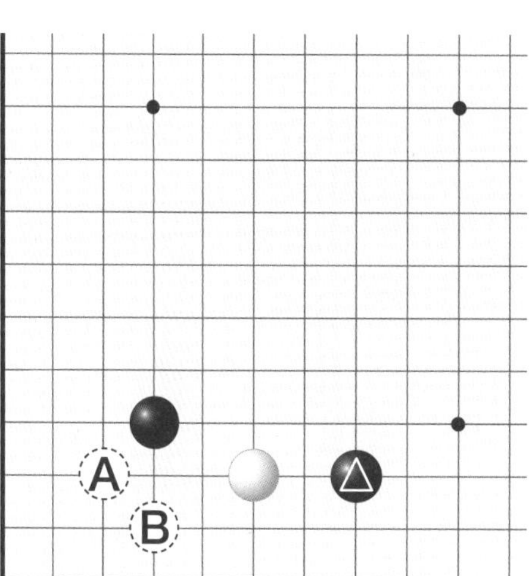

☐ A
☐ B

3

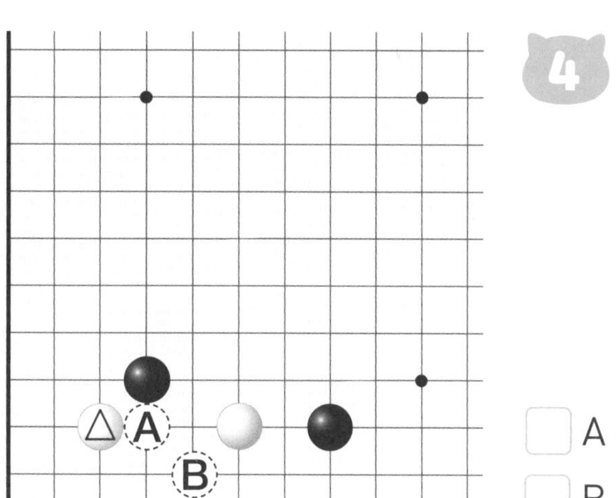

☐ A
☐ B

4

☐ A
☐ B

5

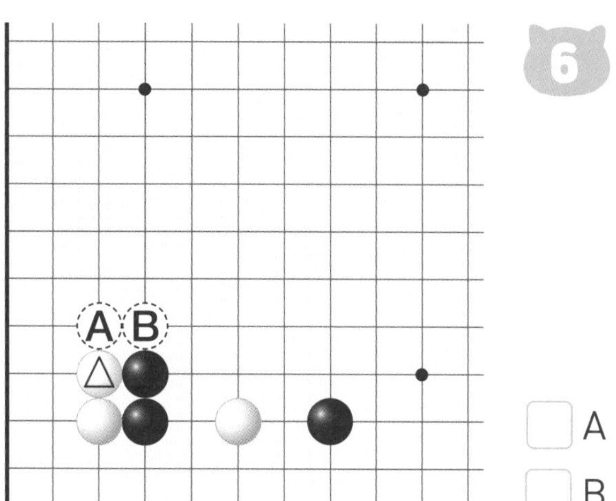

☐ A
☐ B

6

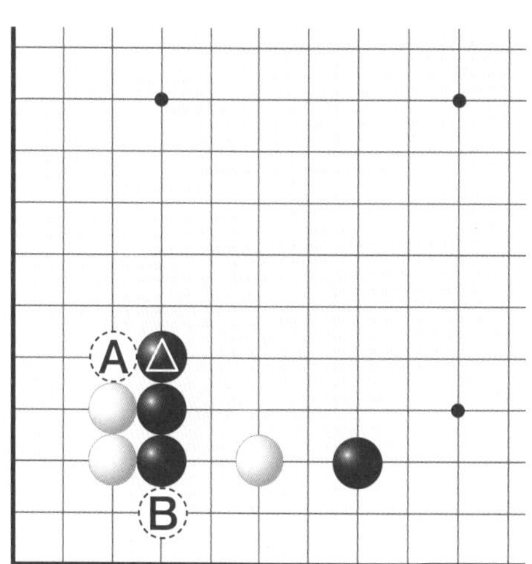

☐ A
☐ B

실력이 탄탄

△, △로 두어 온 장면입니다. 다음 응수로 알맞은 자리에 ☑표를 해 봅시다.

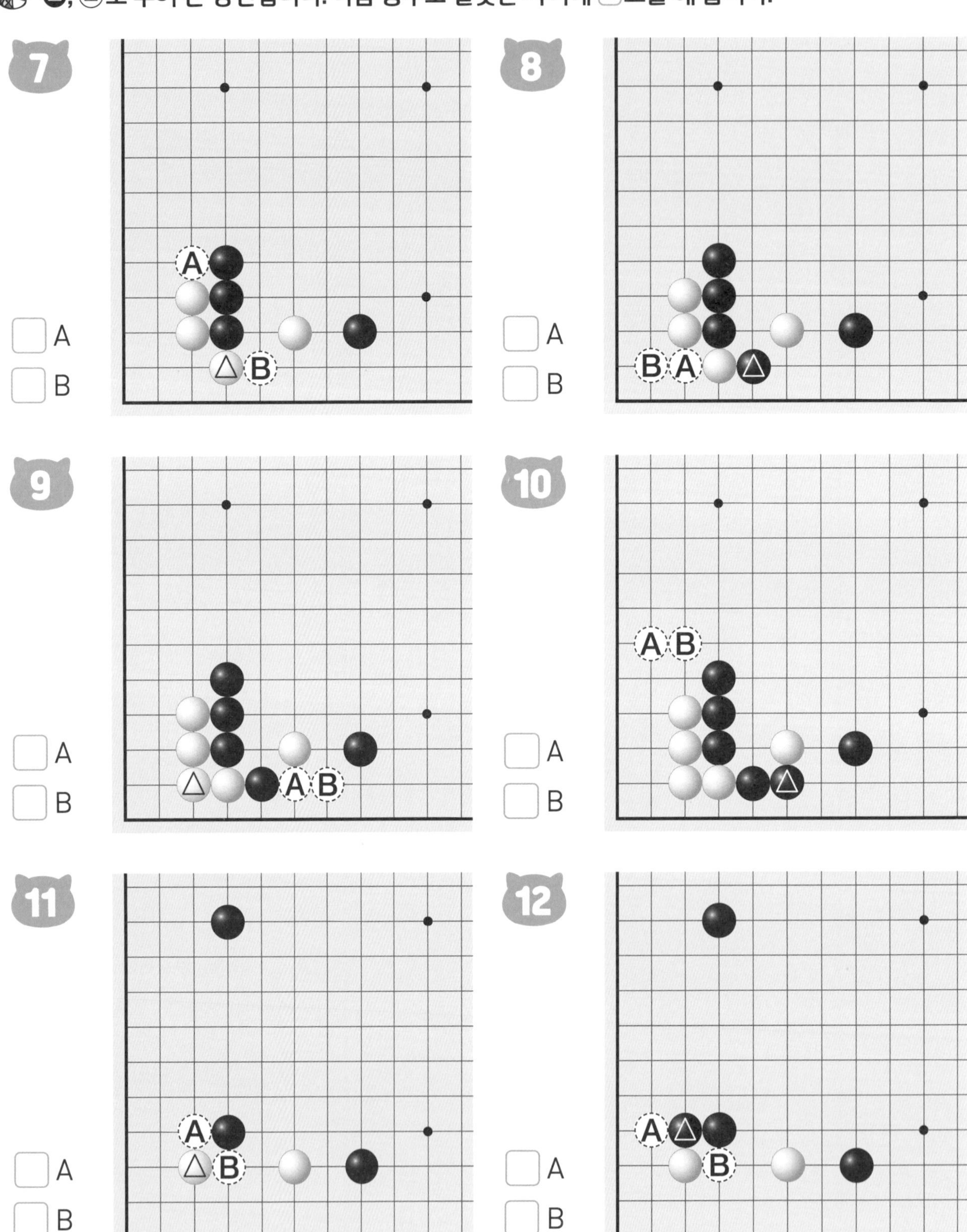

Ⓐ, △로 두어 온 장면입니다. 다음 응수로 알맞은 자리에 ☑표를 해 봅시다.

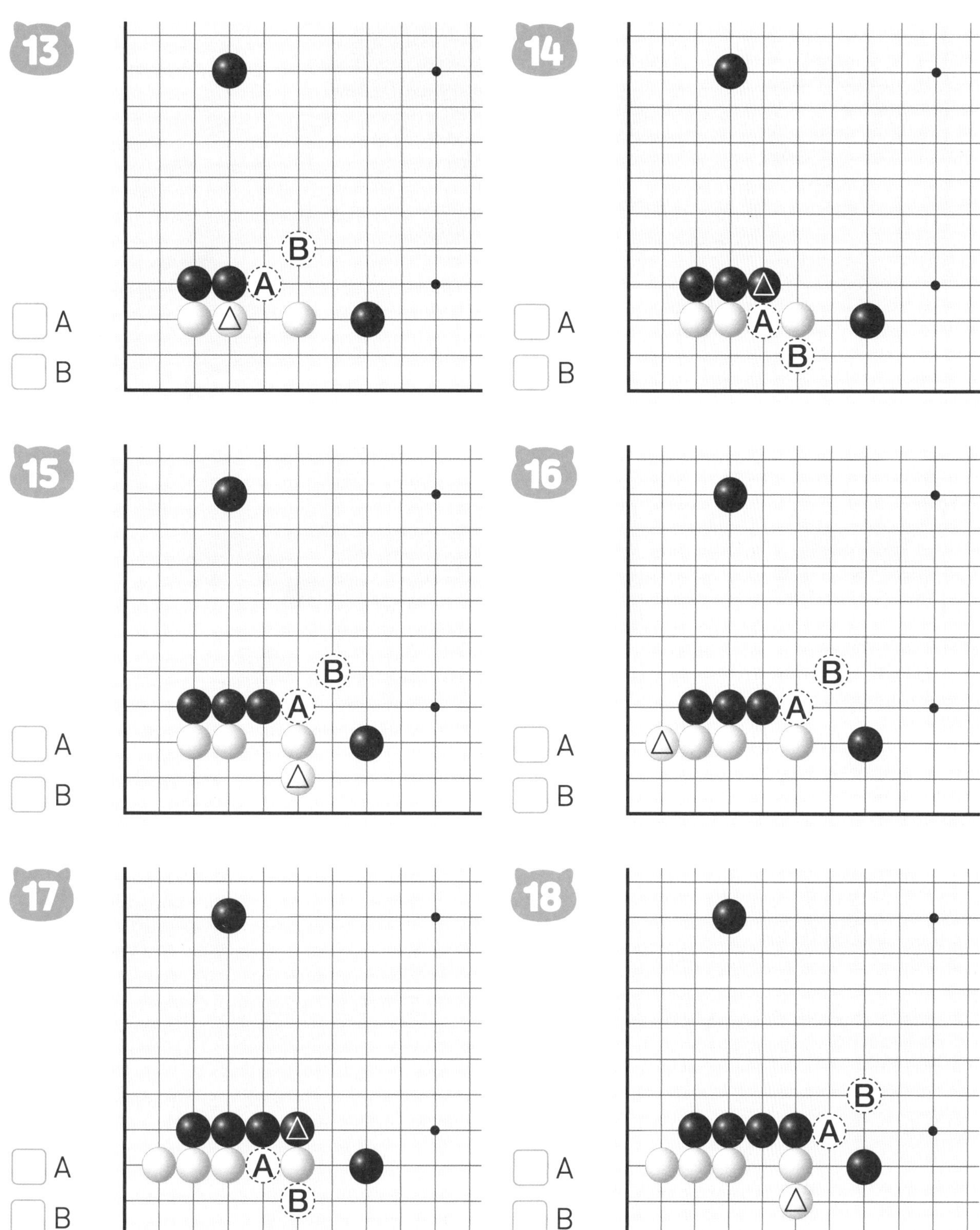

마음이 쑥쑥

다음 만화를 보고, 질문에 답해 봅시다.

바둑을 둘 때 욕심을 내다가 모두 놓칠 때가 있습니다. 살면서 욕심을 내어 모두 잃은 경험이 있나요? 나는 무엇을 깨달았나요?

이야기로 배우는 바둑 상식

바둑의 어원

‘바둑’이란 말은 어디서 비롯됐을까요? 바둑은 한자가 아닌 고유한 우리말로 추측됩니다. 우리나라가 해방되기 전까지는 바둑을 ‘바독’ 혹은 ‘바돌’이라고 불렀습니다. 여기서 ‘독’이나 ‘돌’자는 한자의 ‘돌 석(石)’을 표현하는 것으로 볼 수 있습니다.

Badh(바드)
바돌
바둑
Batu(바투)
바둑

육당 최남선 선생님은 바둑을 인도네시아어인 ‘Batu(바투)’에서 유래됐다고 주장했습니다. 인도네시아어로 ‘바투’는 ‘돌’이라는 뜻입니다. 또 바둑 역사학자인 안영이 선생님은 우리나라 고유의 바둑인 순장바둑이 티벳에서 전래된 것으로 보고, 티벳어로 바둑을 뜻하는 ‘Badh(바드)’가 ‘바독’으로, 그리고 세월이 흘러 다시 ‘바둑’이 됐다고 말했습니다.

그 외에도 ‘밭’과 ‘돌’의 결합으로 보는 학설도 있습니다. 지역에 따라서 ‘돌’을 ‘독’(남부지방 사투리)이라 부르기도 하는데, 바둑을 ‘바돌’이라고 불렀기 때문에 바독의 ‘독’이 ‘돌’일 가능성이 높다고 보는 것입니다. ‘밭독’에서 ‘바독’이 되고, 다시 ‘바둑’으로 변하여 지금의 바둑이 되었다고 해석하는 것입니다. 단지 추측일 뿐, ‘밭’과 ‘돌’이 합쳐진 의미가 분명하지 않기 때문에 정설로 보기는 어렵습니다.

바둑을 한자로는 기(棋), 기(碁), 혁(奕), 위기(圍棋) 등으로 표현합니다. ‘위기십결’이나 ‘위기오득’과 같이 쓰는 것도 바로 이 때문입니다, ‘혁’이라는 글자는 약 2,600년 전으로 거슬러 올라가 공자, 맹자가 쓴 책에 등장하기도 합니다. ‘혁’은 ‘바둑 두는 것’입니다. 이 글자는 중국의 양자강 부근에서만 썼던 사투리로 알려져 있습니다.

일본에서는 ‘기(碁)’를 주로 사용하고, 영어로는 ‘Go(고)’라고 표현합니다, 인공지능 ‘알파고’의 ‘고(go)’가 바로 여기서 비롯되었습니다. 중국에서는 ‘기(棋)’나 ‘위기(圍棋)’를 주로 사용하고, 영어로는 ‘weiqi(웨이치)’라고 표현합니다. .

이렇게 우리나라, 일본, 중국은 바둑을 각기 다른 명칭으로 부르고 있으며, 그 어원도 다르게 해석합니다.

8 삼삼(3·三) 침입 기본 정석

이 단원을 배우면!

- 화점에서 삼삼 침입했을 때의 기본 정석을 익힐 수 있어요.
- 초반부터 삼삼으로 침입하는 수가 가능한 이유에 대해 알 수 있어요.

인성 바둑을 두며 배려하는 마음을 기를 수 있어요.

 **오늘 배울 내용을 생각해 보며, 그림을 살펴봅시다.**

화점에 침입할 땐
삼삼이 급소지!

뭐야, 초반부터 들어
오는 거야?

응 괜찮아. 예전에는 초반의
삼삼침입을 안 좋은 수로
여겼지만 알파고 등장 이후
달라졌어.

알파고?

알파고를 비롯한 AI는
초반에도 삼삼침입을
많이 해.
오...

그래서 화점에선 삼삼으로
들어가는 변화가 많아지고
있지.

그럼 삼삼침입 정석도
어서 알려줘!
후후~

그럴까?
엥?
좋아~
좋아~

음....

으악. 또
정석이다!
하하하
으아아

정석의 변화

알파고의 등장 이후 여러 가지 수가 새롭게 두어지는데, 특히 많이 두는 수가 바로 화점의 삼삼 침입입니다. 삼삼 침입의 변화는 어떻게 되는지 기본 정석을 배워봅시다.

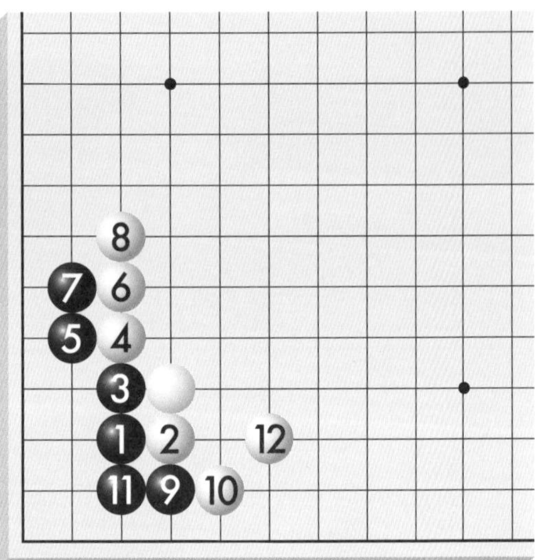

흑 ❶의 삼삼 침입 이후 백 ⑫까지가 기존의 정석이었습니다. 예전에는 흑의 실리에 비해 백의 세력이 두터워서 초반에는 삼삼에 들어가지 말라고 했습니다.

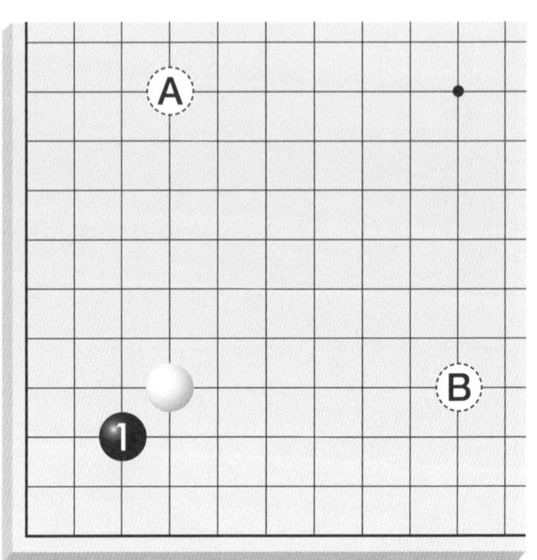

그래서 백 Ⓐ나 Ⓑ가 있을 때 흑이 걸쳐가기 어려운 경우 흑 ❶로 삼삼 침입을 하는 경우가 많았습니다.

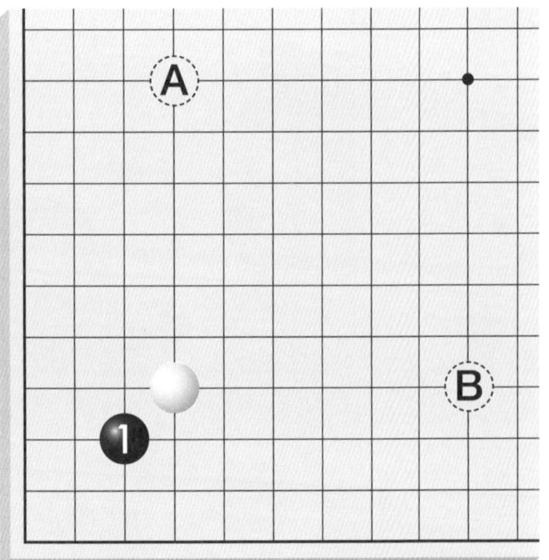

그런데 알파고는 Ⓐ나 Ⓑ에 돌이 없을 때에도 아주 이른 시점에 삼삼으로 침입합니다. 왜일까요?

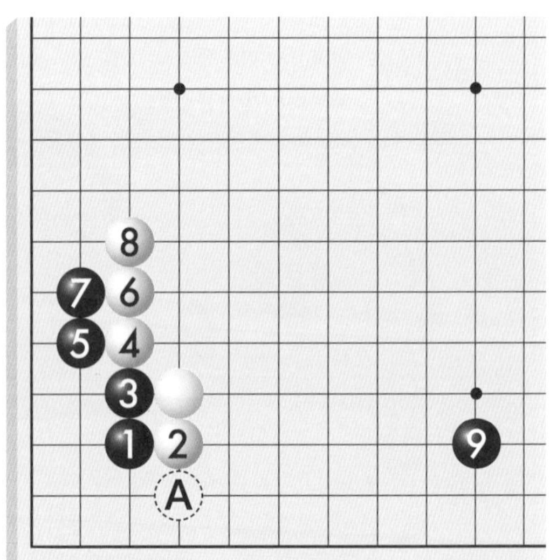

기존의 정석 수순 대로 진행했을 때 Ⓐ의 젖히는 수를 생략하고 흑 ❾로 백의 세력을 지우러 가는 수를 생각했기 때문입니다. 백이 귀의 흑돌을 괴롭히는 수가 없다면 흑 ❾의 자리로 백의 세력이 제한된 만큼 백이 손해입니다.

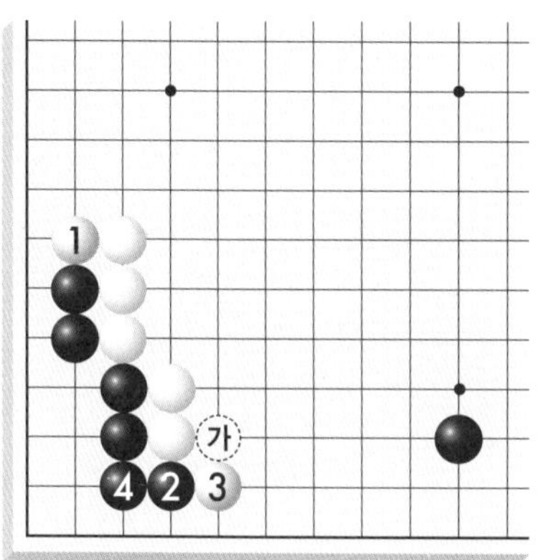

그렇다면 귀의 흑돌의 사활은 어떨까요? 백 ①로 막아온다면 흑은 그때 ❷, ❹로 젖혀 잇고 선수를 잡습니다. 백은 ㉮의 약점이 남아 있어 손을 빼기 어렵습니다.

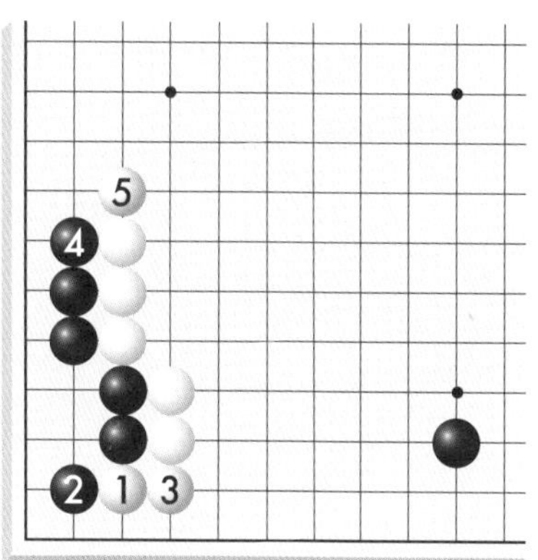

백이 반대쪽 ①, ③으로 젖혀 이으면 흑은 ❹로 밀어두고 선수를 잡습니다.

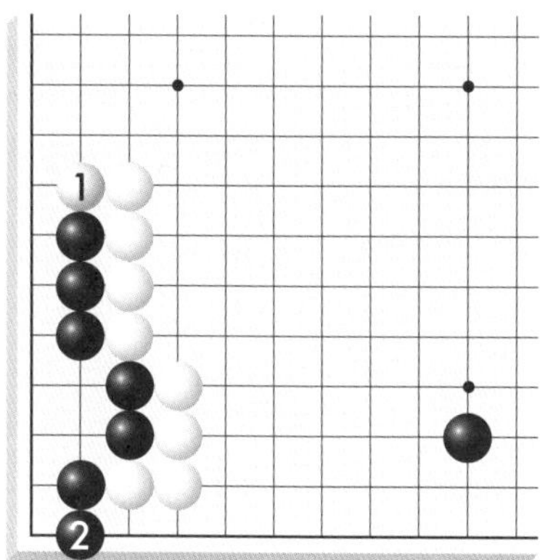

귀의 흑은 백이 ①로 막아오면 흑 ❷로 뻗어 살면 되므로, 아무 걱정이 없습니다.

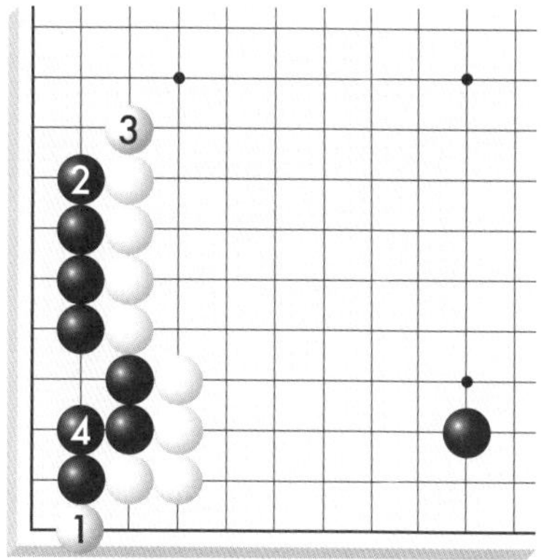

백이 ①로 젖혀온다면 흑 ❷로 밀어두고, 흑 ❹로 이어서 살면 됩니다. 따라서 주변에 백이 없을 때라도 흑은 일찌감치 삼삼에 들어가는 것이 가능해집니다.

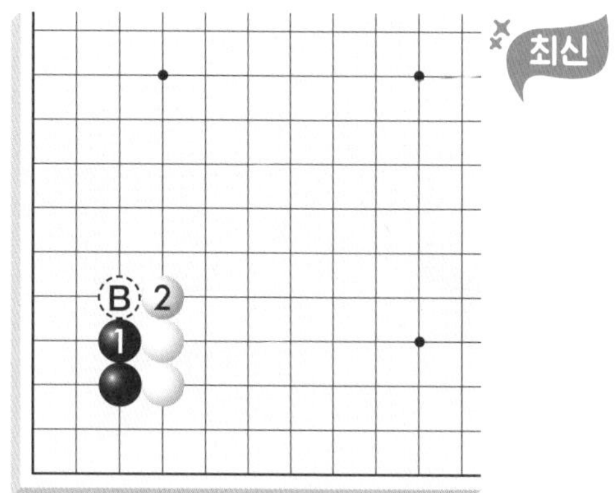

그래서 최근에는 흑 ❶로 밀어왔을 때, Ⓑ로 젖히는 수 대신 백 ②로 뻗는 수를 더 많이 둡니다.

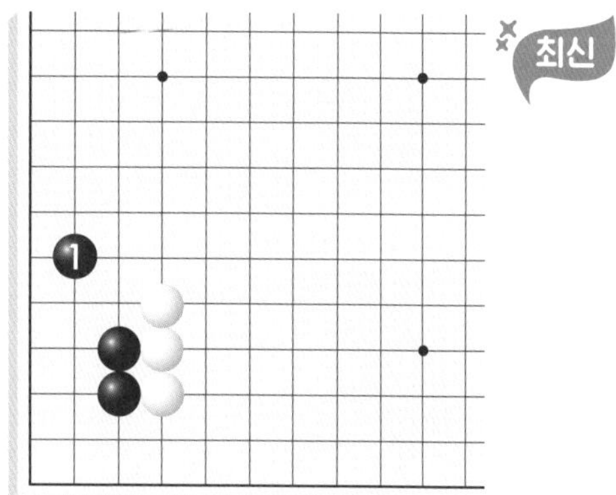

그러면 흑은 보통 ❶의 날일자로 받습니다. 여기까지가 최근 많이 두는 삼삼 침입의 기본 형태입니다.

이단젖힘 정석

이단젖힘은 상대의 돌을 젖히고 난 후, 상대의 되젖힘에 대해 다시 한번 젖히는 수법입니다. 연속해서 두 번을 젖혔다는 뜻입니다.

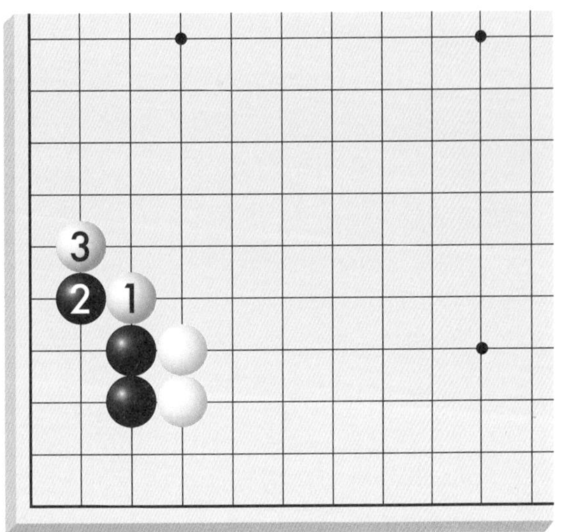

백은 ①, ③으로 이단 젖히는 수도 있습니다. 상대의 되젖힘(흑 ❷)에 대해 다시 한번 젖히는 것입니다.

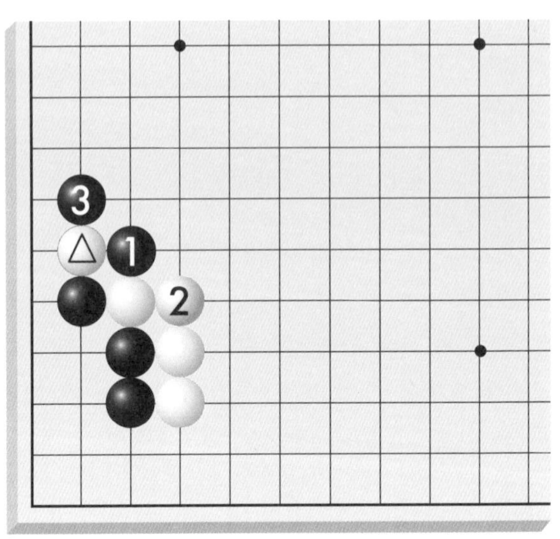

그러면 흑은 ❶로 끊고, 백 ②로 이을 때 흑 ❸으로 백 △ 한 점을 잡으면 됩니다.

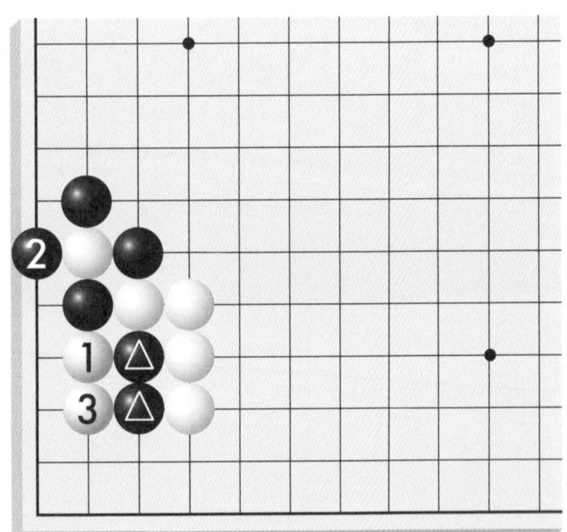

그럼 백은 ①로 끊고, 흑 ❷로 따낼 때 백 ③으로 두어 흑 ▲ 두 점을 잡게 됩니다. 여기까지가 삼삼 침입했을 때의 또 다른 기본 형태인 이단젖힘 정석입니다.

삼삼 침입의 변화와 정석은 무수히 많아요. 실력이 쌓이면 더 많은 정석을 이해하게 될 거예요.

오호~ 실력이 좋아진다고!

▲, △로 두어 온 장면입니다. 다음 응수로 알맞은 자리에 ☑표를 해 봅시다.

1

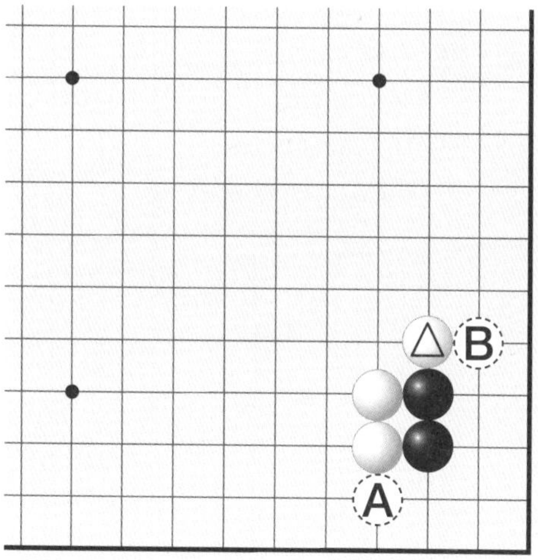

☐ A
☐ B

2

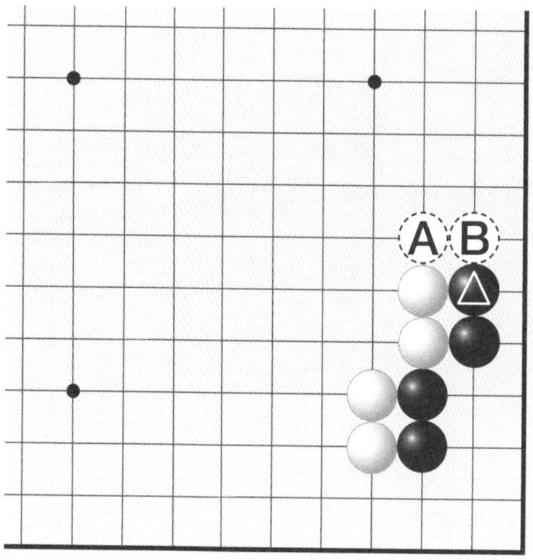

☐ A
☐ B

도전

3

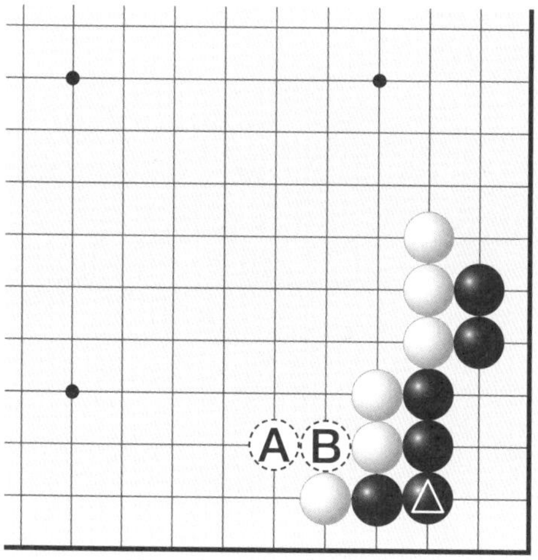

☐ A
☐ B

4

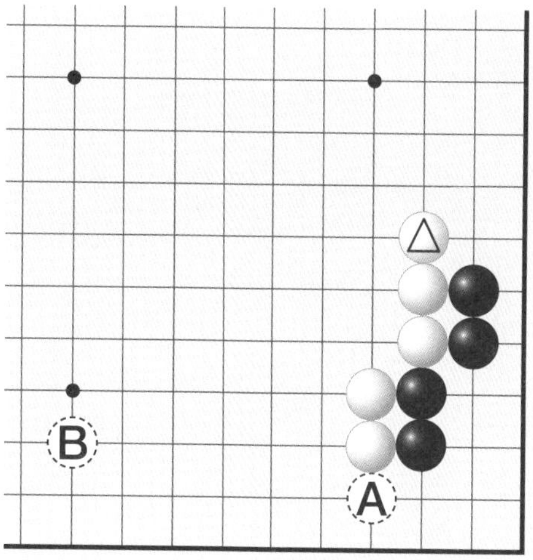

☐ A
☐ B

5

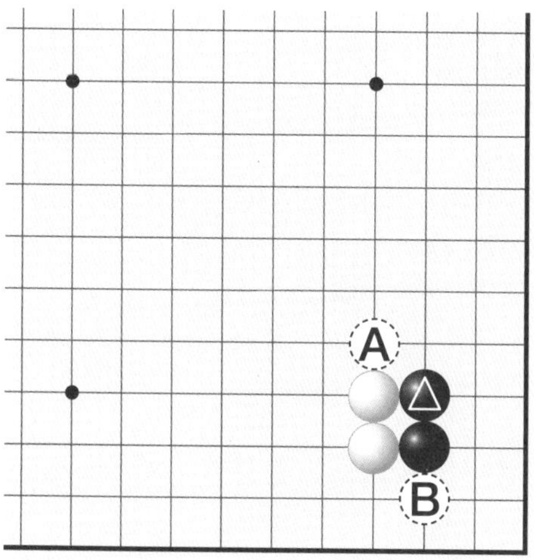

☐ A
☐ B

6

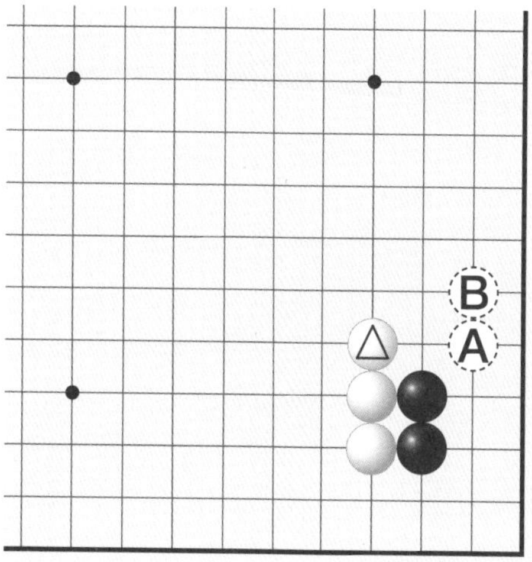

☐ A
☐ B

실력이 탄탄

▲, △로 두어 온 장면입니다. 다음 응수로 알맞은 자리에 ☑표를 해 봅시다.

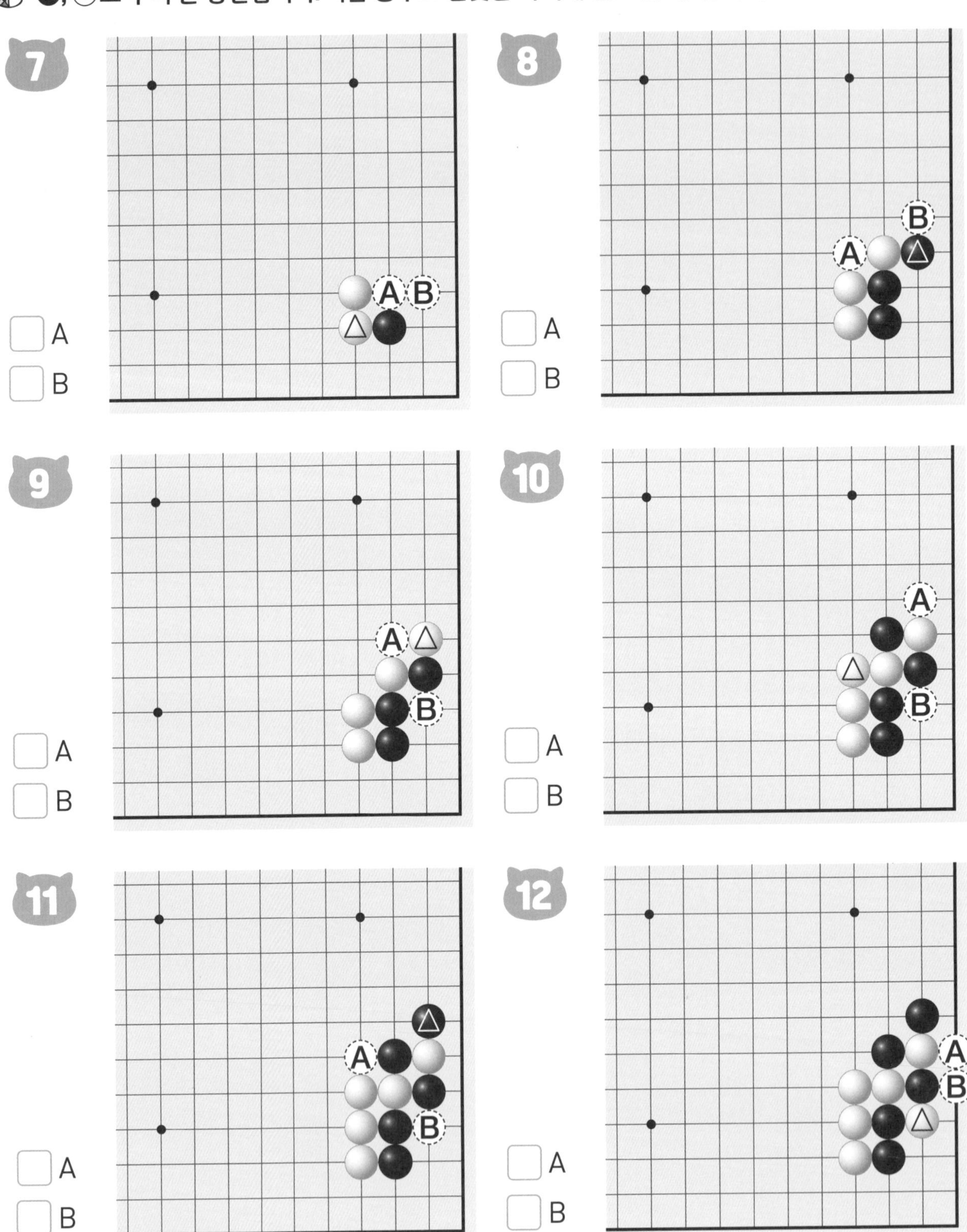

▲, △로 두어 온 장면입니다. 다음 응수로 알맞은 자리에 ☑표를 해 봅시다.

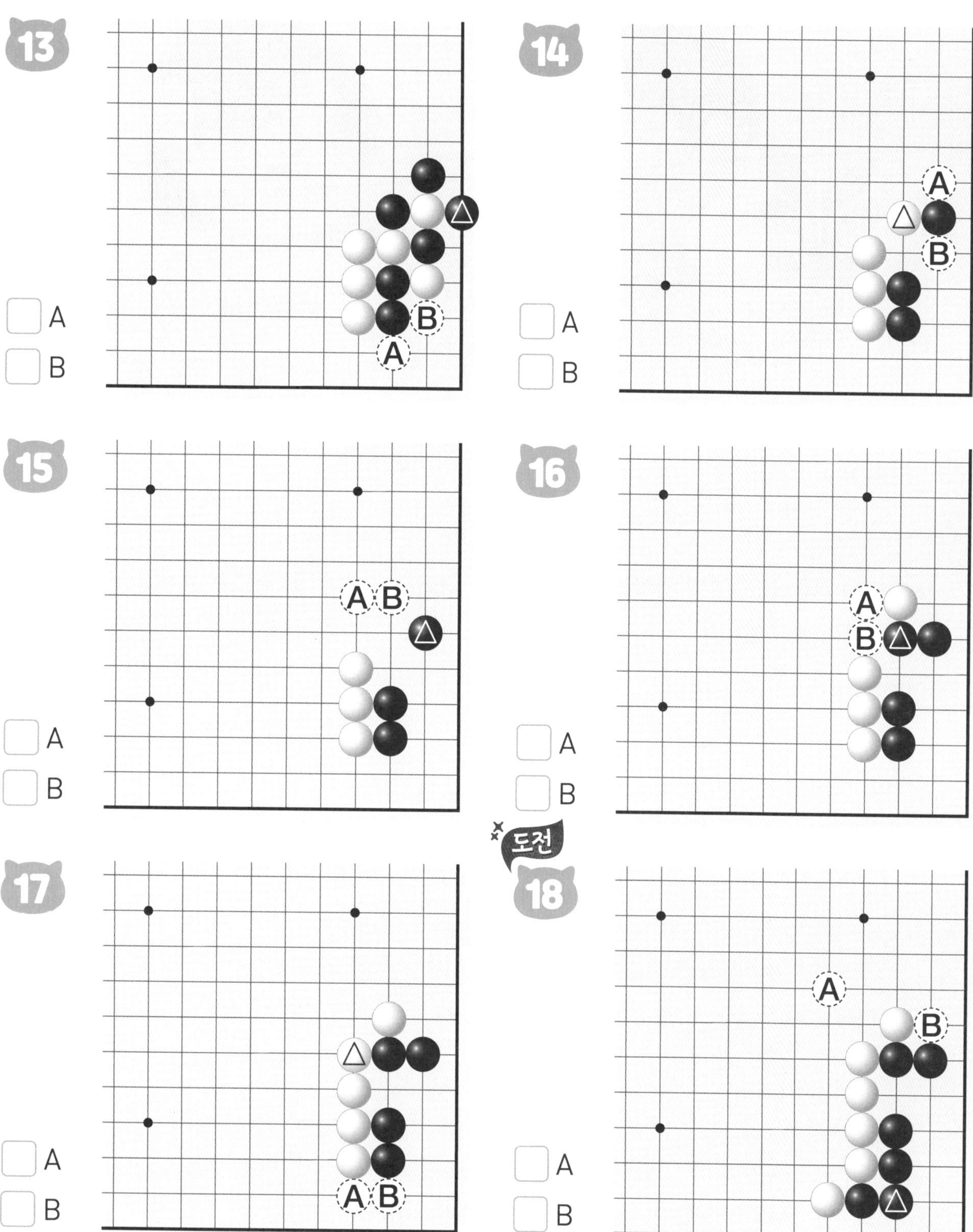

마음이 쑥쑥

다음 그림을 보고, 질문에 답해 봅시다.

대국을 마친 후, 승부와 관계없이 서로의 돌을 담아주며 상대방을 존중하고 배려하는 마음을 가져봅시다.(배려 돌담기)

다음 중 배려하는 모습으로 볼 수 없는 것을 골라 봅시다.

① 상대방이 지면 속상할 테니 일부러 져 준다.
② 이겼을 때 상대방을 놀리거나 자랑하지 않는다.
③ 상대가 화장실에 다녀왔을 때 내가 방금 둔 수를 알려준다.
④ 상대방이 생각할 때 주위를 두리번거리거나 옆 친구와 떠들지 않는다.
⑤ 대국할 때 돌을 삐뚤삐뚤 두지 않고 상대방이 보기 좋게 똑바로 둔다.

여러분은 바둑을 두며 상대방을 배려했던 적이 있나요? 또는 다른 친구의 모습에서 배려를 느낀 적이 있나요? 내가 겪거나 본 경험을 이야기해 봅시다.

이야기로 배우는 바둑 상식

아름다운 승부사, 이세돌 9단

여러분, '바둑' 하면 가장 먼저 떠오르는 기사가 누구인가요? 아마 이세돌 9단을 떠올리는 친구들이 가장 많을 것입니다. 이세돌 9단이 바둑계를 대표하는 세계적인 기사가 된 이유는 여러 가지가 있겠지만, 역시 2016년, 알파고와 벌인 '구글 딥마인드 챌린지 매치'의 영향이 가장 클 것입니다. 이 대결에서 모두의 예상을 깨고 인공지능 알파고가 인간 최고수 이세돌 9단을 4대 1로 이겼습니다. 하지만 그 과정에서 이세돌 9단이 보여준 겸손한 모습과 매너, 그리고 승부사로서의 강인한 투지는 전 세계 사람들에게 가슴 뭉클한 감동과 울림을 주었습니다. 특히 매번 대국이 끝날 때마다 항상 웃는 낯으로 기자들의 인터뷰에 응하며, 배려 있고 재치 넘치는 말솜씨를 보여주었습니다. 알파고와의 대결에서 남긴 이세돌 9단의 기억에 남는 말을 살펴 봅시다.

2016년 3월 8일, 개막 전날

"인간의 직관이나 감각을 인공지능이 따라오기 어렵다고 보기 때문에 자신감이 있다. 그런데 오늘 구글로부터 인공지능도 인간의 감각을 어느 정도 모방하는 것이 가능하며, 전보다 훨씬 차이가 좁혀졌다는 설명을 듣고서 5대 0으로 승리하지는 못하겠다고 생각했다. 인간이 질 수 있지만, 컴퓨터는 바둑의 아름다움을 이해하고 두는 게 아니기에 바둑의 가치는 지속될 것이다. 그럼에도 이번엔 인간이 이기도록 최선을 다하겠다."

2016년 3월 15일, 마지막 5국에서 패한 후

"결과에 아쉬움이 남지만 격려해 준 많은 분들께 깊이 감사드린다. 프로 역시 아마추어처럼 즐기는 것이 기본인데 이번 알파고와의 대국을 통해 원 없이 즐겼다. 알파고의 착점들을 보면서 과연 우리가 알고 있던 것들이 다 맞았나 하는 의문이 가끔 들었다. 앞으로 좀 더 연구를 해봐야 할 것 같다."

귀의 사활

이 단원을 배우면!

- 실전에서 자주 등장하는 귀의 사활에 대해 공부할 수 있어요.
- 다양한 사활 문제를 풀어보며 수읽기 실력을 기를 수 있어요.

인성 바둑을 둘 때 꼼수를 쓰지 않고 정수대로 두어갈 수 있어요.

오늘 배울 내용을 생각해 보며, 그림을 살펴봅시다.

우리 좀 살려 주세요!

내 돌이 완전히 포위됐네! 이러다 잡히면 어떡하지?
잘 생각해 봐! 두 집을 만들면 살 수 있어!
안절부절
아, 그렇지! 그렇다면 여기다!
그럼 이 수로 잡힐 텐데?
탁
난 옥집이라구!
백돌아! 살 수 있다고 했잖아!
후후~
으이구. 살기 위해선 급소를 잘 찾아야 해. 백 ①의 급소에 뒀어야지!
으…
흑 ❶로 두면 백 ②로 따내면 되고.
흑 ❶로 두면 백 ②로 두면 돼.
알았다고. 역시 사활은 어려워!
하하
훌~쩍 훌~쩍

귀의 실전 사활 I

귀에서는 특히 사활이 중요합니다. 좁은 공간에서 삶을 도모하기 때문에 사활의 기본을 잘 알고 있어야 헷갈리지 않습니다. 실전에서 자주 등장하는 귀의 사활에 대해 공부해 봅시다.

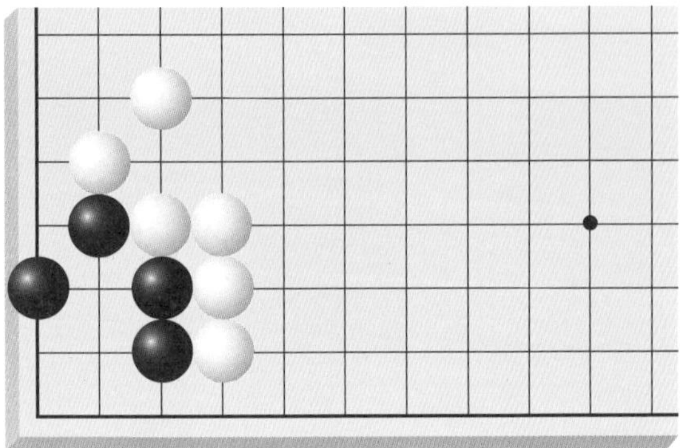

흑돌의 사활은 어떻게 될까요? 흑이 먼저 두면 살고, 백이 먼저 두면 잡힙니다. 그렇다면 급소는 어디일까요?

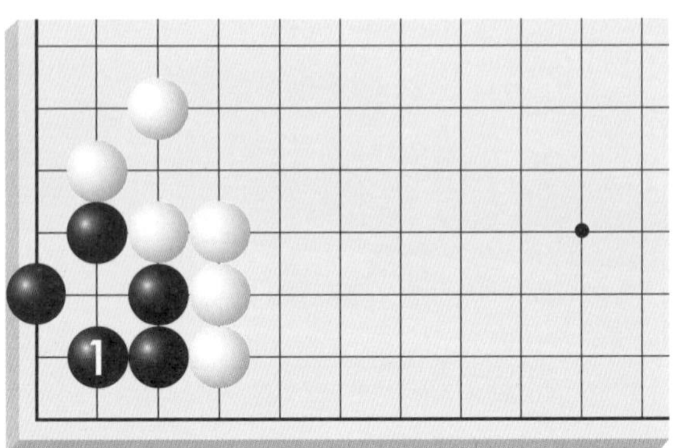

흑 ❶의 자리가 급소입니다. 흑이 ❶로 두면 살고, 반대로 백이 그 자리에 두면 잡힙니다.

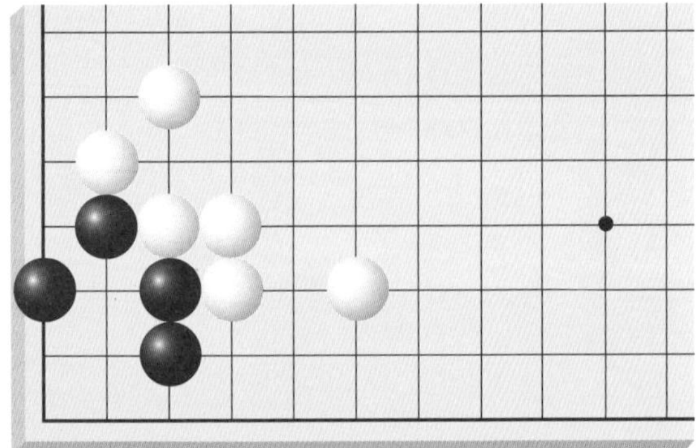

그렇다면 막혀 있던 백돌 하나가 없을 때는 어떨까요? 이 경우에 흑돌은 살아 있습니다.

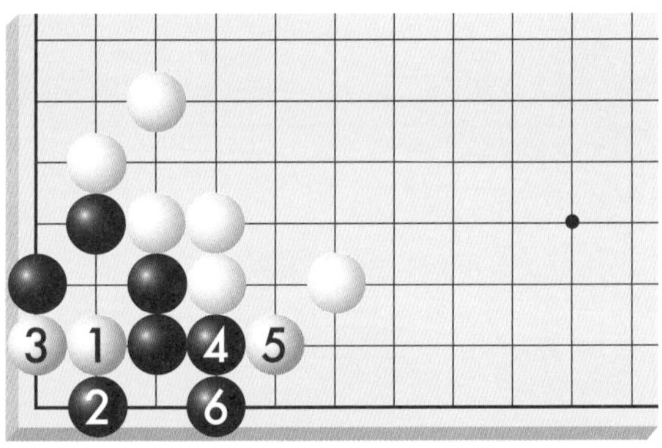

백이 ①의 급소 자리에 들어오더라도 흑 ❷로 젖히고 백 ③으로 눈 모양을 없앨 때, 흑 ❹로 밀고 흑 ❻으로 한집을 만드는 수가 있기 때문입니다.

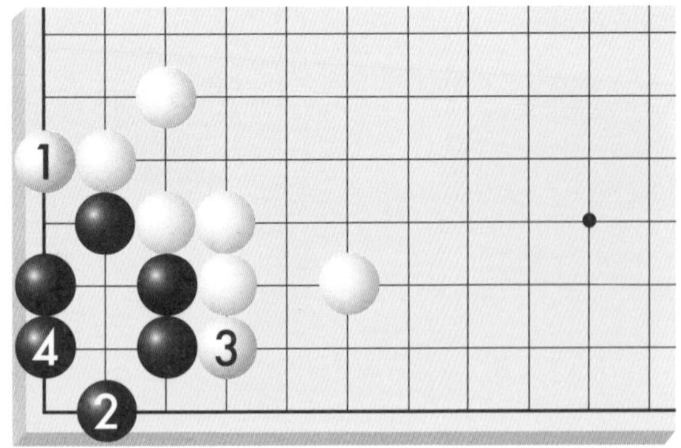

백 ①로 빠지면 흑 ❷의 입구자가 급소입니다. 백이 ③으로 막을 때 흑 ❹로 떨어진 두 공간을 만들어 살 수 있습니다.

귀의 실전 사활 II

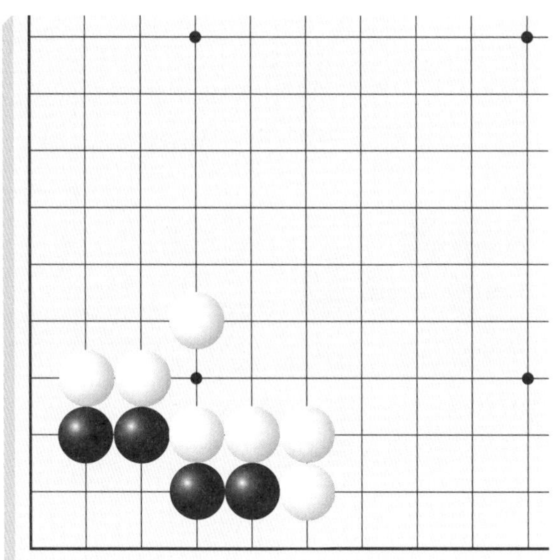

이 모양은 사는 방법이 여러 가지라고 생각하기 쉬운 형태지만, 사는 수는 딱 한 곳뿐입니다. 흑이 살려면 어디에 두어야 할까요?

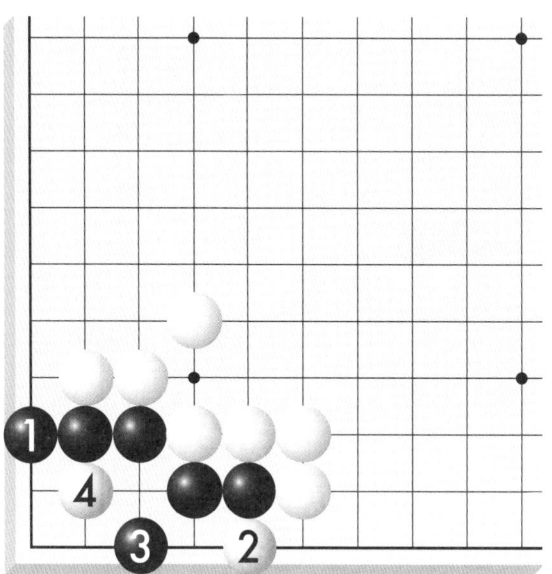

흑 ❶로 빠져서 궁도를 넓히는 것은 어떨까요? 그럼 백 ②로 젖히는 수가 좋은 수입니다. 흑이 ❸으로 호구 쳐도 백 ④로 치중해 흑돌이 잡힙니다.

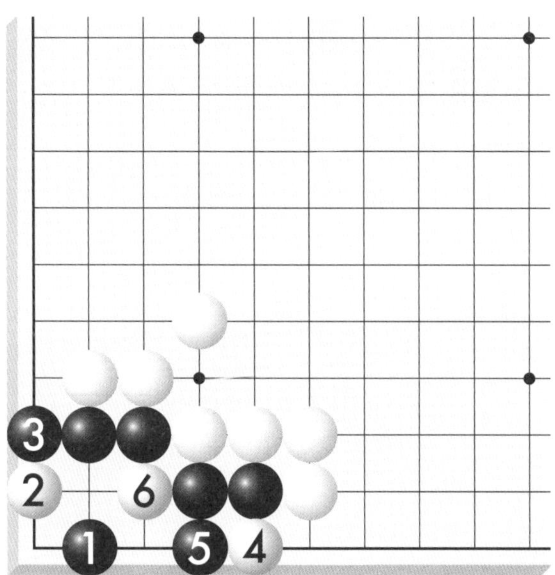

얼핏 흑 ❶로 한 칸 뛰는 수가 안형의 급소라고 생각하기 쉽습니다. 하지만 백 ②에 치중하고 흑 ❸으로 막을 때 백 ④로 젖힌 다음 ⑥으로 끊어가면 흑돌이 잡히게 됩니다.

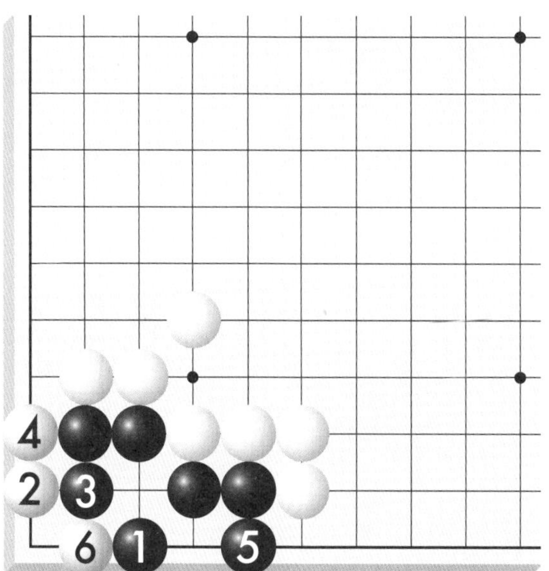

흑 ❶로 호구치는 것은 어떨까요? 안형의 급소이긴 하지만, 지금은 백 ②로 치중하는 것이 좋은 수입니다. 흑이 ❸, ❺로 집을 만들 때, 백 ⑥으로 먹여치면 패가 납니다. 살릴 수 있는 돌을 패를 만들어 주면 손해입니다.

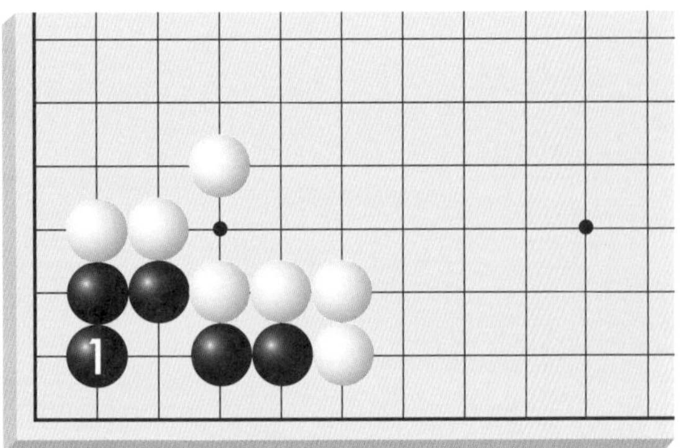

이 형태에서는 흑 ❶의 자리가 삶의 급소입니다.

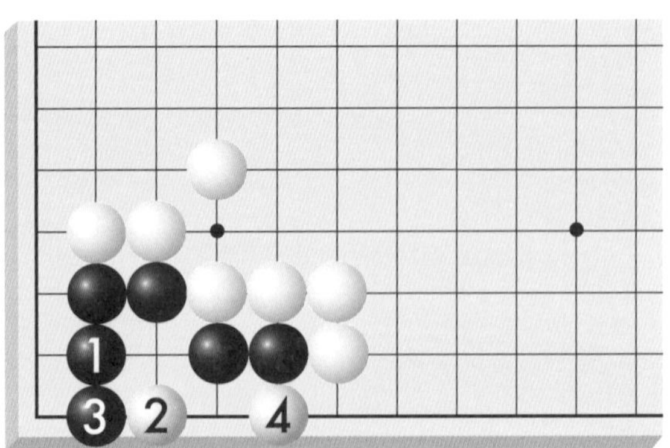

백이 ②로 치중하면 흑 ❸으로 막습니다. 다음 백이 ④로 젖혀왔을 때가 중요합니다.

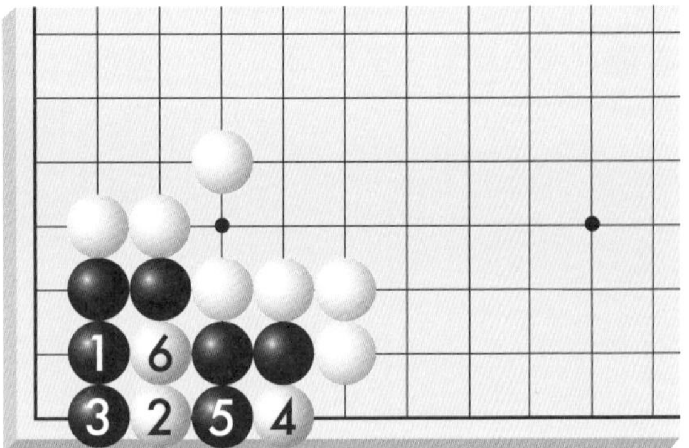

흑이 무심코 ❺로 둔다면, 흑 석 점이 단수가 되어 백이 ⑥으로 따내버립니다.

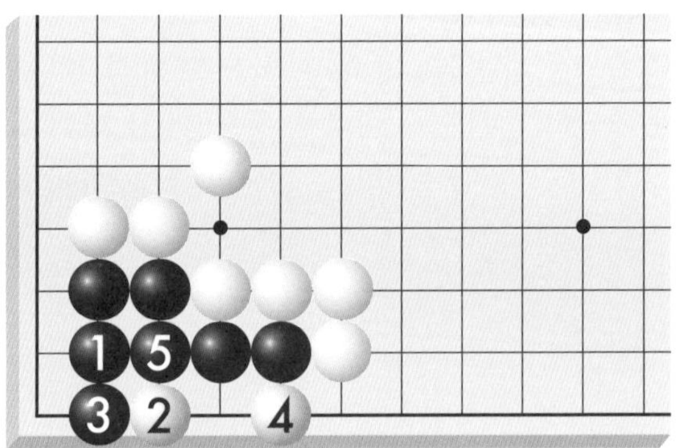

여기서는 흑 ❺로 가만히 뒤에서 단수치는 수가 좋은 수입니다. 그럼 백은 백 ② 한 점을 살릴 수가 없기에 흑은 떨어진 두 집을 만들어 살 수 있습니다.

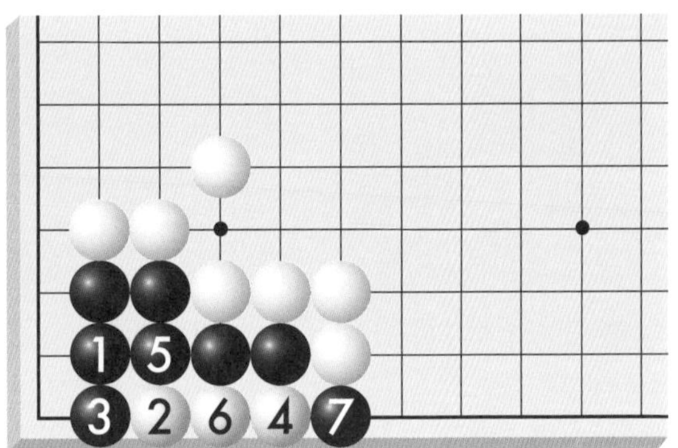

백이 포기하지 못하고 ⑥으로 한 점을 살리려 한다면 흑 ❼로 따내어 더 크게 살겠죠?

오호~ 실력이 좋아진다고!

 흑이 둘 차례입니다. 급소를 찾아 흑돌을 살려봅시다. (첫 수 표시)

1

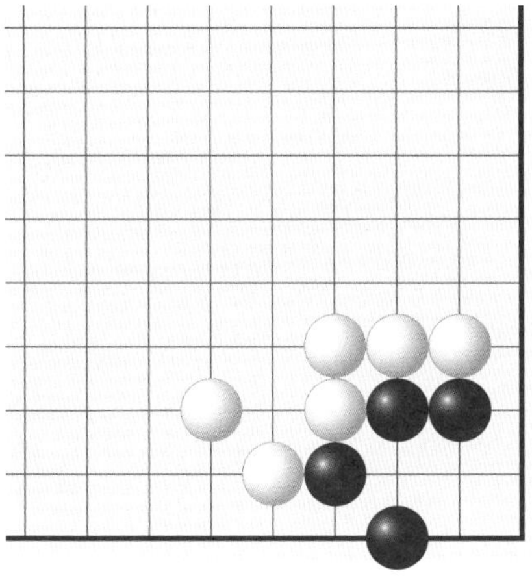

2

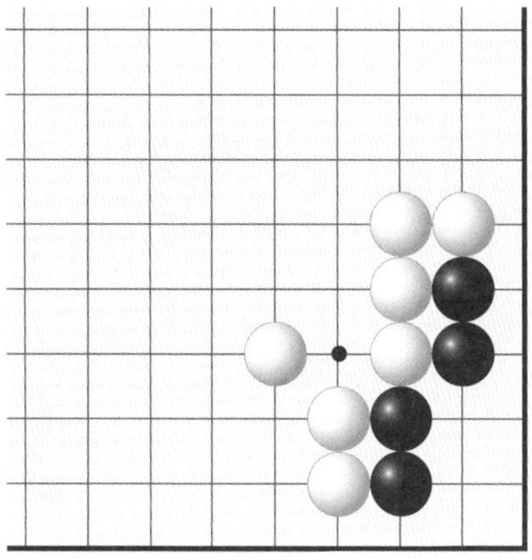

3

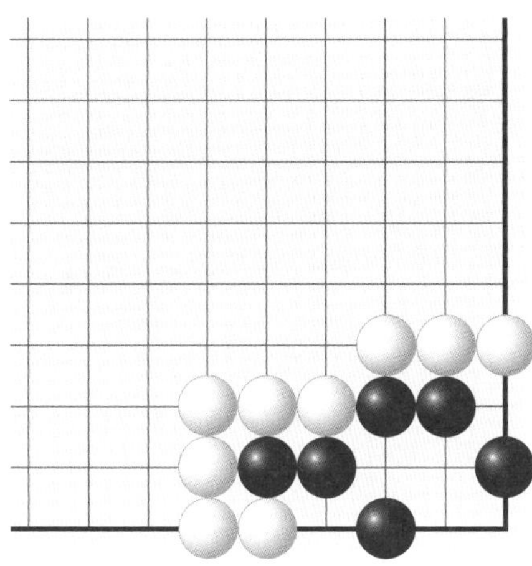

4

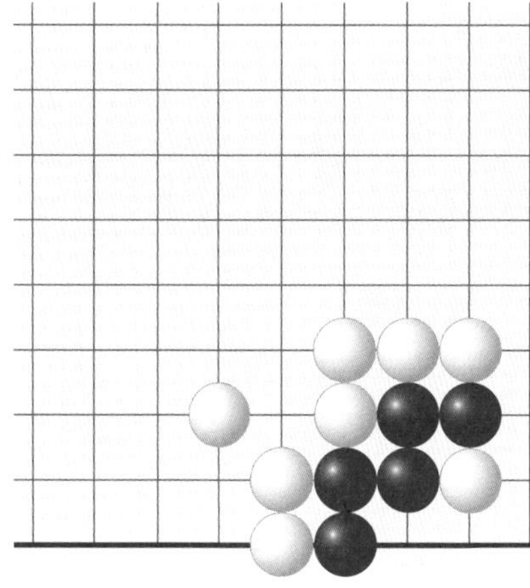

5

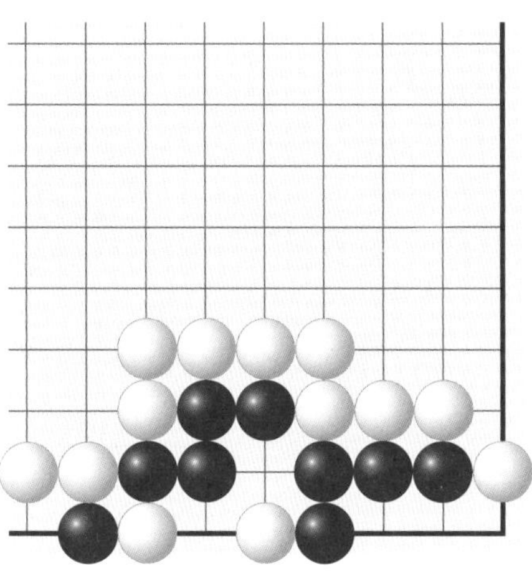

도전

6

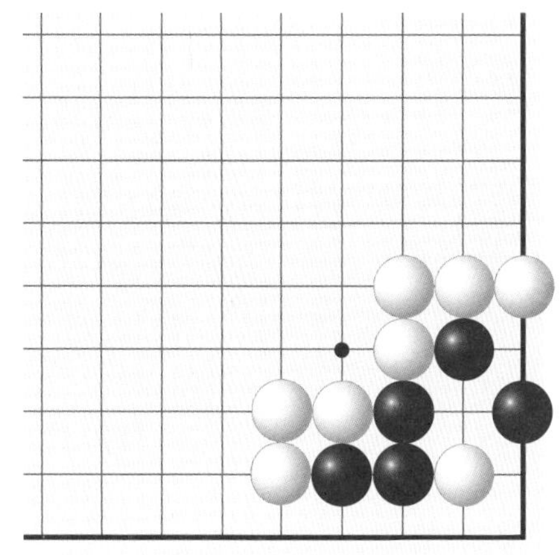

실력이 탄탄

흑이 둘 차례입니다. 급소를 찾아 흑돌을 살려봅시다. (첫 수 표시)

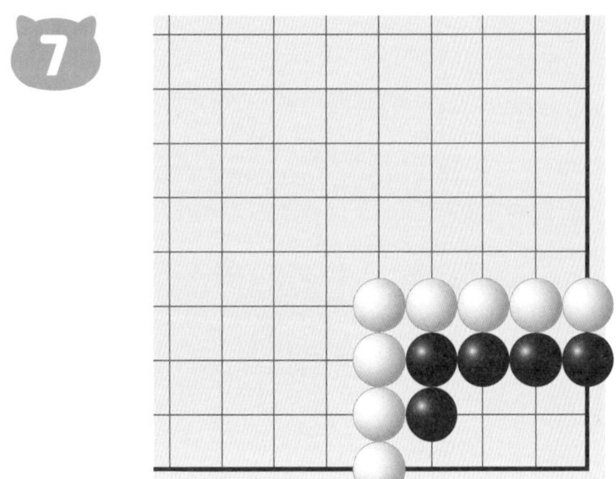

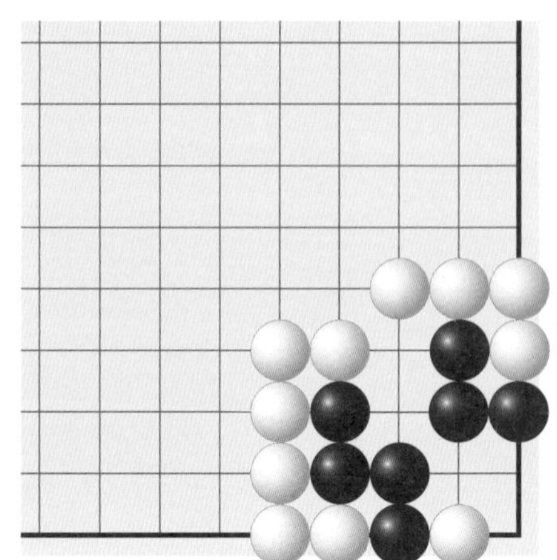

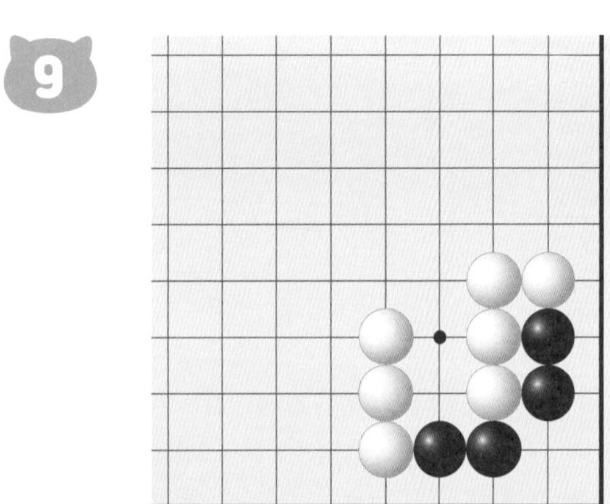

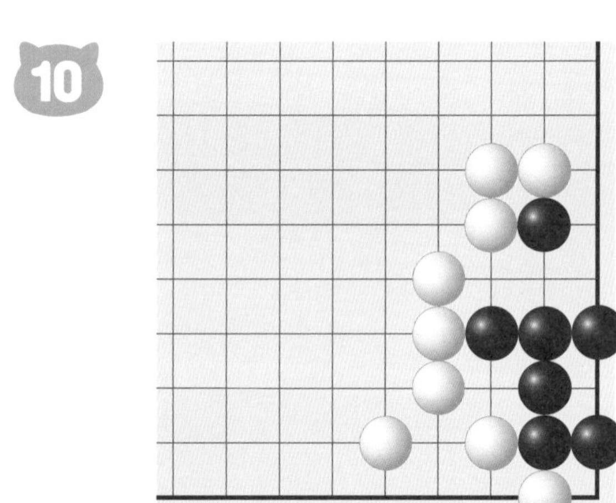

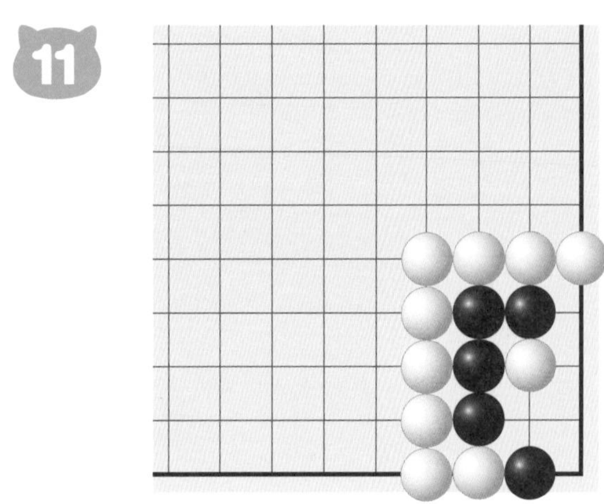

도전

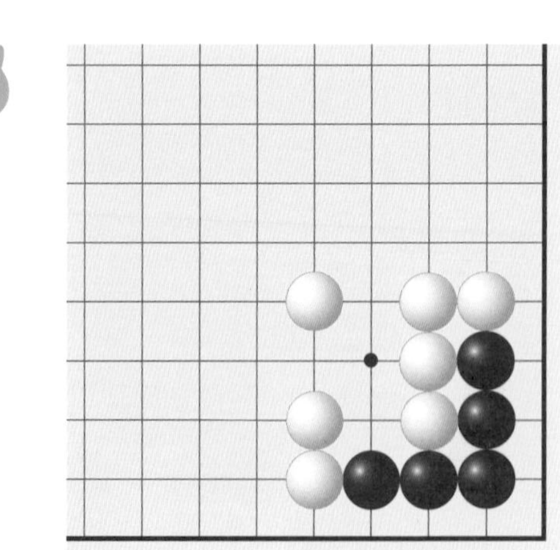

백이 둘 차례입니다. 급소를 찾아 흑돌을 잡아봅시다. (첫 수 표시)

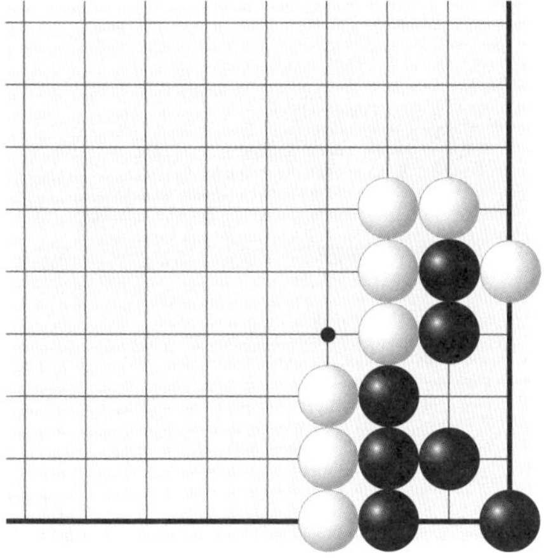

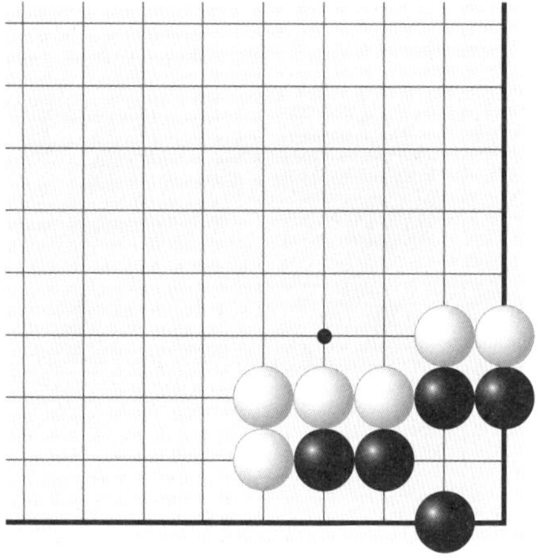

15

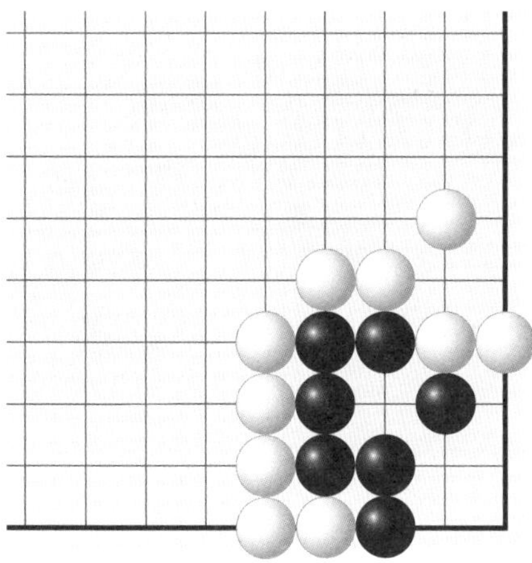

16

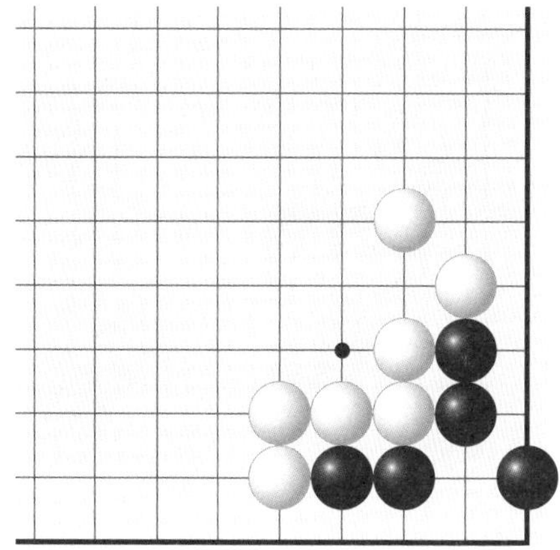

17

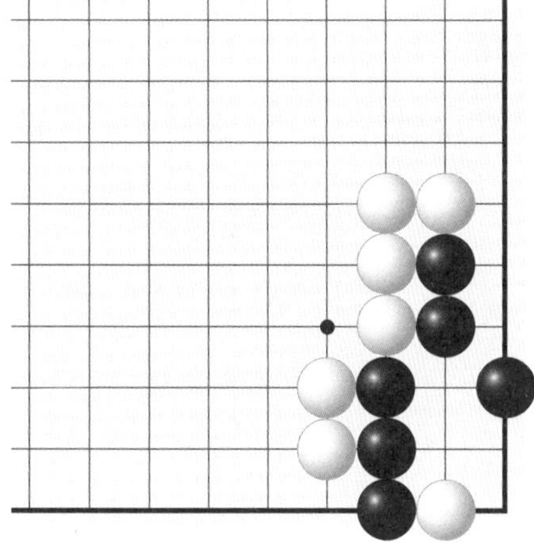

도전

18

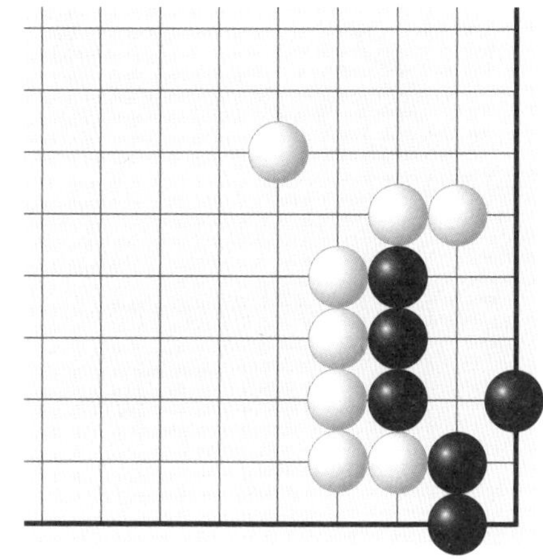

마음이 쑥쑥

다음 만화를 보고, 바둑을 둘 때 꼼수를 부리면 어떻게 되는지 생각해 봅시다.

꼼수를 부려 자기 꾀에 자기가 넘어가는 경우가 있습니다. 내가 겪은 일이 있다면 써 봅시다.

예 작은 잘못을 숨기려고 부모님께 거짓말하다가 들켜서 더 크게 혼난 경우

*귤중지락

옛날 어느 마을에 착한 가족이 살고 있었습니다. 그 집 마당에는 수백 년 묵은 커다란 감귤나무가 한 그루 있었습니다. 이 나무는 어찌나 큰지 그늘도 넓고 시원했습니다. 햇볕이 쨍쨍 내리쬐는 여름이면, 사람들은 귤나무 그늘에 와서 바둑을 두고 땀을 식혔습니다.

어느 해, 그 나무에 유난히 크고 탐스러운 귤 한 개가 매달려 있었습니다. 한여름 동안 조심조심 잘 가꾸었더니 물동이만큼이나 큼직하게 자랐습니다.

"아마도 좋은 일이 생길 징조일 거야."

착하게 살아온 이 집 가족들은 하늘이 복을 내려주셨다고 생각하고 귤이 다 익었을 때 서둘러 수확했습니다. 그리고는 톱으로 슥삭슥삭 잘랐습니다. 영차영차 힘을 모아 가르자 큰 귤이 반으로 쪼개졌습니다. 그러자 놀라운 광경이 펼쳐졌습니다. 귤 속에서 백발노인 넷이 두 틀의 바둑판을 놓고 정신없이 바둑을 두고 있었습니다.

네 노인들은 눈썹도 하얗고, 수염도 하얗고, 머리카락도 새하얗게 세어 있었지만, 불그스레한 얼굴에선 번쩍번쩍 빛이 났습니다. 넋을 잃고 바라보는데, 네 노인들은 당황하는 기색도 없이 바둑에만 몰두하고 있었습니다. 그러다가 한 노인이 말했습니다.

"귤 속에서 도란도란 바둑 두는 재미야말로 신선놀음이 무르익은 경지가 아닌가. 귤나무 뿌리가 좀 더 깊이 쭉 뻗고 꼭지가 보다 튼튼했더라면 어리석은 일꾼들의 손에 꺾이지 않았을 텐데."

네 노인들이 껑충 땅 위로 뛰어내리자 그 자리에 갑자기 물기둥이 솟아났습니다. 뿌연 물안개가 몽글몽글 피어나는 속에 네 노인들은 하얀 용으로 변했습니다. 그리고는 하늘 높이 훠훠 날아가 버렸답니다.

* **귤중지락(橘中之樂)** 바둑의 별칭 가운데 하나. 유난히 크게 열린 귤을 열어 보니 그 안에서 바둑을 두고 있는 네 명의 노인(상산사호, 商山四皓)이 있더라는 중국의 고사에서 유래하였음.

10 귀곡사

이 단원을 배우면!

- 특수한 귀의 형태인 귀곡사의 개념에 대해 알 수 있어요.
- 귀곡사와 빅을 구별하고, 귀곡사의 규칙을 이해할 수 있어요.
- 인성 대국을 할 때 신중하게 생각하며 두어갈 수 있어요.

오늘 배울 내용을 생각해 보며, 그림을 살펴봅시다.

움하하! 이제 바둑의 규칙을 모두 깨우쳤군!

귀곡사

아직 '귀곡사'가 남았다고!

만화로 배우는 바둑

어라?
빅이 났네?

아, 이 모양은 빅이 아니라 귀곡사로 백이 잡힌 거야.
귀곡사? 그게 뭔데?

귀곡사는 바둑 규칙 중에 가장 어려운 개념인데 알려줄게!

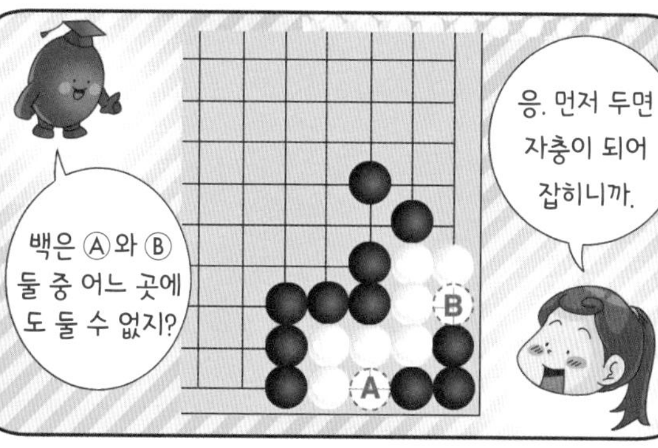
백은 Ⓐ와 Ⓑ 둘 중 어느 곳에도 둘 수 없지?
응. 먼저 두면 자충이 되어 잡히니까.
B
A

그런데 흑은 들어갈 수 있어!
정말? 흑도 들어가면 잡히는 거 아니야?

맞아. 흑 ❶로 들어가면 백 ②로 잡히겠지?
1
2

1
하지만 그 다음에 흑 ❶로 붙이는 수가 있어!
앗!

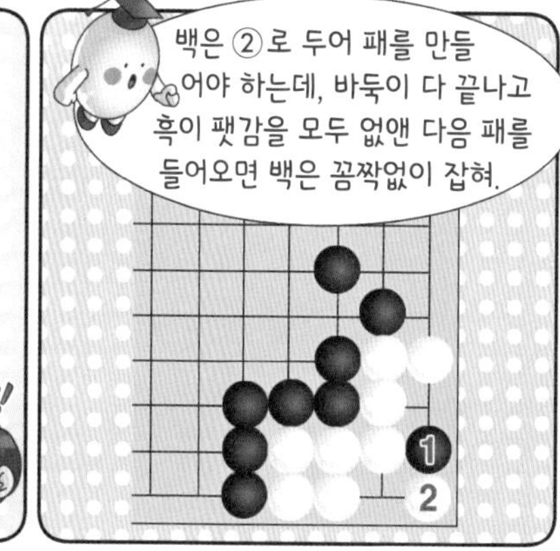
백은 ②로 두어 패를 만들어야 하는데, 바둑이 다 끝나고 흑이 팻감을 모두 없앤 다음 패를 들어오면 백은 꼼짝없이 잡혀.
1
2

아하! 그렇겠네!
이런 형태는 '귀곡사'라 하고, 패를 만들 수 있는 권리가 있는 쪽이 잡은 걸로 규칙을 정했어.

정말 귀신이 곡할 노릇이네!
하하하
으~으~

귀곡사의 사활

귀곡사란 귀에 생긴 곡사궁을 뜻합니다. 곡사궁은 살아있는 모양입니다. 그런데 귀에서 생긴 곡사궁은 특별한 경우로 죽게 됩니다.

曲	四	宮
굽을 곡	넉 사	집 궁

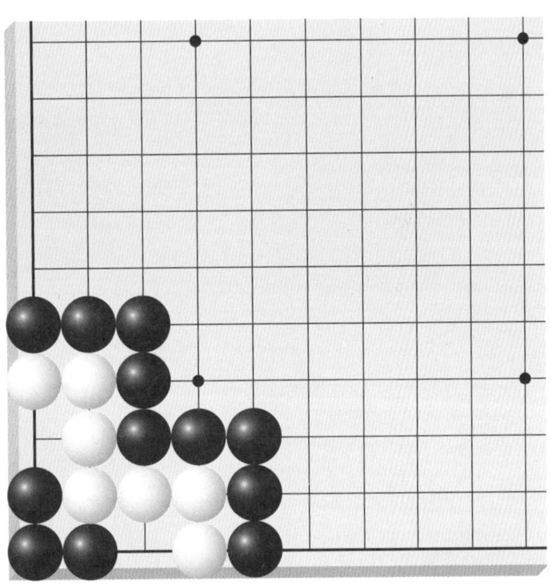

백돌의 사활은 어떻게 될까요? 얼핏 빅의 형태처럼 보이지만, 빅이 아닙니다.

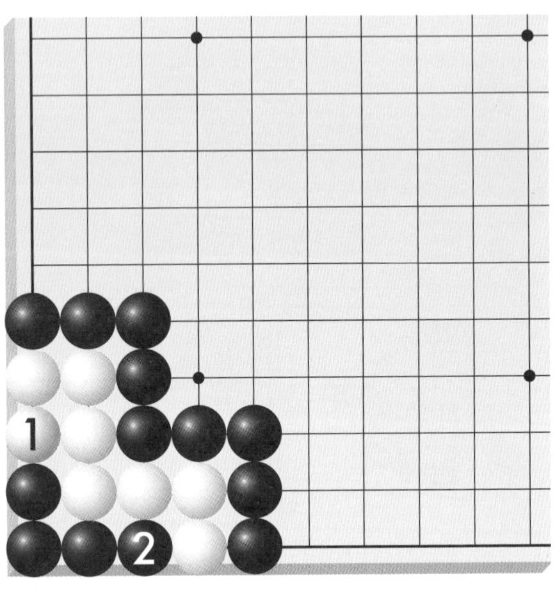

백은 먼저 두게 되면 바로 잡히는 모양입니다.

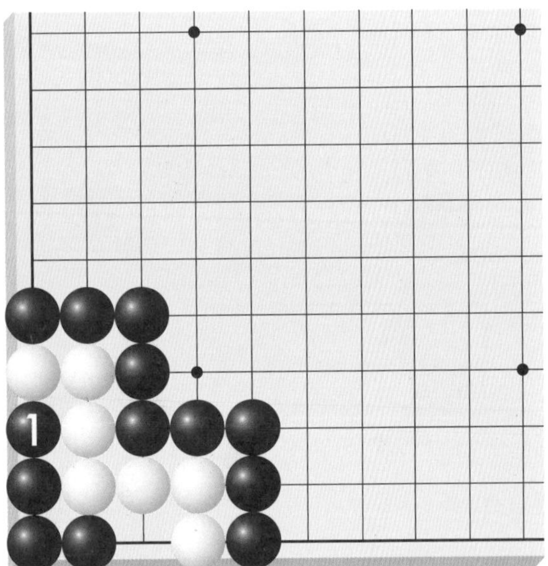

그런데 흑은 ❶로 들어갈 수 있습니다. 흑 네 점이 잡히는 것 아니냐고요?

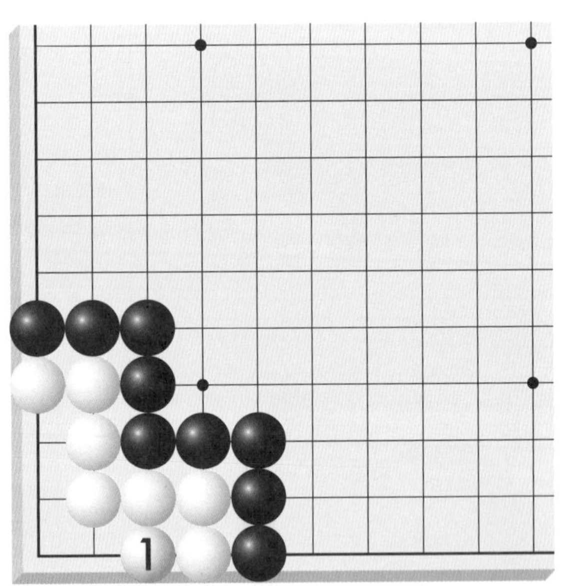

물론 백이 ①로 따내면 흑 네 점은 잡힙니다. 그럼 곡사궁이 되어 백이 살 것 같지만, 지금은 귀의 가장 끝 부분이기에 귀의 특수성이 생깁니다.

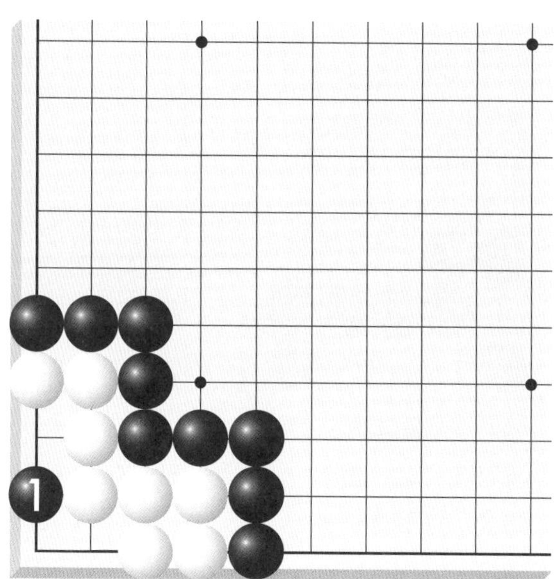

바로 흑 ❶로 붙여가는 수가 성립되기 때문입니다.

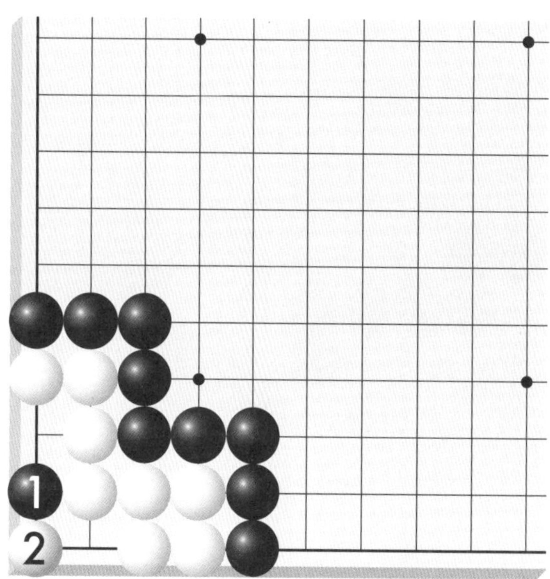

물론 지금의 형태라면 백이 ②로 두어 패를 만들 수 있습니다.

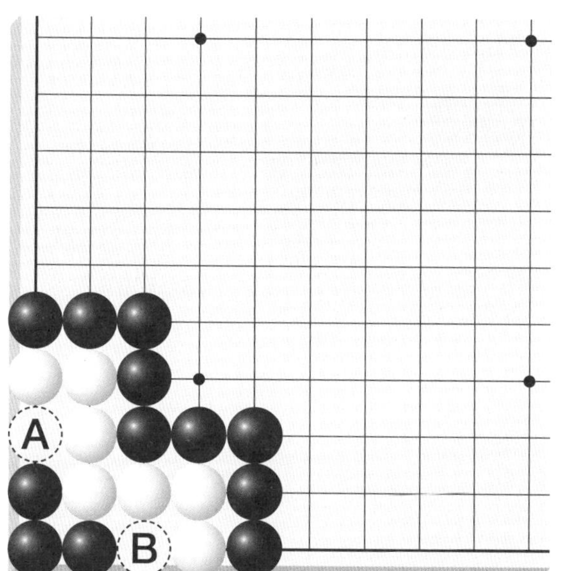

하지만 맨 처음의 형태로 돌아간다면, 백은 Ⓐ나 Ⓑ에 두면 바로 잡히게 되지만, 흑은 Ⓐ나 Ⓑ에 두면 패를 만들 수 있기에 이 형태는 백이 죽은 것으로 규정합니다. 백에게는 손을 쓸 방법이 전혀 없고, 흑만 손을 쓸 수 있기 때문에 그 권리를 인정해 주는 것입니다. 만약 흑이 마지막에 팻감을 다 없애고 Ⓐ나 Ⓑ로 잡으러 가 패를 만든다면, 백은 팻감이 없어 결국 잡히게 될 테니까요.

귀곡사 형태는 완전하게 잡을 수는 없으나,
상대에게만 잡을 권리가 남아 있기 때문에
둘러싸고 있는 돌이 살아 있는 경우
죽은 것으로 규정해요.

귀곡사로 잡기

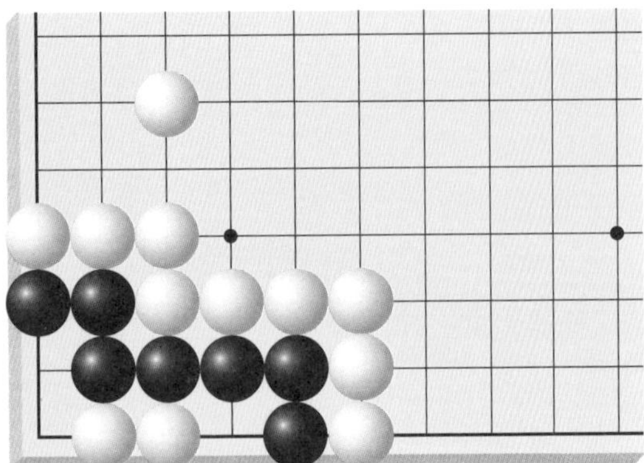

백의 최선의 수는 어디일까요?

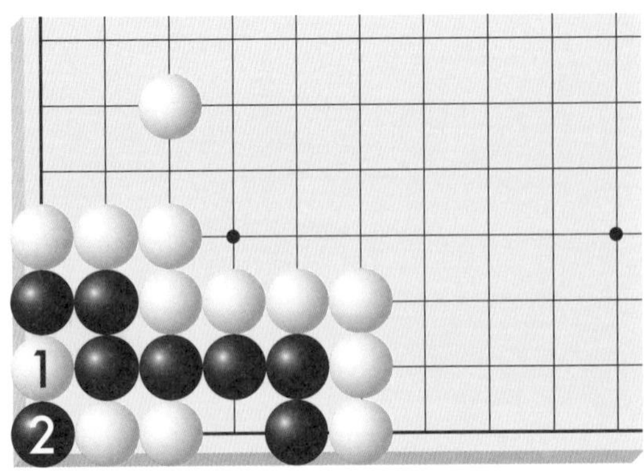

백 ①로 들어가는 것은 흑이 ❷로 따내어 패가 됩니다. 그냥 잡을 수 있는 돌이라면 패를 만들어 줄 필요는 없습니다.

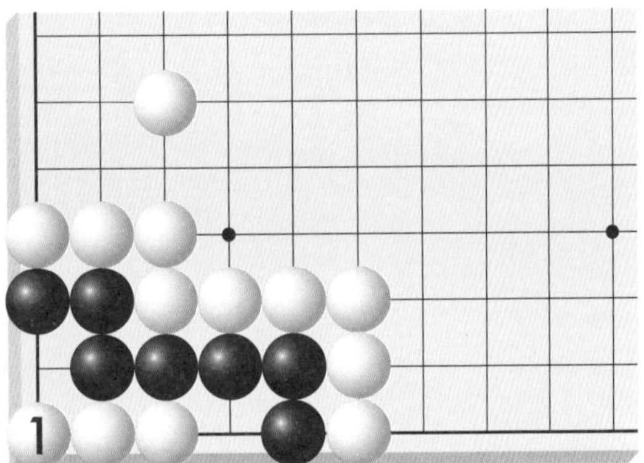

이때는 백 ①로 늘어두는 것이 좋은 수입니다. 백이 ①로 둔다면 흑은 귀곡사로 잡힌 형태가 됩니다.

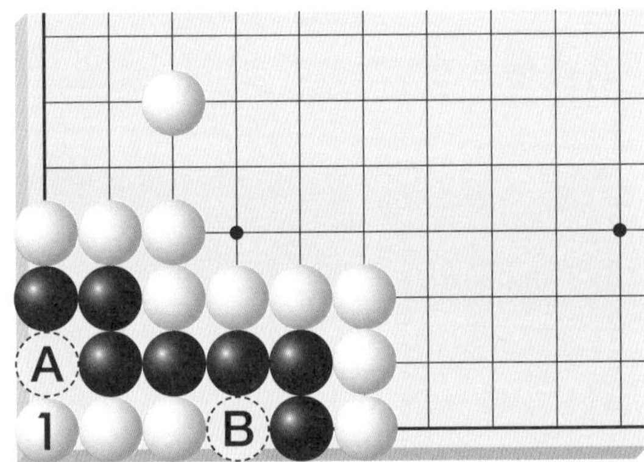

얼핏 빅으로 헷갈릴 수 있지만 빅이 아닙니다. 흑은 Ⓐ나 Ⓑ로 들어가면 바로 잡힙니다.

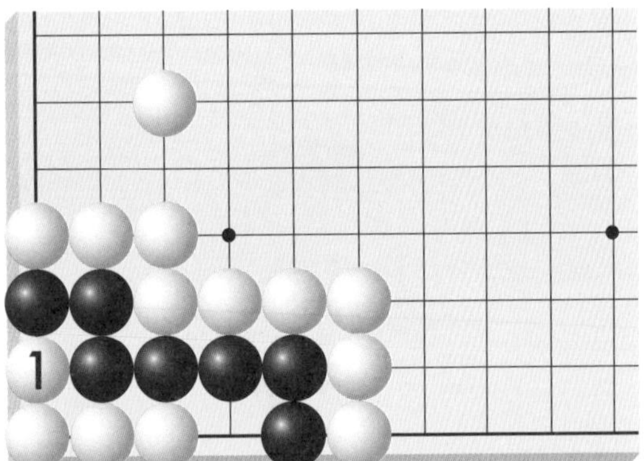

그런데 백은 마지막에 팻감을 모두 없앤 후에 백 ①로 들어갈 수 있습니다.

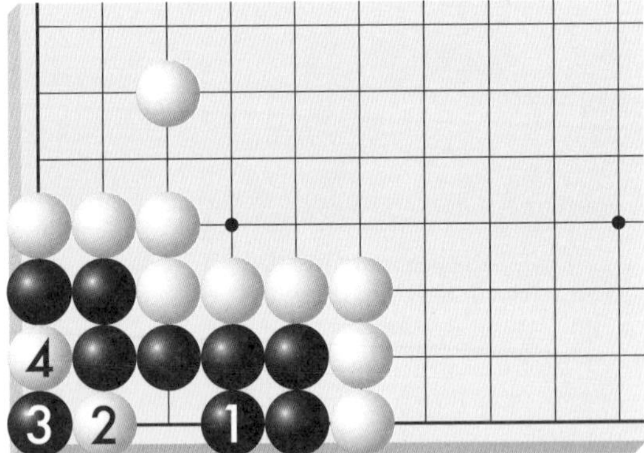

흑이 ❶로 네 점을 따내더라도 백이 ②로 붙여가면 백이 먼저 따내는 패가 납니다. 이처럼 흑에게는 아무 권리가 없고, 백에게는 훗날 패를 만들 권리가 있기에 흑이 귀곡사로 잡히는 것입니다.

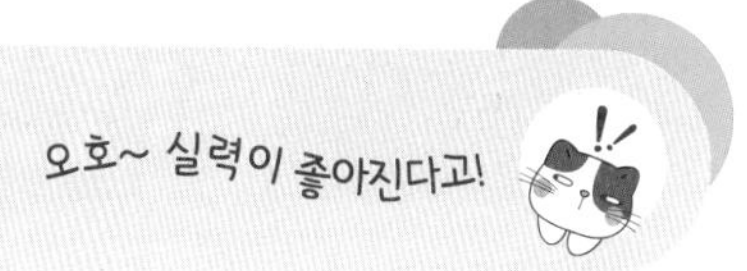

흑이 둘 차례입니다. 귀곡사를 만들어 백돌을 잡아봅시다.

1
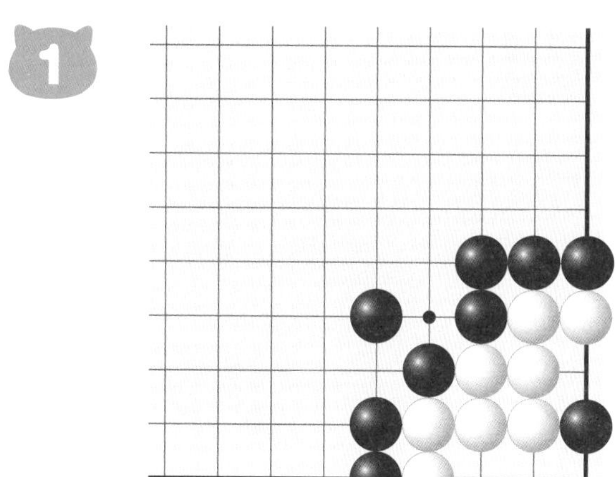

2
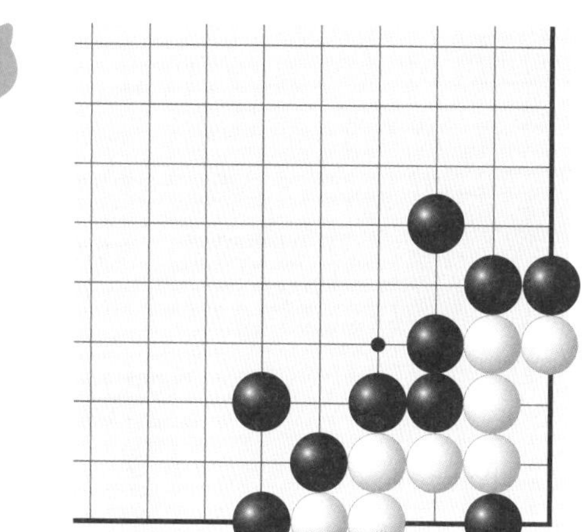

3
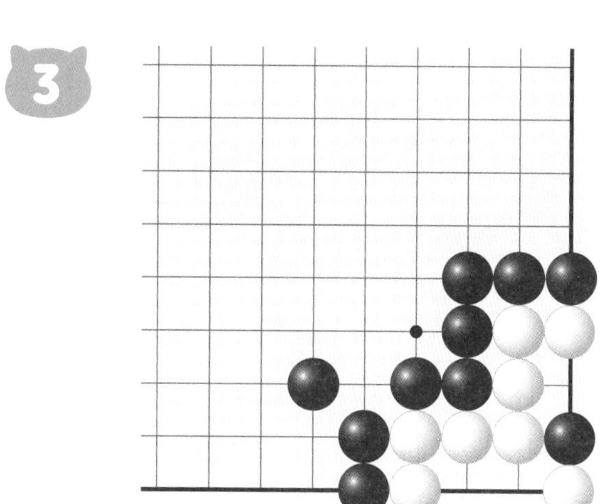

4
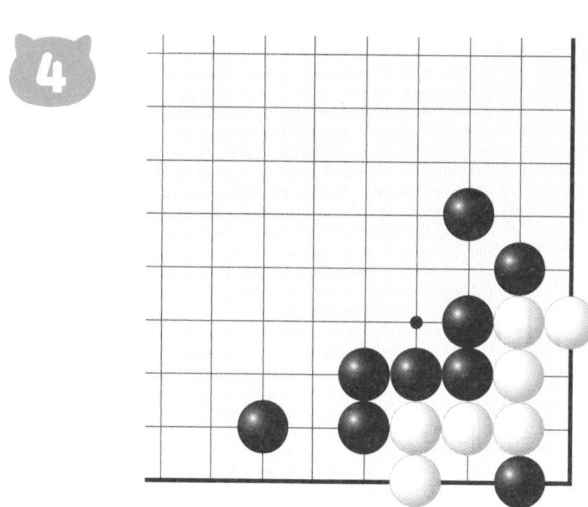

5
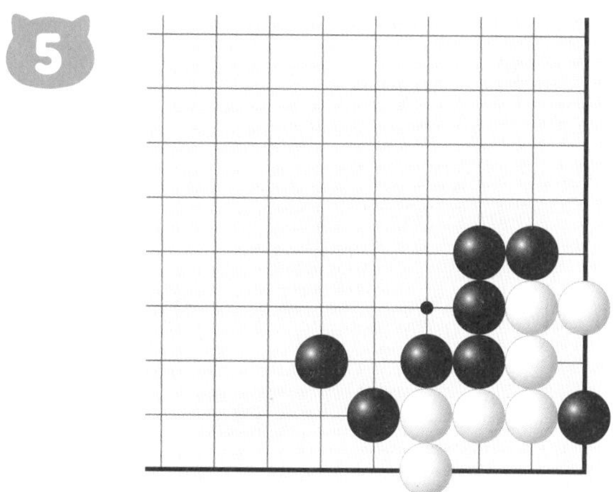

6
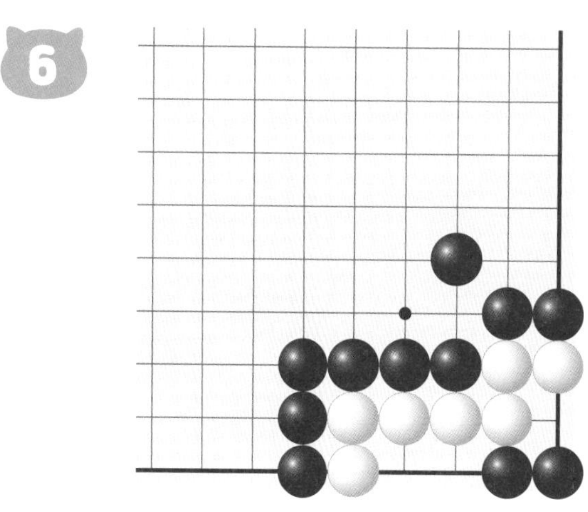

실력이 탄탄

흑이 둘 차례입니다. 귀곡사를 만들어 백돌을 잡아봅시다.

7

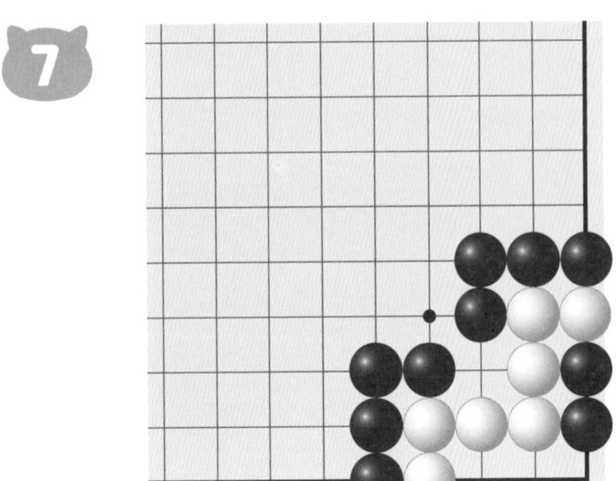

8

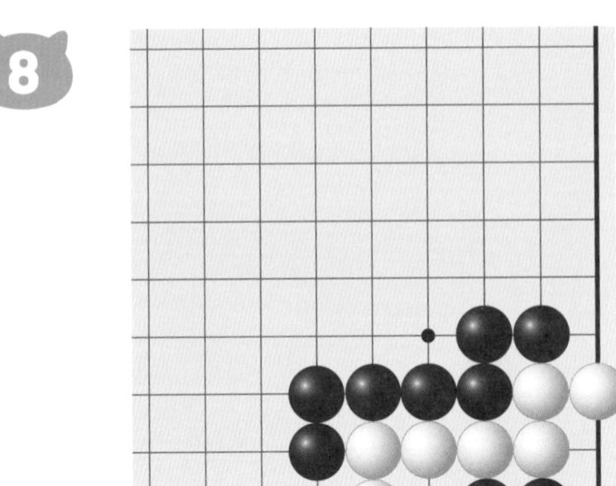

9

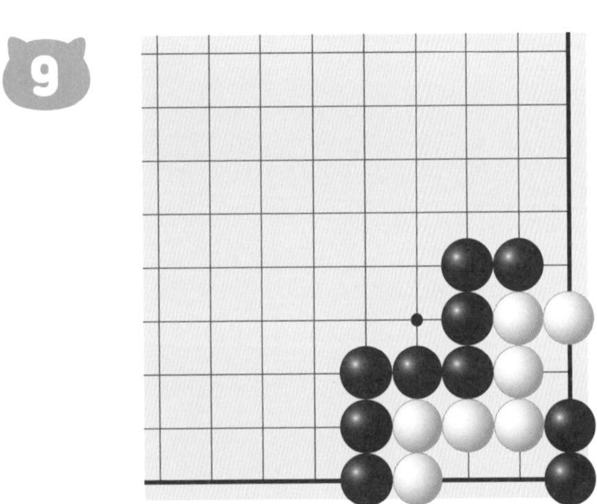

10

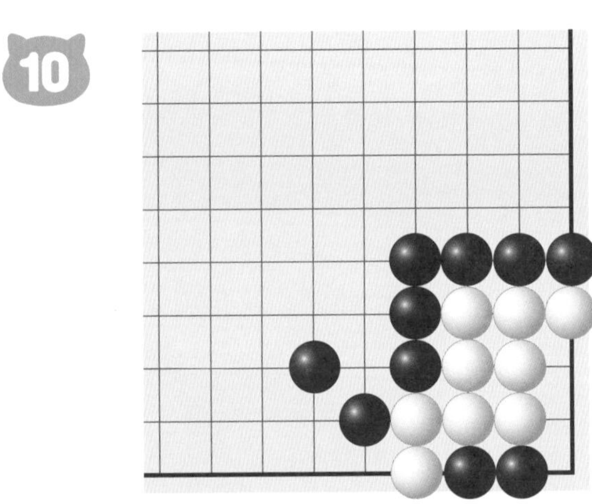

11

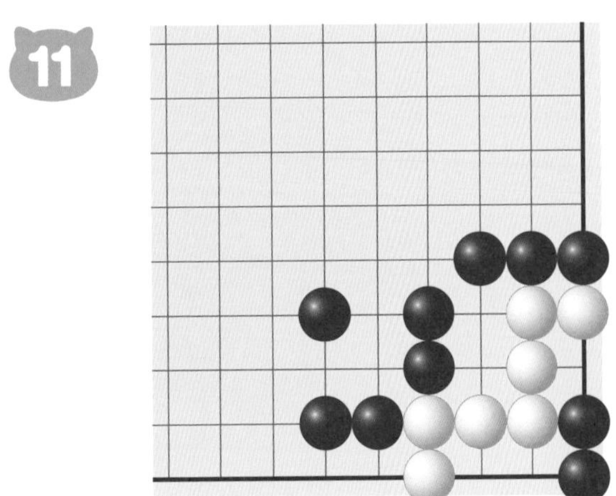

12

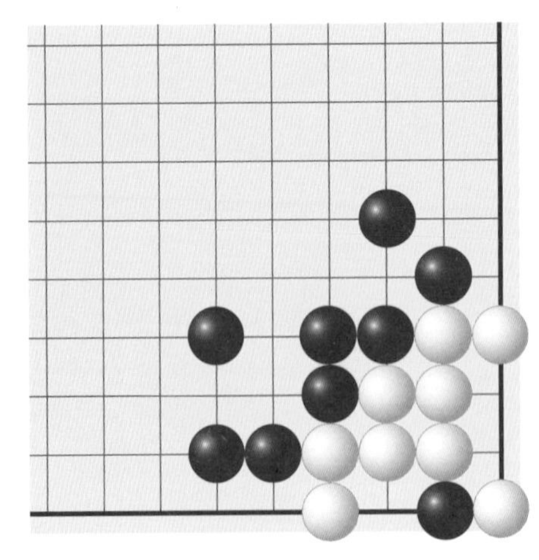

흑이 둘 차례입니다. 귀곡사를 만들어 백돌을 잡아봅시다.

13

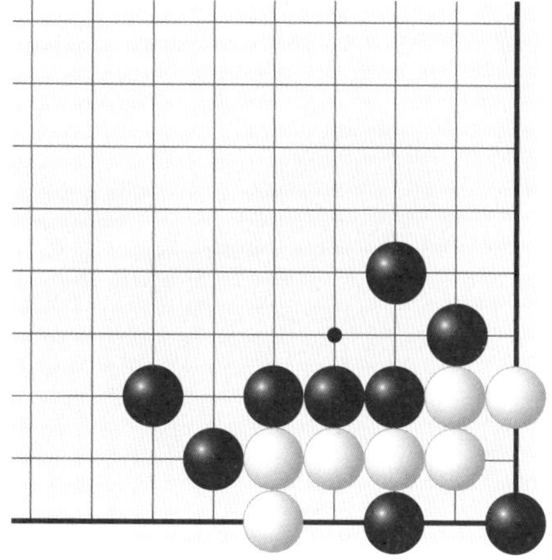

14

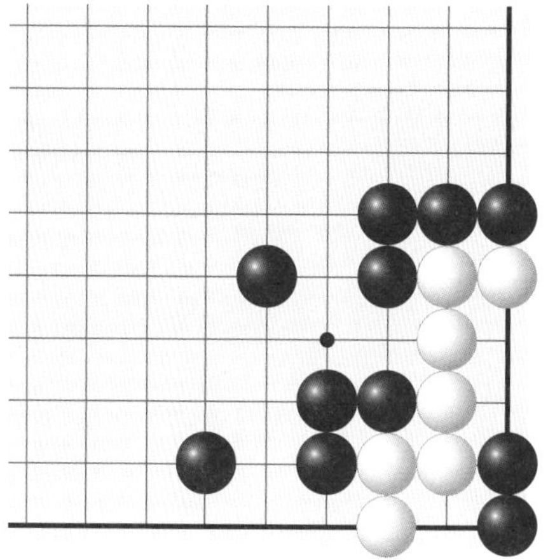

15

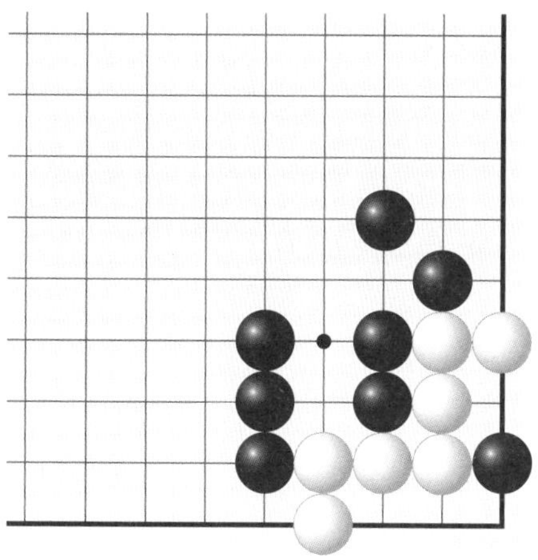

16

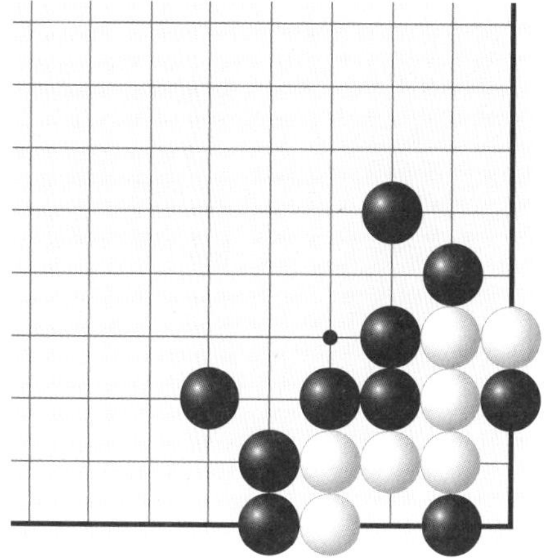

17

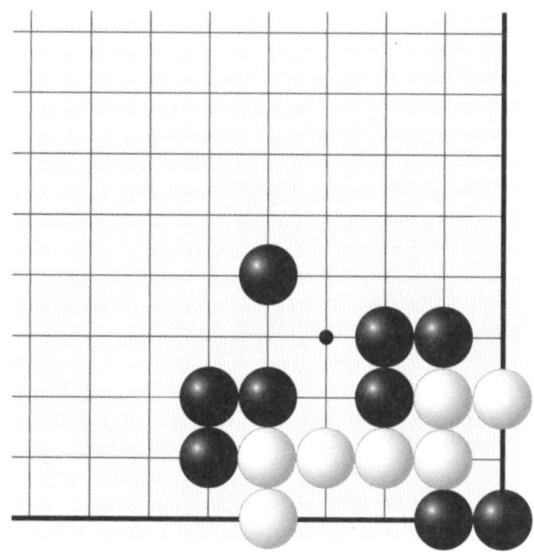

도전 18

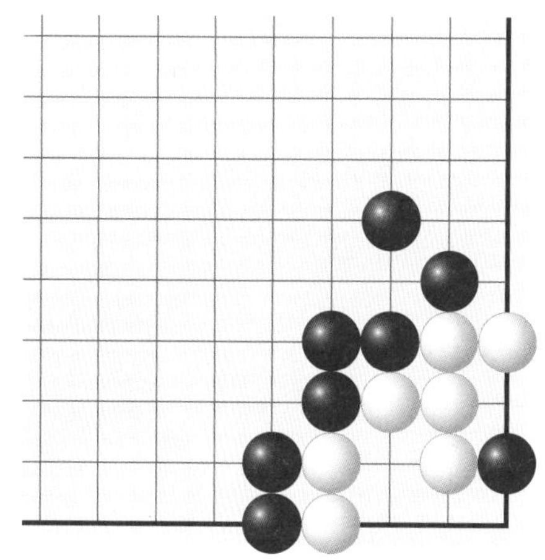

마음이 쑥쑥

다음 그림을 보고, 대국할 때의 올바른 태도에 대해 생각해 봅시다.

여러분은 바둑을 둘 때 천천히 생각하고 두나요? '위기십결(圍棋十訣)' 중 '신물경속(愼勿輕速)'이라는 말이 있습니다. 경솔하게 서두르지 말고 신중해야 한다는 뜻입니다. 바둑은 한 번 두면 물릴 수 없습니다. 손이 먼저 나가기 전에 신중하게 생각하고 두는 태도를 기릅시다.

다음 한자를 따라 써 보며 '신물경속'의 의미를 마음에 새겨봅시다.

愼	勿	輕	速
삼갈 신	말 물	가벼울 경	빠를 속

愼勿輕速	愼勿輕速	愼勿輕速

바둑을 둘 때의 신중한 자세에는 ○, 신중한 자세가 아닌 것에는 X를 표시하고, 그 이유에 대해 말해 봅시다.

- 둘 곳을 정하기 전에 돌 통에 손을 넣지 않아요. ☐
- 상대방이 어디를 둘지 반드시 생각하고 두어요. ☐
- 당연한 수를 둘 때에도 오래오래 한참 동안 생각해요. ☐

이야기로 배우는 바둑 상식

*부득탐승

누구나 바둑을 둘 때 '이기고 싶다.'라는 강한 욕망에 사로잡히게 됩니다. 하지만 이기고자 한다면 먼저 마음을 비워야 합니다. 이기려 하면 할수록 욕심이 생기고, 욕심이 생길수록 몸에 힘이 들어가기 때문입니다. 그러면 오히려 평소의 실력도 발휘하지 못할 수 있습니다.

마음을 비운다는 게 말처럼 쉬운 일은 아닙니다. 대국 중에는 이기고 싶다는 생각이 강하게 들기 마련입니다. 하지만 그럴수록 평정심을 가지려고 해야 합니다. 너무 긴장하거나 힘이 들어가면 생각이 굳게 되어 좋은 수를 떠올릴 수 없고, 시야가 좁아집니다.

승리를 탐하는 마음을 내려놓으려면 어떻게 해야 할까요? 바로 승부 자체를 즐기면 됩니다. 바둑은 결과도 중요하지만, 그 결과를 만들기까지의 과정이 더욱 중요한 게임입니다. 바둑을 스포츠가 아닌 예술로 여기는 사람들도 많습니다. 한 수 한 수의 조화가 이루어내는 아름다움은 그 자체로 하나의 예술 작품과 같기 때문입니다. 그러니 승부를 떠나서 대국 자체를 즐겨야 합니다. 즉 상대방과 함께 좋은 기보를 만들며 생각을 주고받는 그 자체를 즐겁게 여기는 것입니다. 그러다 보면 자연히 좋은 생각과 멋진 수들이 떠오르고 또 만족할만한 결과를 얻을 수도 있을 것입니다.

여러분이 공부할 때도 단지 시험을 잘 보기 위해서나 1등을 하기 위해 한다면 스스로를 너무 지치게 만들 수 있고, 좋은 결과를 얻기도 힘들 수 있습니다. 공부하는 과정 그 자체를 즐기고 편안한 마음으로 임한다면 그만큼 집중도 더 잘 되고 자연스레 원하는 결과를 얻게 될 것입니다. 새로운 지식을 얻는 '앎의 즐거움'을 누리는 것이지요.

좋은 바둑을 두고 싶으세요? 꼭 이겨야 한다는 마음을 버리고 대국 자체를 즐겨보세요!

*** 부득탐승(不得貪勝)** '위기십결' 중 승리를 탐하면 이길 수 없다는 말.

11 어깨짚기

이 단원을 배우면!

- 삭감의 전술인 '어깨짚기'에 대해 이해할 수 있어요.
- 실전에서 어깨짚기를 활용하여 상대의 집을 줄일 수 있어요.

인성 바둑을 둘 때 정정당당하게 승부를 겨룰 수 있어요.

오늘 배울 내용을 생각해 보며, 그림을 살펴봅시다.

뭐, 뭐하는 거야?

이게 어깨짚기 기술이라는 거야! 흐흐.

만화로 배우는 바둑

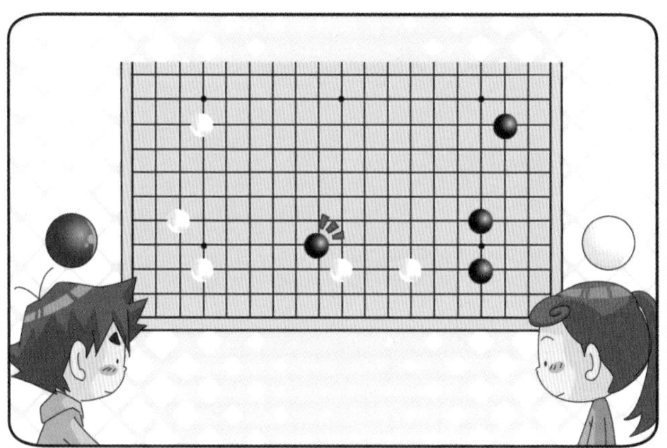

삭감이다!
탁

오! 한돌이! 아주 좋은데?
응?

기본이지! 지난 번에 삭감하는 수법을 알려줬잖아!
으이구. 아주 신났네!

하하. 맞아. 이런 수법을 '어깨짚기'라고 해.
어깨짚기?

응. 마치 상대 돌의 어깨를 누르며 두는 느낌이라 붙여진 이름이야!

슬금 슬금
꾹 꾹

뭐, 뭐하는 거야?
툭

어깨짚기 수법의 달인으로서 바둑의 전술을 한번 써본 거야.
후후

뭐라고?
하 하
후다닥

어깨짚기 삭감

삭감은 적진 깊숙이 뛰어들지 않고 위에서 상대방의 집 모양을 줄이는 방법입니다. 그중 마치 상대 돌의 어깨를 누르며 두는 느낌이라 이름 붙여진 어깨짚기 삭감에 대해 배워봅시다.

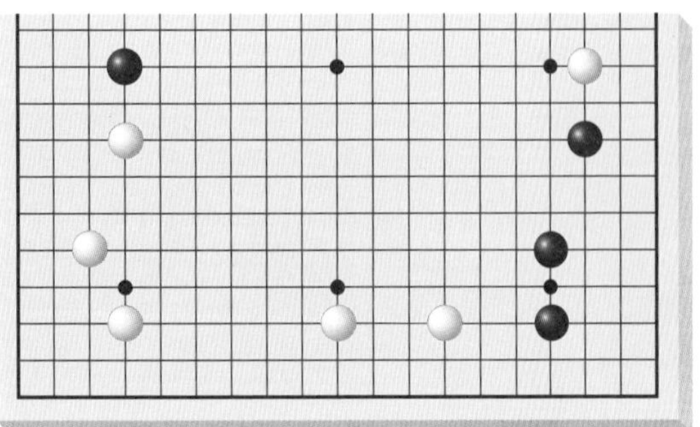

백이 하변에 큰 집을 지으려 합니다. 흑이 이 백진을 깨뜨리려면 어디로 들어가야 할까요?

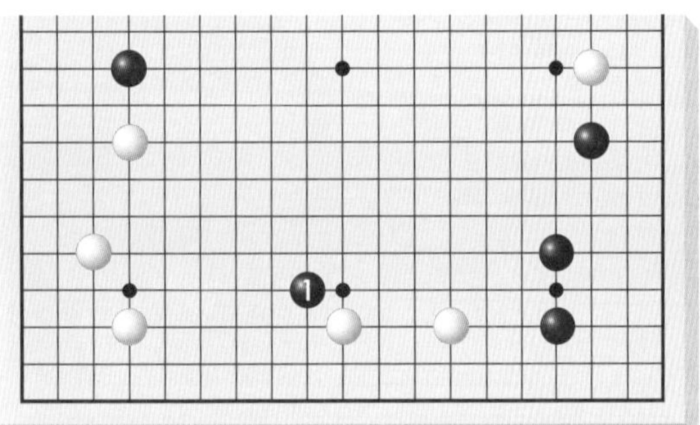

이럴 때는 흑 ❶로 중앙에서 삭감하는 것이 좋습니다. 상대의 3선의 돌에 세력 방향으로 입구자 되는 곳에 놓아 세력을 견제하는 것입니다.

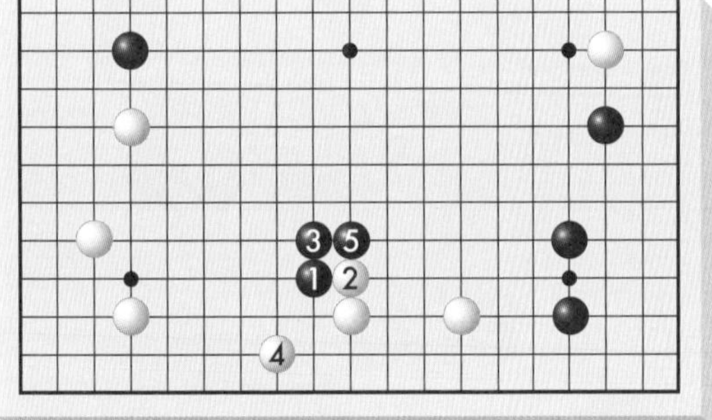

백이 ②로 중앙 쪽을 밀면 흑 ❸으로 뻗습니다. 백 ④로 넘어갈 때 흑 ❺로 꼬부려 모양을 정비하면 이곳 백진은 크게 불어날 모양이 아닙니다.

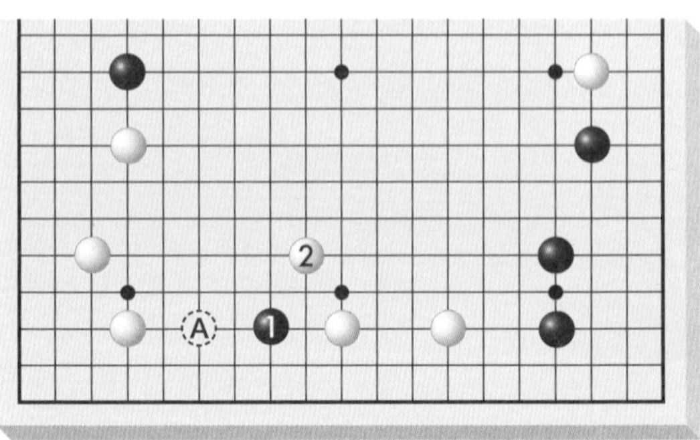

흑 ❶에 침입하면 어떨까요? 그럼 백 ②로 공격당했을 때 갑갑합니다. 흑이 벌릴 여유가 Ⓐ의 곳으로 좁기 때문입니다. 흑이 잡힐 돌은 아니지만 살더라도 백에게 세력을 허용해 불리할 수 있습니다.

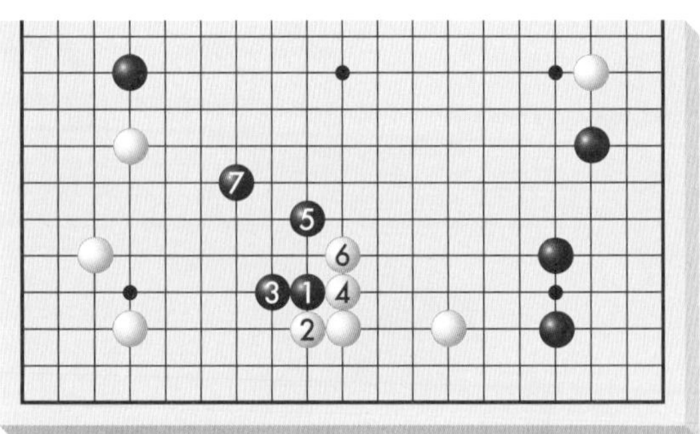

흑 ❶의 어깨짚기에 백 ②로 밀면 흑 ❸으로 뻗습니다. 백 ④로 꼬부려 올 때 흑 ❺로 한 칸 뛰어 모양을 갖추면 공격당하지 않습니다. 백은 하변으로 넘어갈 수 있지만, 이미 위에서 많이 깎여 큰 집이 나진 않는 곳입니다.

어깨짚기의 예

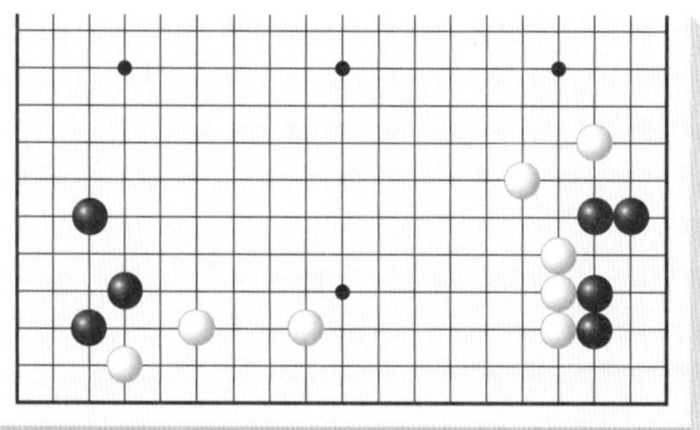

다음 하변 백모양을 지우려면 어떻게 들어가는 것이 좋을까요?

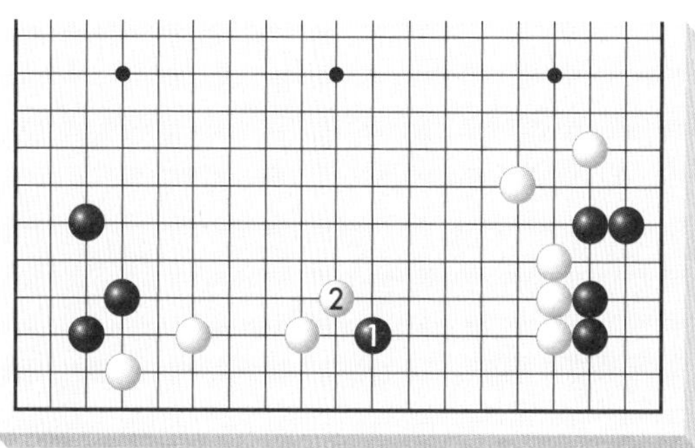

흑 ❶로 깊이 들어가는 것은 백 ②로 공격당해 자칫 위험해질 수 있습니다.

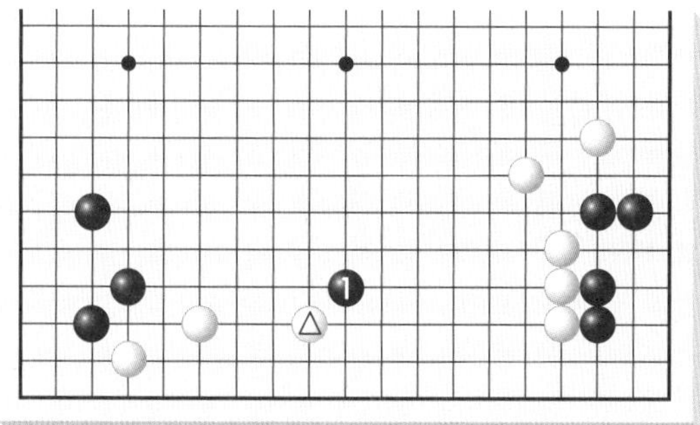

이런 경우에는 흑 ❶로 어깨짚어가는 것이 절호점입니다. 백 △가 3선에 위치해 있기 때문에 딱 안성맞춤입니다.

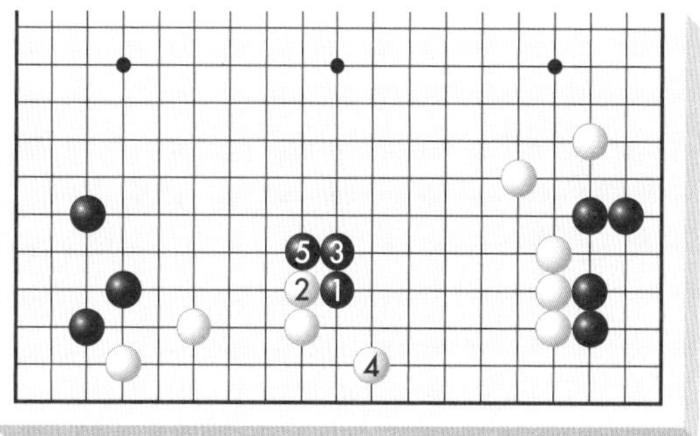

백이 ②로 밀어온다면 흑 ❸으로 뻗고, 백 ④의 날일자에는 흑 ❺로 두텁게 꼬부려 백의 진영을 충분히 삭감한 모습입니다.

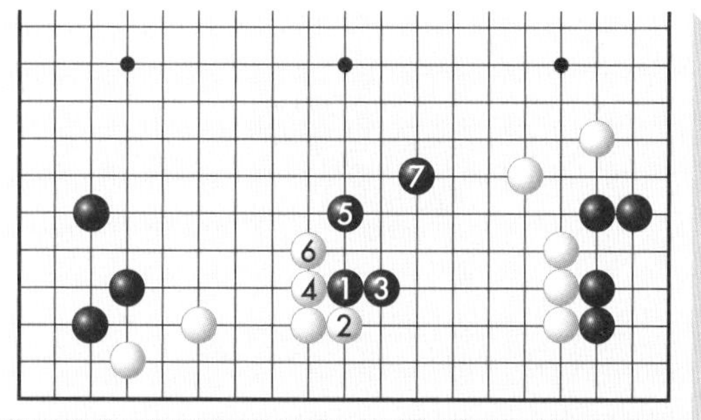

백이 밑으로 밀어온다면 하나 뻗어두고, 백 ④로 꼬부릴 때 흑 ❺로 사뿐하게 뛰어갑니다. 백 ⑥으로 뻗어 오면 흑 ❼로 가볍게 달아나서, 흑돌은 더 이상 공격당할 돌이 아닙니다.

알파고의 어깨짚기

어깨짚기는 3선에 놓인 돌 위의 입구자 되는 자리에 두어가는 수입니다. 그런데 인공지능 알파고가 기존의 관념을 깨뜨리는 어깨짚기 수법을 들고 나왔습니다.

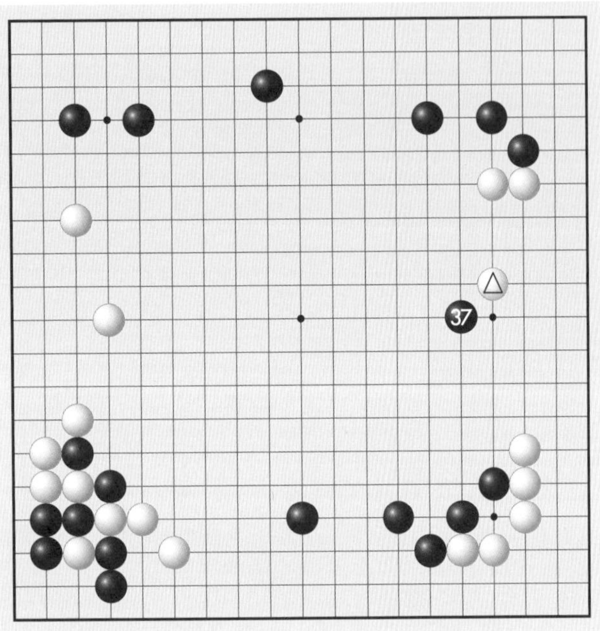

2016년에 벌어진 이세돌 9단과 알파고의 구글 챌린지 매치 결승 2국입니다.

흑을 잡은 알파고가 ㊲번째 수로 어깨짚기를 했는데, 5선으로 어깨를 짚었습니다. 보통 어깨짚기는 3선의 돌 위의 대각선 자리에 두기 때문에 4선으로 돌이 가는데, 지금은 4선에 놓여져 있는 백 △의 돌 위로 어깨를 짚어간 것입니다.

이 수를 보고 이세돌 9단은 물론, 프로 기사들 모두 깜짝 놀랐습니다. 이전까지 누구도 생각하지 못했기 때문입니다.

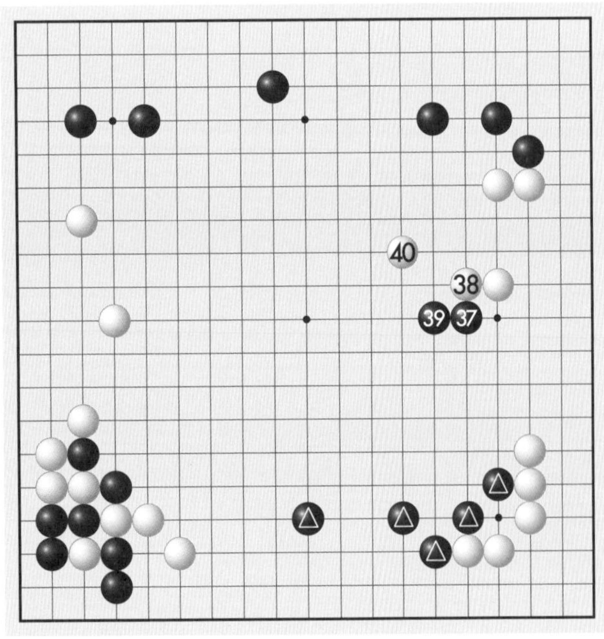

당황한 이세돌 9단은 한참 생각하다가 백 ㊳로 밀고 백 ㊵으로 날일자로 두었습니다. 이후에 어깨짚기한 흑돌 2점은 아래쪽 흑 ▲들과 호응을 이루어 중앙에 큰 세력을 형성했습니다.

알파고는 고정관념을 깨뜨리는 수를 많이 두었는데, 그중이 '5선 어깨짚기'는 특히 큰 화제를 불러일으켰습니다.

오호~ 실력이 좋아진다고!

흑이 둘 차례입니다. 다음 중 어깨짚기의 방향으로 알맞은 곳에 ☑표를 해 봅시다.

1 ☐A ☐B

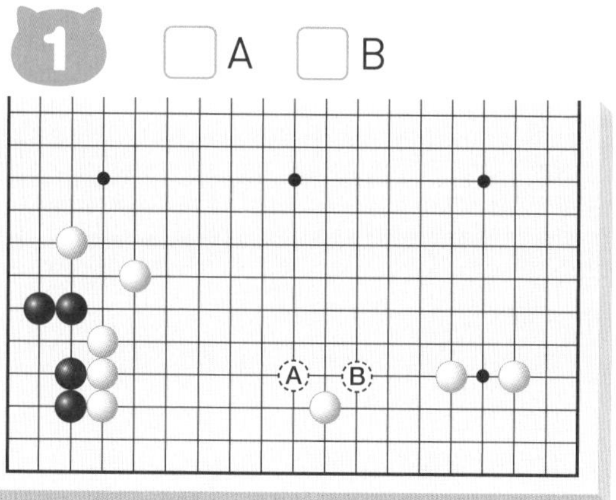

1 ☐A ☐B

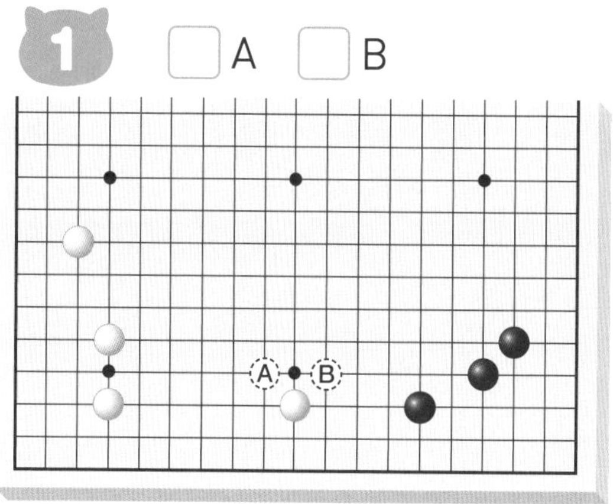

3 ☐A ☐B

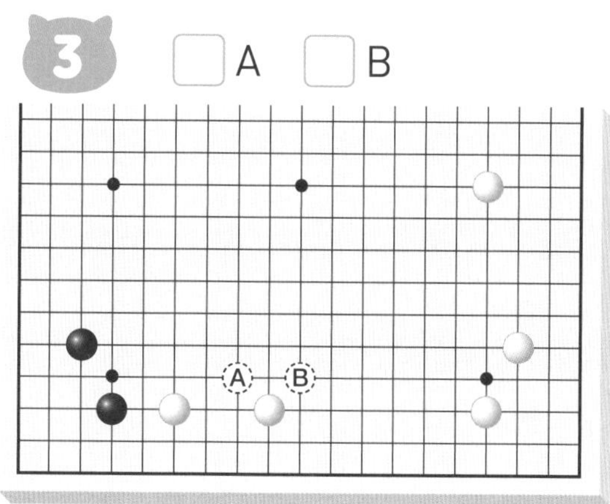

4 ☐A ☐B

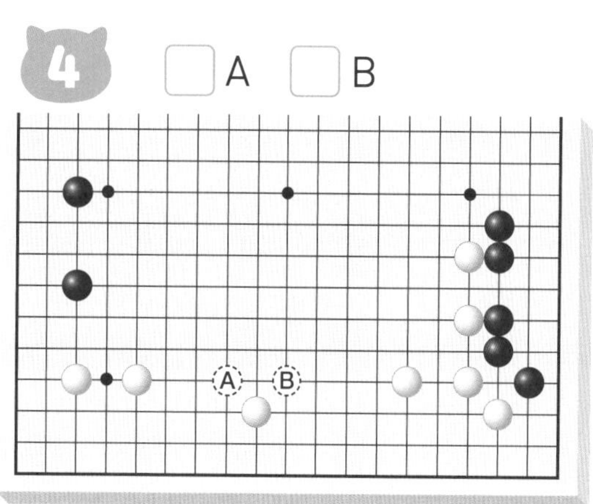

5 ☐A ☐B

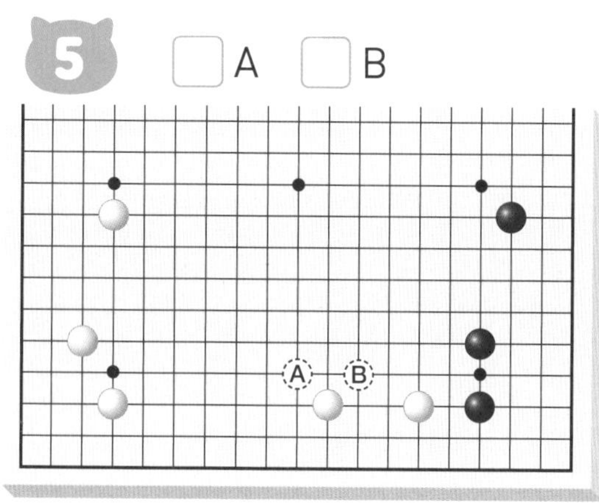

6 ☐A ☐B

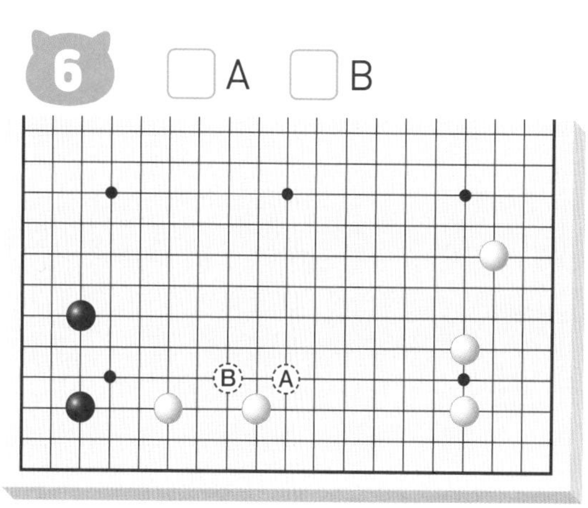

실력이 탄탄

흑이 둘 차례입니다. 다음 중 어깨짚기의 방향으로 알맞은 곳에 ☑표를 해 봅시다.

7 ☐A ☐B

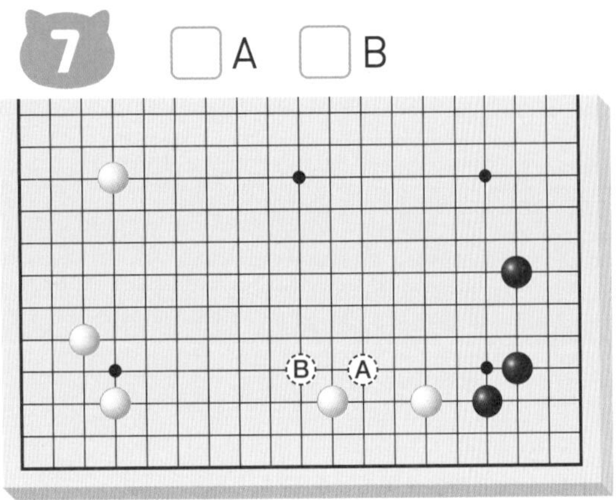

8 ☐A ☐B

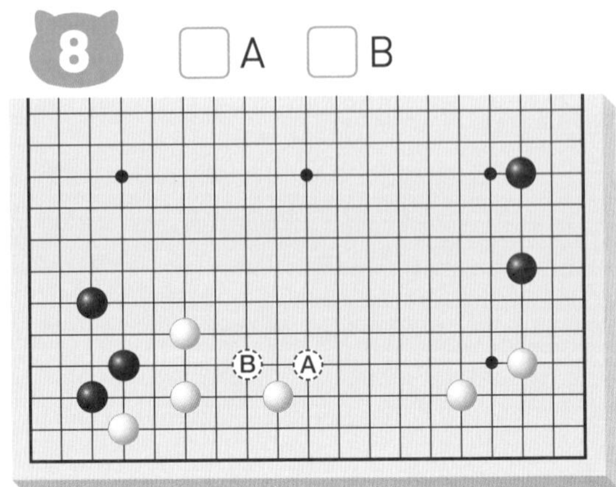

9 ☐A ☐B

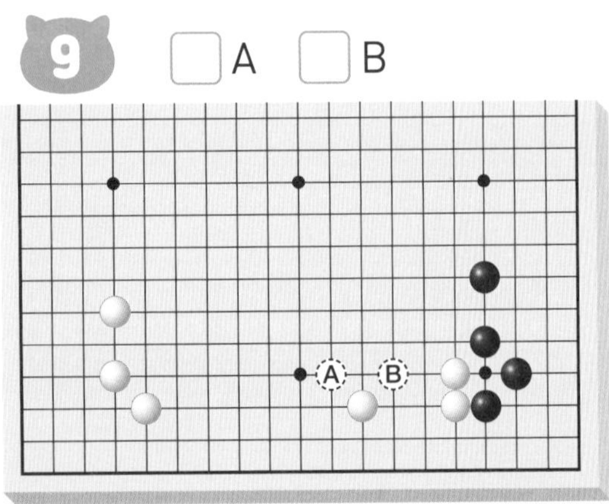

10 ☐A ☐B

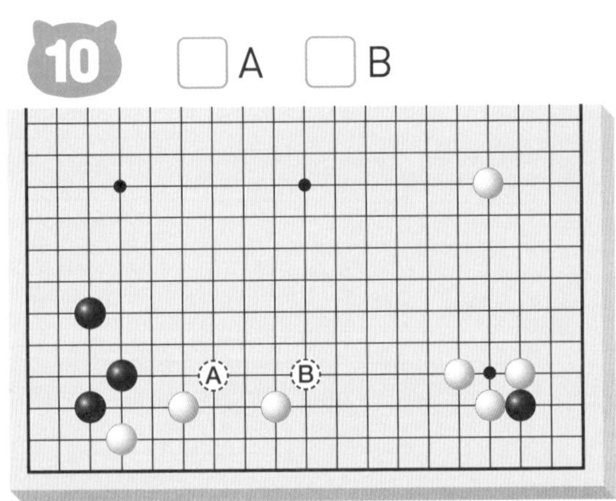

11 ☐A ☐B

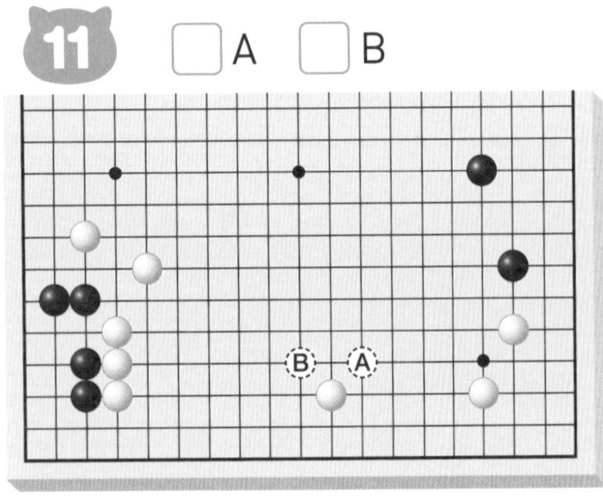

12 ☐A ☐B

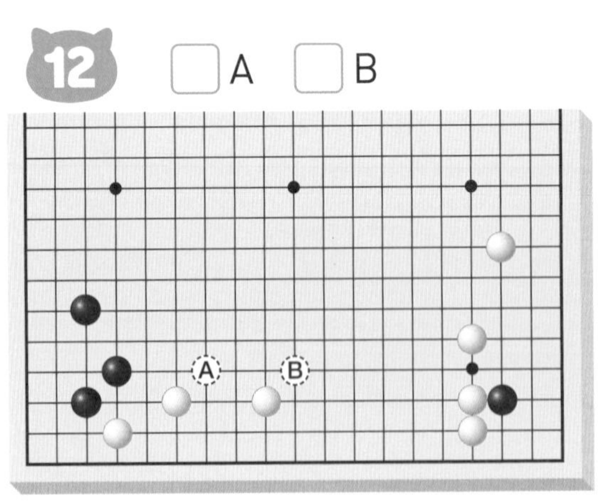

흑이 둘 차례입니다. 하변 백 진영에 어깨짚기 삭감을 해 봅시다.

13

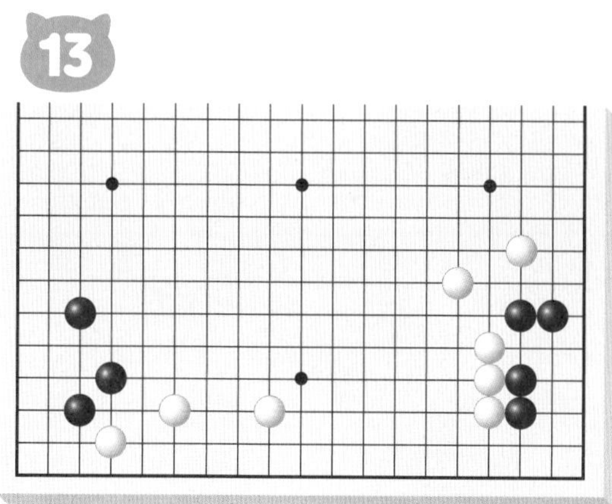

14

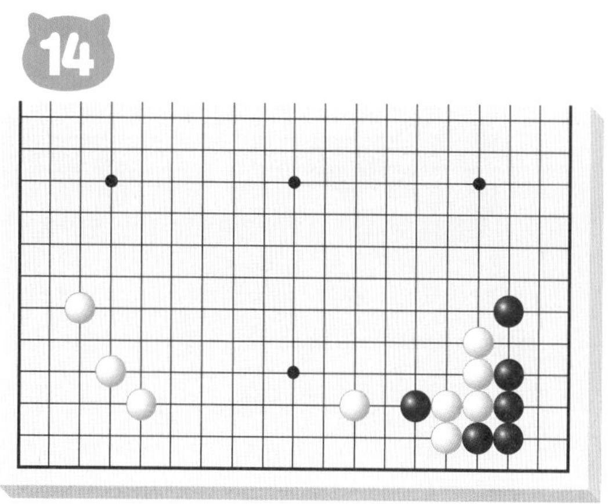

15

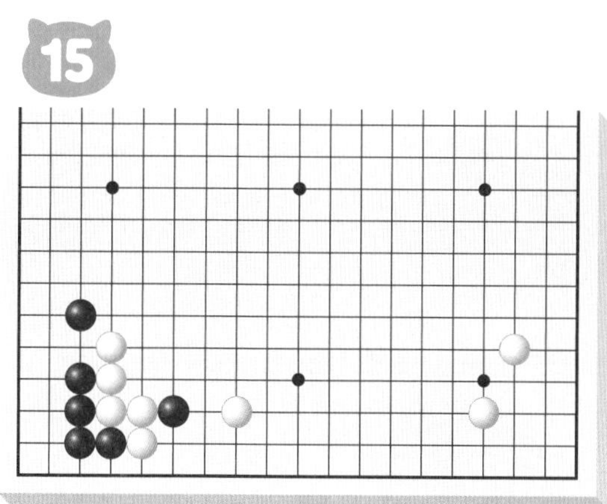

16

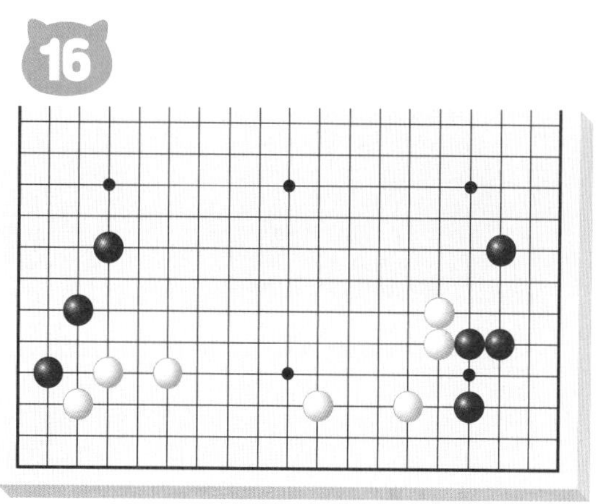

17

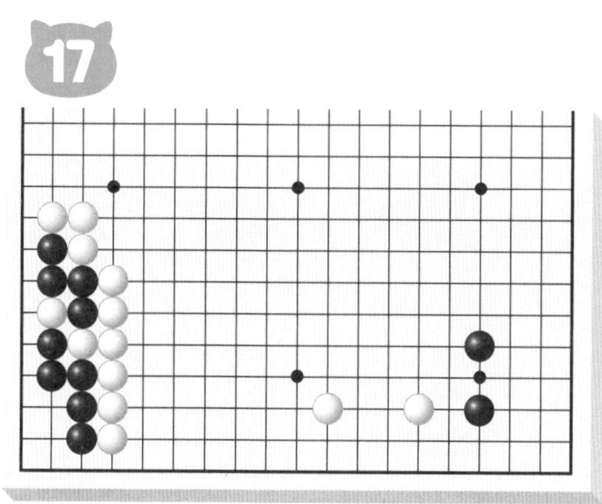

18

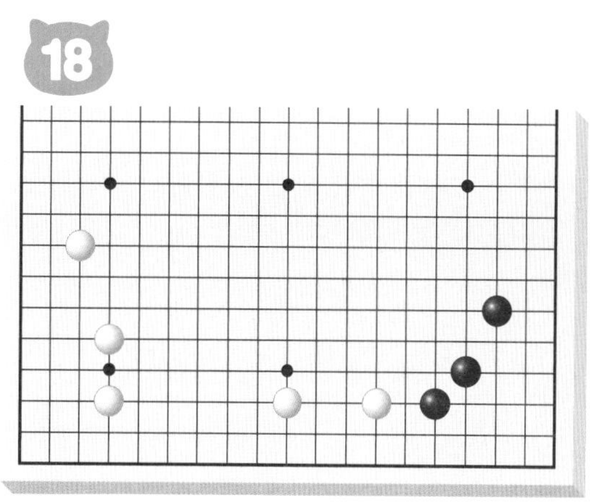

마음이 쑥쑥

다음 만화를 보고, 정직한 승부에 대해 생각해 봅시다.

제1회 전국 어린이 바둑 대회
흠. 바둑이 많이 불리한데 던져야 하나
앗? 내가 둘 차례인데 왜 상대 시간이 흐르고 있지?
04:30 01:50
상대 시계가 고장난 건가?
어쩌지? 고장났다고 말해 줄까?
아니야. 바둑도 불리한데 계속 모른 척하고 시간을 벌자!
뭐지? 언제 내 시간이 이렇게 갔지?
삐삐
04:30 00:00
백 시간패입니다.
아, 이렇게 이기니까 찜찜하네.

만약 내가 승찬이와 같은 상황이라면 어떻게 행동했을까요? 나의 생각을 쓰고, 친구들과 이야기해 봅시다.

이야기로 배우는 바둑 상식

한국 바둑의 아버지, 조남철 9단

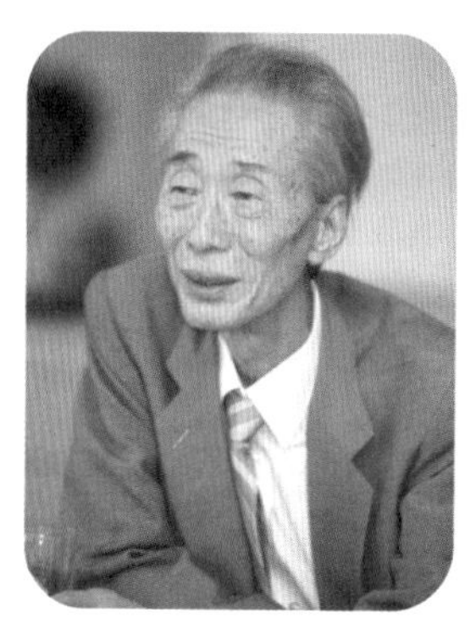

여러분은 '바둑' 하면 어떤 프로 기사들이 떠오르나요? '한국 바둑의 아버지'로 불리는 조남철 9단을 빼놓을 수 없습니다.

1945년 11월, 서울 남산동에 국내 첫 현대 기원인 '한성 기원'을 세우고 바둑 보급에 전념한 조남철 9단은 '*기도보국'을 평생 실천했습니다. 그는 바둑 불모지나 다름없던 우리나라에 현대 바둑을 보급하고, 프로 기사 제도를 탄생시켜 한국 바둑이 세계 최정상으로 발돋움할 수 있게 했습니다.

1937년, 일본으로 바둑 유학을 떠난 그는 '신포석'으로 유명한 기타니 미노루 9단의 내제자로 들어갔습니다. 1941년, 만 18세 때 입단 대회를 통과하며 한국인 최초로 일본에서 입단에 성공했습니다. 1944년, 스승 기타니가 한국에 방문할 때 동행해 잠시 한국에 머물기로 했는데, 그 이듬해에 광복을 맞으면서 1945년에 한성 기원을 세웠습니다. 그리고 맨주먹으로 바둑 보급에 뛰어들었습니다. 이후 여러 차례 기원을 옮기는 유랑 생활 끝에 1948년 5월 '조선 기원'으로 이름을 바꾸고 새롭게 출범했습니다.

1949년, 국호가 '대한민국'으로 결정되면서 조선 기원도 이름을 '대한 기원'으로 바꿨습니다. 그리고 그 해, 현대 바둑 사상 처음으로 프로 기사 제도와 승단 제도를 도입한 '단위 결정 시합'을 개최해 비로소 한국의 현대 바둑이 기틀을 잡게 되었습니다.

1950년, 입영 영장을 받고 군대에 갔다가 총상을 입고, 이듬해 8월에 제대한 조남철 9단은 1954년 1월, 대한 기원을 해체하고, 사단법인 '한국 기원'을 설립했습니다. 이는 한국 바둑이 세계 최정상으로 발돋움할 수 있는 탄탄한 토양이 되었습니다. 한성 기원으로 첫발을 내디딘 후 열한 번의 이사와 전쟁까지 겪은 뒤에 맺은 결실이었습니다. 한국 기원은 이후 재단법인으로 바뀌어 현재까지 이어지고 있습니다.

역경 속에서도 많은 사람들이 바둑을 즐길 수 있도록 꾸준히 노력하며 바둑 보급에 한 평생을 바친 조남철 9단이 없었다면, 아마 오늘날의 한국 바둑은 없을 것입니다.

* **기도보국(棋道報國)** 바둑의 길을 통해 나라의 은혜에 보답한다는 말.

12 모자삭감

이 단원을 배우면!

- 모자삭감의 전술에 대해 이해할 수 있어요.
- 모자삭감을 활용하여 상대의 집을 줄일 수 있어요.
- 모자삭감의 응수법에 대해 알 수 있어요.

인성 바둑을 통해 책임감 있는 태도를 기를 수 있어요.

오늘 배울 내용을 생각해 보며, 그림을 살펴봅시다.

만화로 배우는 바둑

뭐야? 어깨짚기 삭감도
아니고, 애매한데?

이 형태에선 어깨짚기보다
모자씌움이 더 좋은 삭감이야.
모자씌움?

응. 상대의 돌,
머리 위쪽으로 씌워가기 때문에
붙여진 이름이야.

모자씌움은 위치가 높아 쉽게
포위당하지 않지.
앗
슈-웅

하하
오, 모자삭감을 생각하다니,
현빈이 너도 제법인데?

응?

뭐, 뭐하는 거야?
휙-
앗

너를 모자삭감의 달인
으로 임명하노라!
툭 툭
하하하

모자삭감

모자씌움은 상대의 돌, 머리 위쪽으로 씌워가는 수법입니다. 상대방의 진영을 삭감할 때 어깨짚기와 더불어 많이 쓰입니다. 모자삭감의 전술과 그 대응법에 대해 알아봅시다.

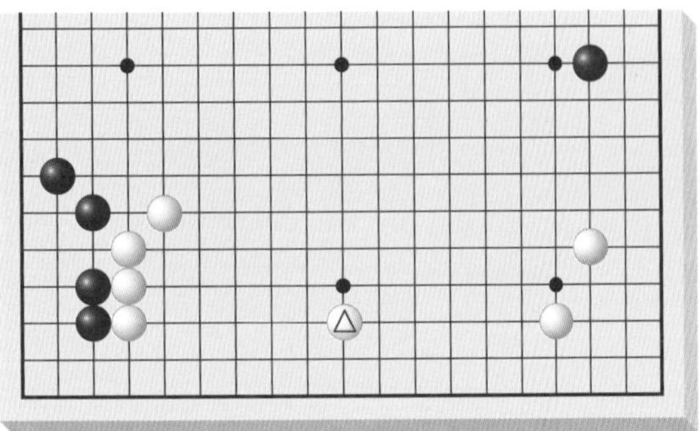

하변 백진영을 보면 변에 있는 백돌 ⓐ가 제 3선에 놓여 있습니다. 흑이 이 백진에 들어가려면 어디에 두어야 할까요?

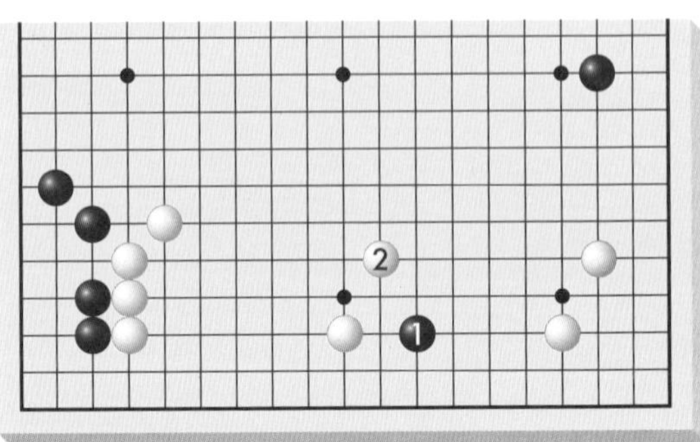

흑 ❶로 뛰어들면 백 ②와 같이 공격해 올 겁니다. 그럼 흑이 근거를 만들고 살아야 하는데, 그 과정에서 왼쪽 백집이 크게 굳어집니다.

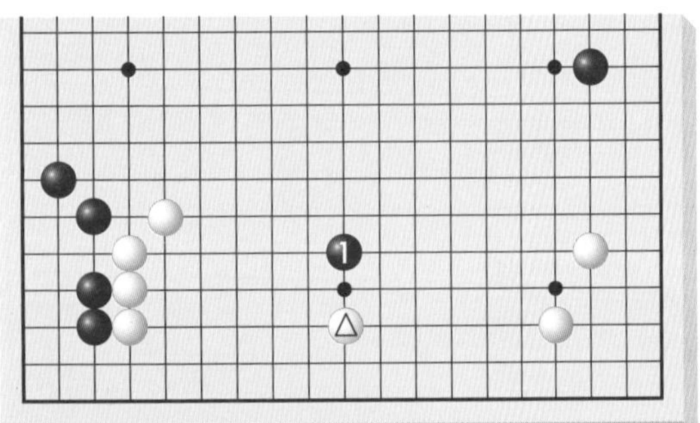

이때 흑 ❶과 같이 위로 들어가 삭감하는 것이 좋은 방법입니다. 흑 ❶처럼 상대의 돌(ⓐ)로부터 중앙 쪽으로 한 칸 떨어진 자리에 두는 것입니다. 흑 ❶의 모자씌움은 위치가 높아 쉽게 포위당하지 않습니다.

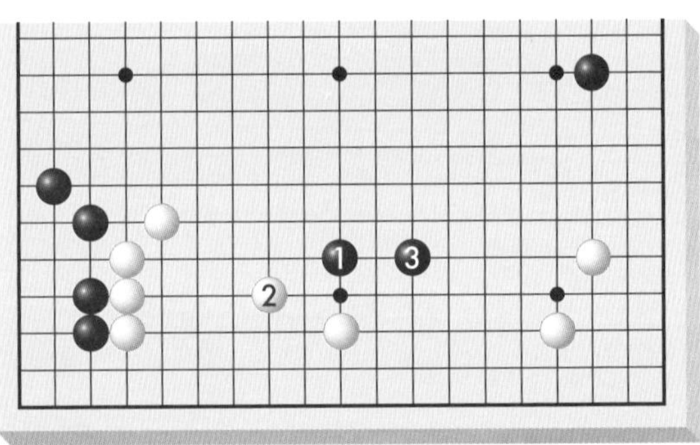

흑 ❶의 씌움에 백 ②로 받으면 흑은 ❸정도로 뛰어 백진을 깎습니다. 흑 ❶과 같은 삭감은 상대방에게 어느 정도 실리를 내어주고, 집이 크게 불어나지 않도록 막는 전술입니다.

모자삭감의 응수법

상대방이 내 돌에 모자씌움으로 삭감해 왔을 때 어떻게 응수할까요? '모자는 날일자로 벗어라.'라는 격언처럼 날일자로 받는 것이 보통입니다.

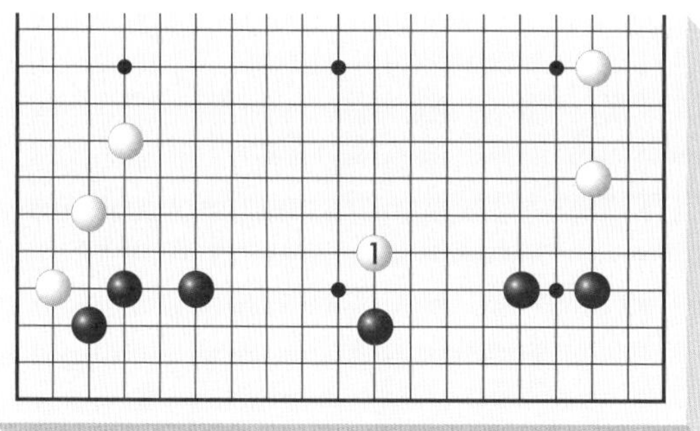

하변 흑진에 백 ①의 모자로 씌워왔습니다. 하변의 흑집이 불어나기 전에 삭감하려는 목적입니다. 이에 대해 흑은 어떻게 응수해야 할까요?

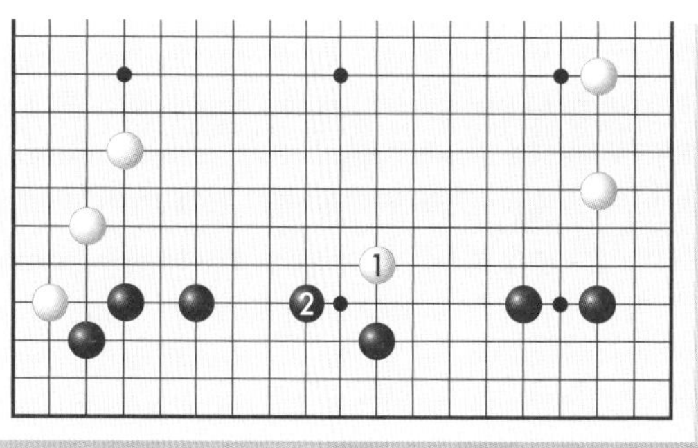

이때 흑 ❷의 날일자로 받는 것이 일반적입니다. 오른쪽보다 왼쪽 하변의 흑진이 더 넓기 때문에 왼쪽으로 날일자를 해 지켰습니다. 이후에는 백의 태도를 살피며 대응하면 됩니다.

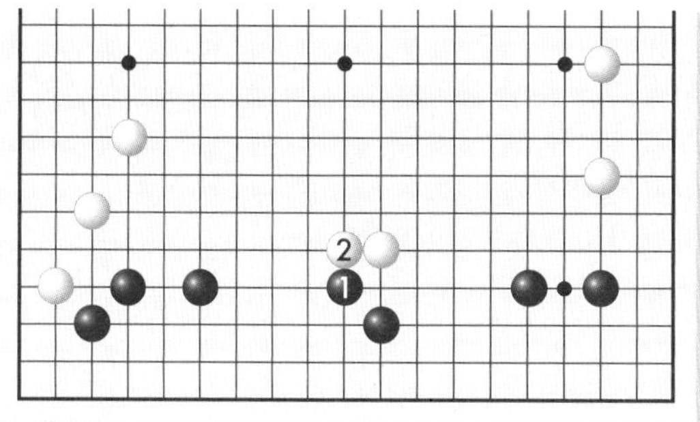

흑 ❶의 입구자도 날일자와 비슷할 것 같지만, 잘 두지 않습니다. 백이 ②로 밀어오면 흑의 모양이 좀 허술하기 때문입니다.

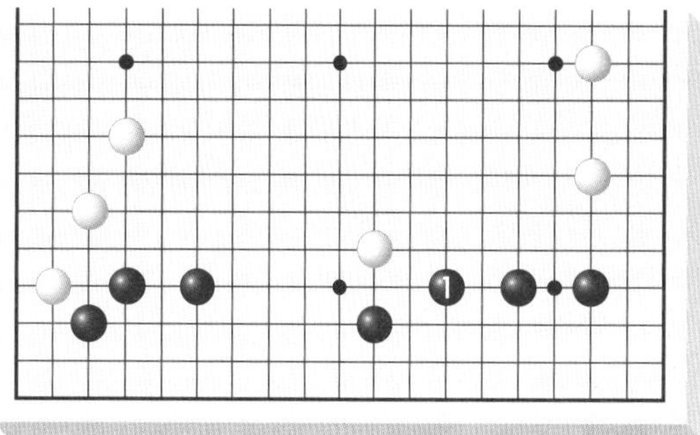

오른쪽 하변의 흑집을 지키고 싶다면 흑 ❶로 날일자를 하면 됩니다. 하지만 보통 더 넓은 쪽으로 날일자를 하는 것이 좋습니다. 모자씌움에는 이처럼 날일자로 받아 영토를 지키며 두는 것이 좋습니다.

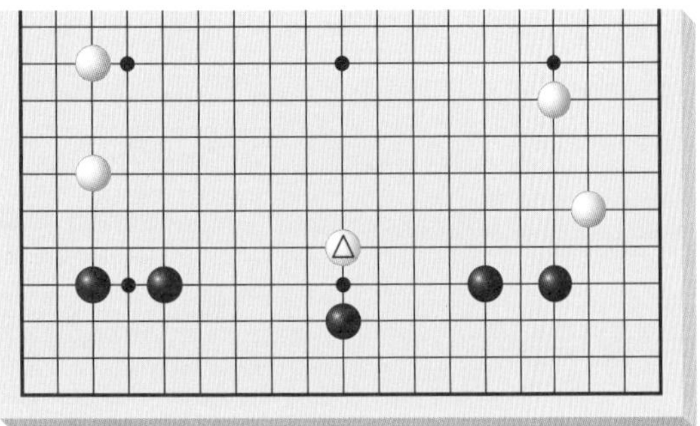

백 △의 모자로 삭감해 온 장면입니다. 가장 효과적인 흑의 응수는 어디일까요?

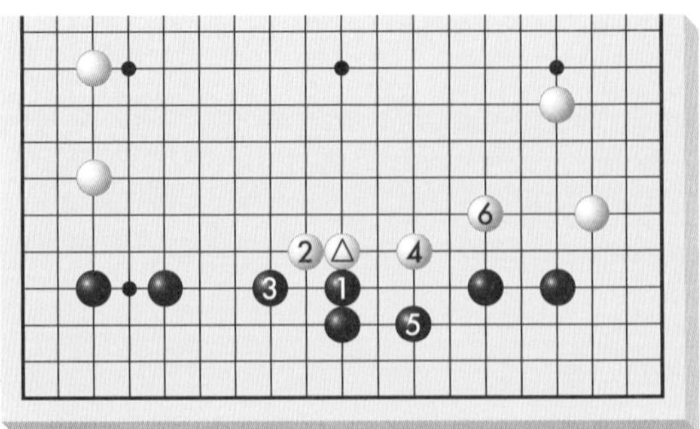

흑 ❶로 치받는 것은 좋지 않습니다. 백이 ②로 뻗고 흑이 ❸으로 받을 때 백 ④로 뛰어가면, 흑은 ❺로 계속해서 받아야 합니다. 다음 백 ⑥으로 중앙을 봉쇄하면 백의 세력이 두터워서 백의 만족입니다. 하변 흑집은 위에서 깎였기 때문에 생각보다 크지 않습니다.

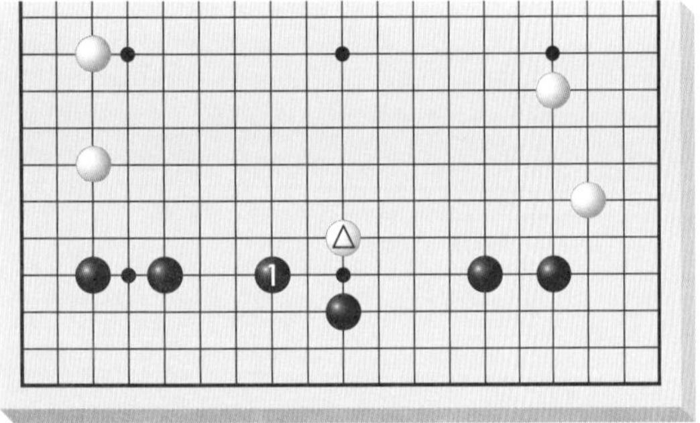

모자는 날일자로 벗는 것이 좋다고 했죠? 지금은 흑 ❶의 날일자가 올바른 방향입니다. 왼쪽 하변의 흑 진영이 더 넓기 때문입니다.

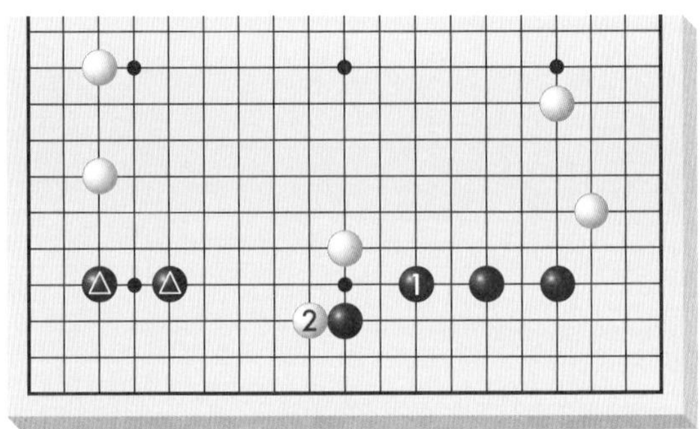

같은 날일자라도 흑 ❶쪽으로 받는 것은 방향 착오입니다. 백이 ②로 붙여서 싸움을 걸어오면 흑 ▲의 돌들이 멀리 있어서 왼쪽 하변의 흑집을 지키기가 쉽지 않습니다.

날일자는 날일자되
'확실하게 집이 되는 쪽'으로
두어야 한다는 걸 명심해요.

오호~ 실력이 좋아진다고!

흑이 둘 차례입니다. 하변 백 진영에 모자씌움으로 삭감을 해 봅시다.

1

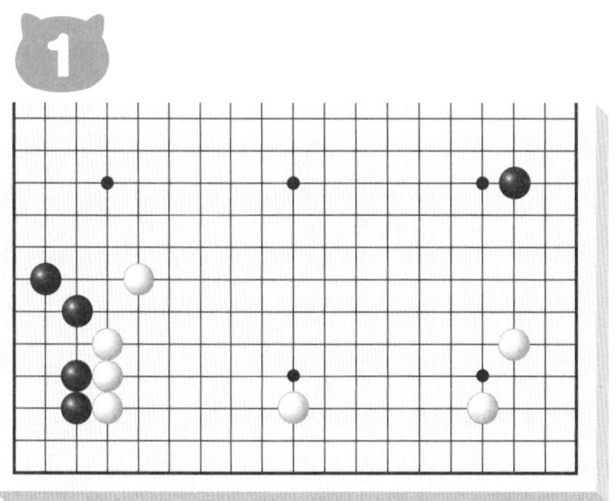

2

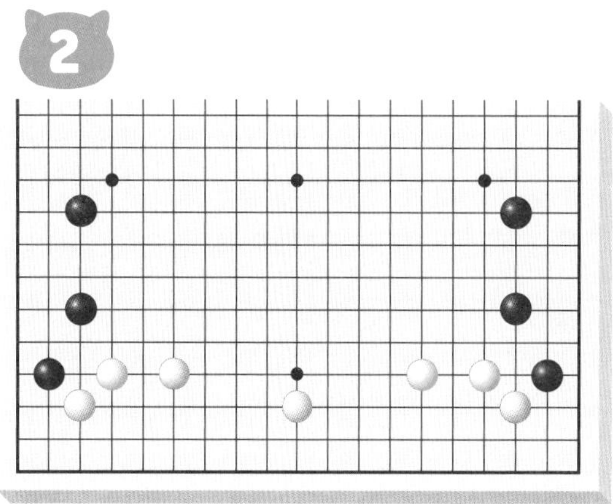

3

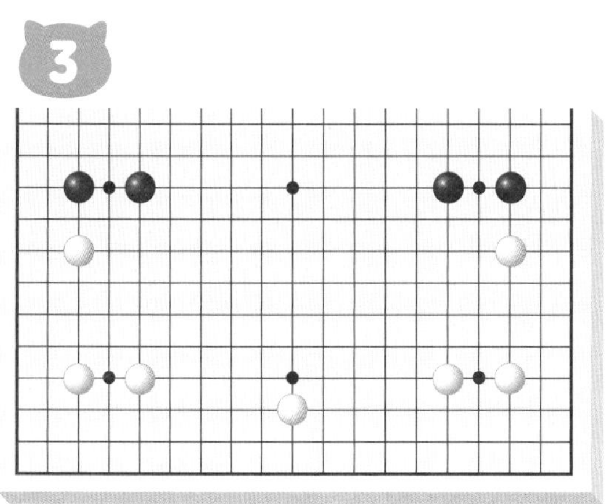

4

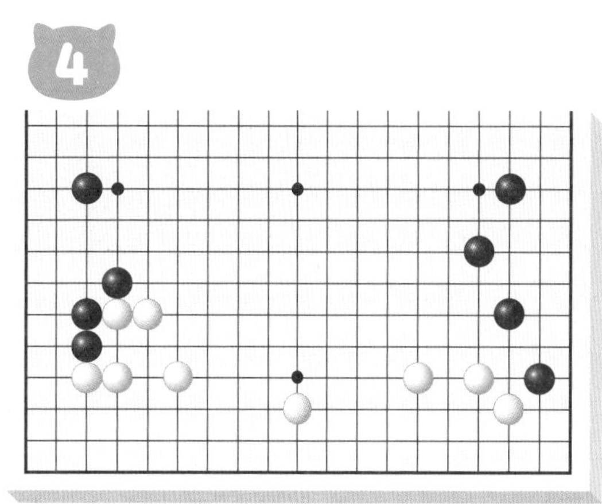

5

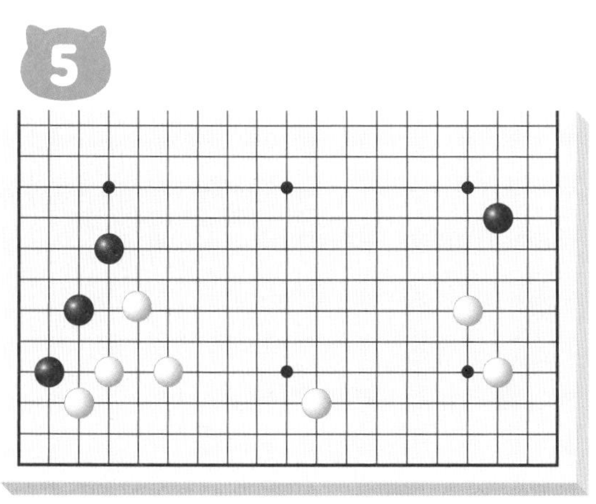

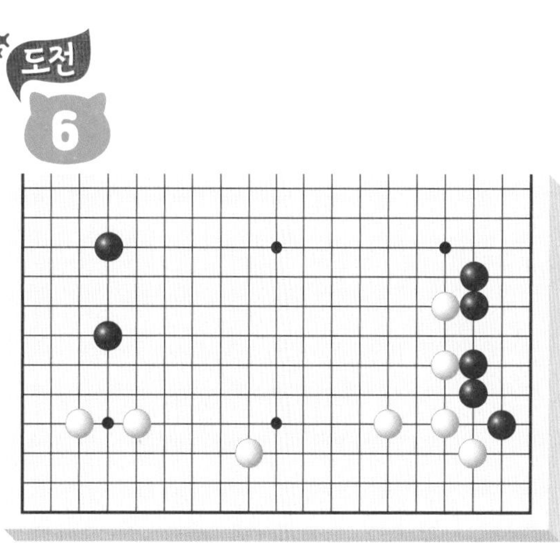

실력이 탄탄

흑이 둘 차례입니다. 하변 백 진영에 모자씌움으로 삭감을 해 봅시다.

7

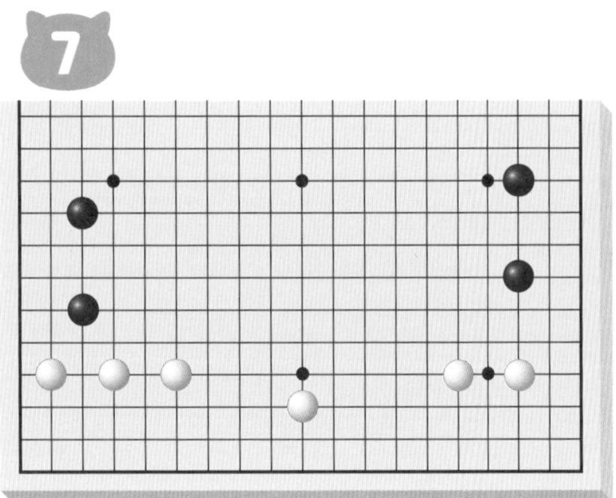

8

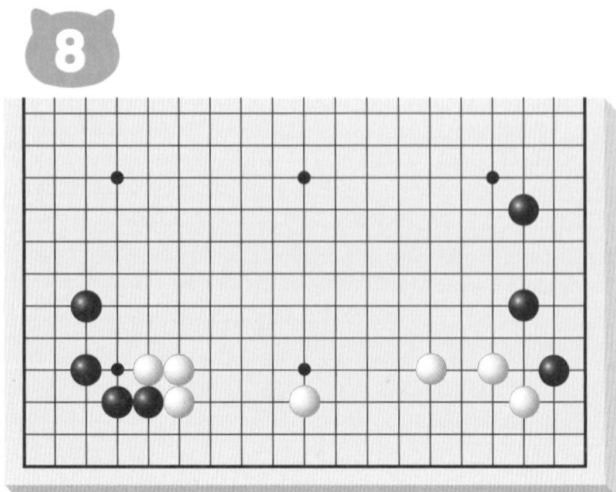

9

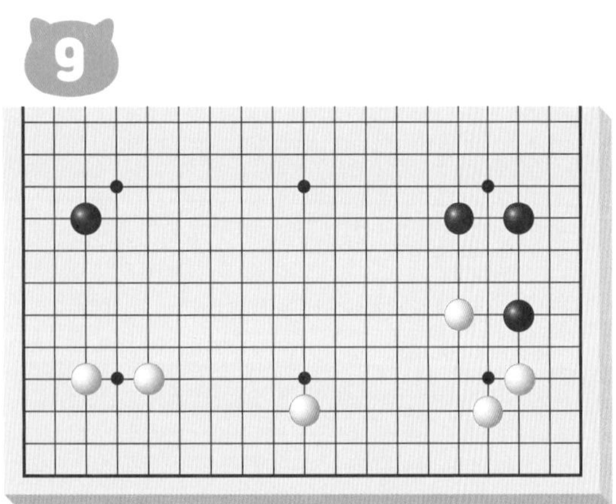

10

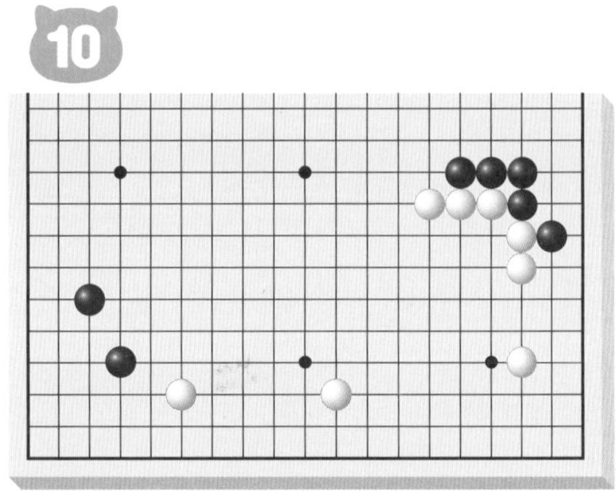

11

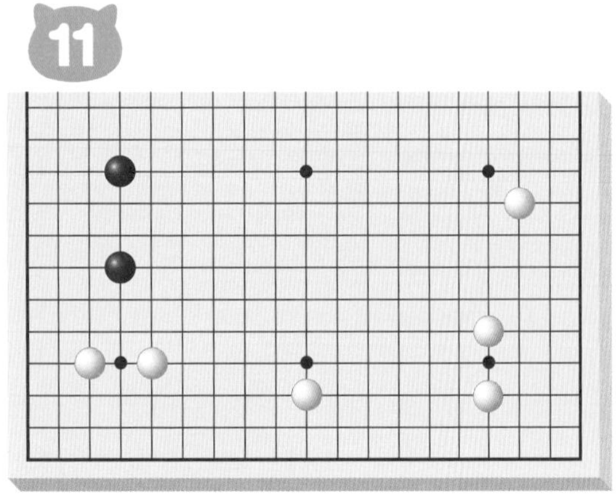

12

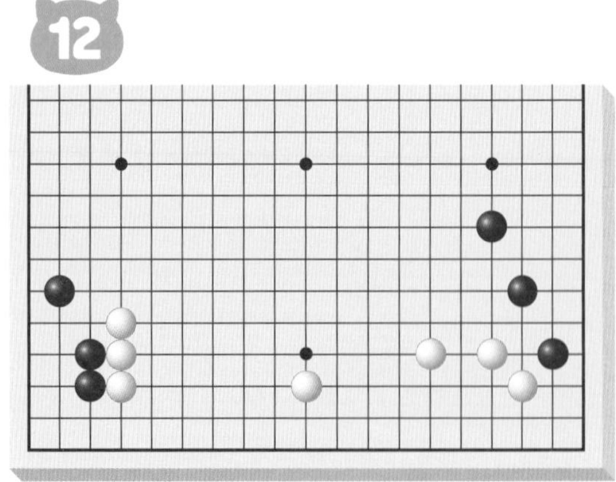

흑이 둘 차례입니다. 백 △의 모자씌움에 대한 올바른 응수에 ☑표를 해 봅시다

13 ☐ A ☐ B

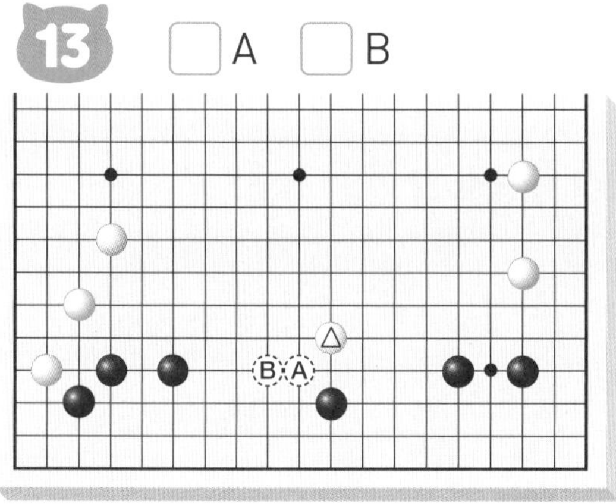

14 ☐ A ☐ B

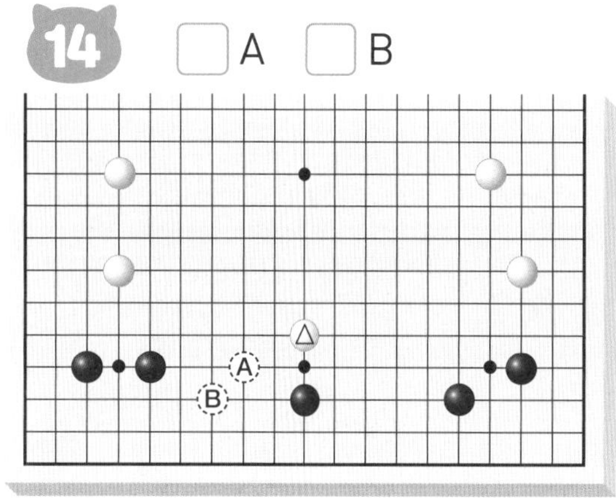

15 ☐ A ☐ B

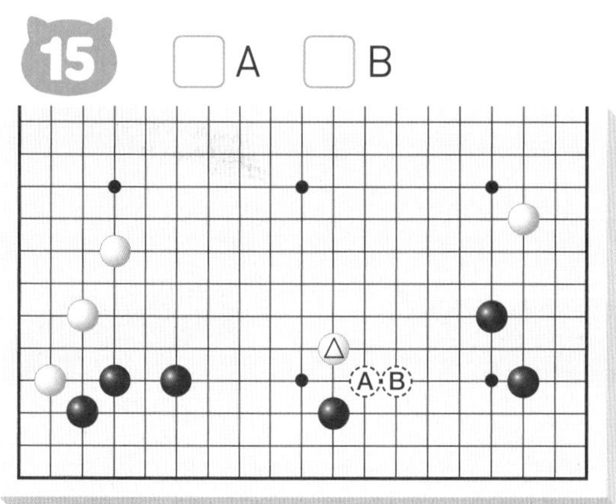

16 ☐ A ☐ B

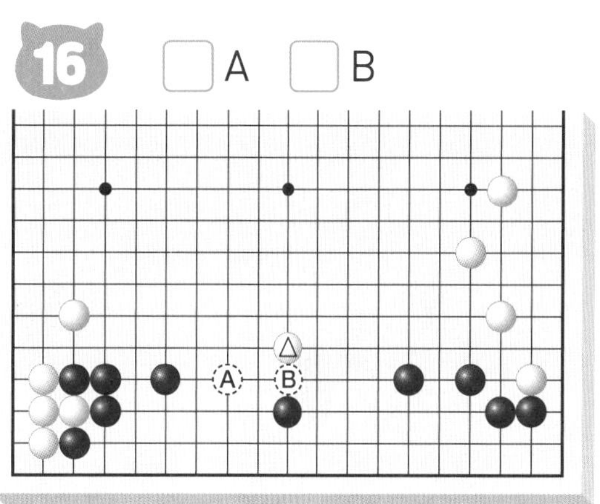

17 ☐ A ☐ B

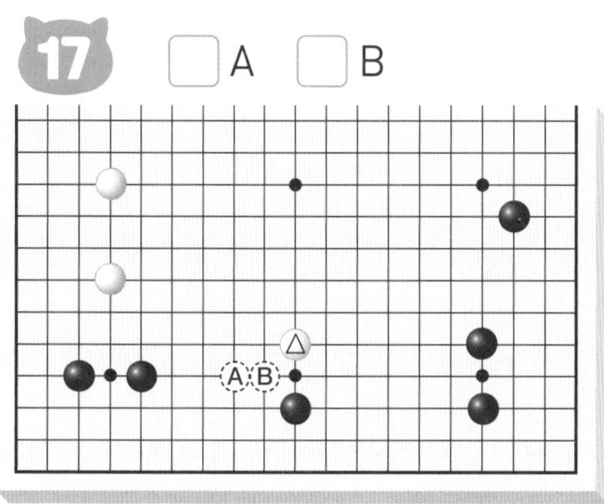

18 ☐ A ☐ B

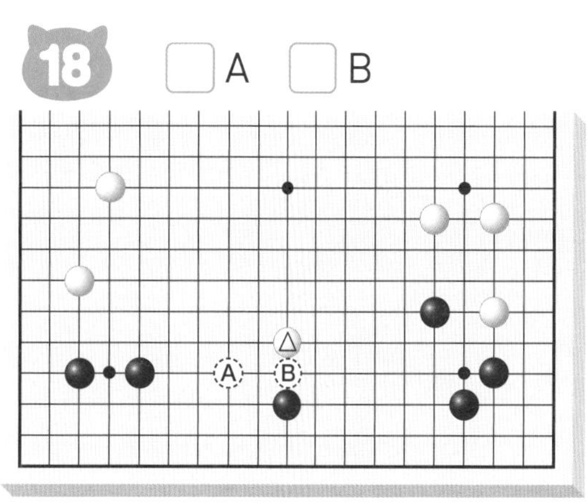

마음이 쑥쑥

다음 두 교실의 모습이 다른 까닭은 무엇일까요? 우리 교실은 어떤 모습에 더 가까울까요?

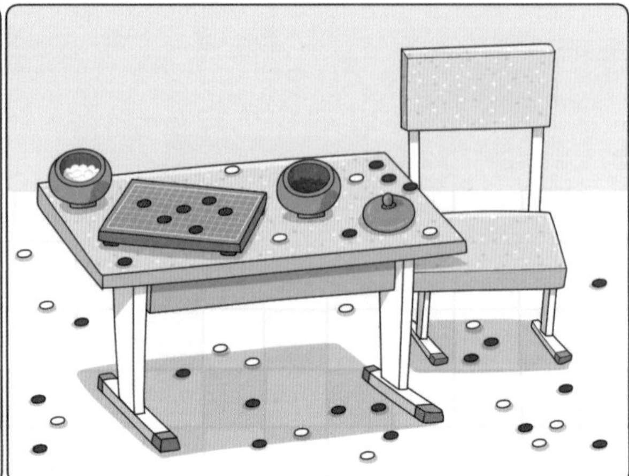

책임감 있는 사람이 되려면 어떻게 행동해야 할까요? 다음 그림에서 ☺ 또는 ☹에 색칠해 봅시다.

그림 1

그림 2

나는 얼마나 책임감 있는 사람일까요? 나의 평소 말과 행동을 생각하며 색칠해 봅시다.

나는 말한 것을 실천하고, 역할에 책임을 다한다.	☆☆☆	잘하고 있어요!
나는 책임감 있게 행동하려고 노력한다.	☆☆	조금 더 노력해 봐요!
나는 책임감 없는 사람이다.	☆	우선 하나씩 실천해 봐요!

한국기원의 역사, 그리고 역할

1954년 1월에 '한국기원'이 설립됐습니다. 한국기원은 바둑 문화의 창달과 보급, 전문 기사의 기예 향상을 목적으로 출범되었습니다.

1945년 광복 이후, 조남철 9단이 서울 남산동에 한성 기원의 간판을 걸고 첫발을 내디뎠는데, 이것이 오늘날 한국기원의 모태가 되었습니다. 한성 기원은 1948년 4월 '조선 기원'으로, 1949년 7월 '대한 기원'으로 이름을 바꾸었고, 마침내 1954년 1월 8일 '한국기원'이 창립되면서 본격적인 바둑 보급이 시작되었습니다. 한국기원은 프로 기사 제도를 확립하고 바둑 인구의 저변을 확대하며 안정적이고 점진적인 성장을 거듭했습니다. 현재 한국기원은 서울 성동구 홍익동에 자리 잡고 있답니다.

그렇다면 한국기원은 주로 어떤 일을 할까요? 한국기원은 한국 바둑계를 대표하는 기관으로, 우리나라의 바둑 발전과 건전한 생활문화를 만들기 위해 다양한 역할을 합니다. 특히 프로 입단 대회를 비롯한 각종 바둑 대회를 개최하고, 바둑을 보급하고 교육하며, 연구생 제도를 시행해 전문 바둑 기사를 육성하고, 바둑TV 운영 등 대중 매체를 통해 바둑을 알리며 바둑의 세계화를 위한 각종 활동을 활발히 진행하고 있습니다. 바둑 관련 잡지와 도서를 출판하고, 바둑 게임, 애니메이션 등 어린이들을 위한 바둑 교육 프로그램을 개발하여 보급하기도 합니다.

앞으로도 한국기원은 바둑이 사람들의 건전한 취미, 미래 사회의 창의적 인재를 양성하는 교육 수단, 한국을 빛낼 세계적인 문화 콘텐츠가 될 수 있게 더욱 힘쓰고 노력할 것입니다.

바둑알 캐릭터 흑돌이와 백돌이는 임현진 작가의 작품으로,
한국기원과 의정부시가 주관한 '2021 의정부 바둑 페스티벌
바둑 콘텐츠 공모전'에서 당선되었습니다.

초등 창의 인성 바둑 교과서 ④ **중급편**

1판 1쇄 인쇄 2025년 2월 14일 | **1판 1쇄 발행** 2025년 3월 7일

지은이 한국기원 미래교육콘텐츠팀
기획 및 구성 총괄 한국기원 강나연
그림 이탁근, 김희선, 임현진, 김태형, 송영훈
감수 신진서, 최정
펴낸이 황상욱

편집 박성미
내지 디자인 · 표지 디자인 디자인 앤, 김지영
마케팅 윤해승, 장동철, 윤두열 | **경영지원** 황지욱
제작처 영신사

펴낸곳 ㈜휴먼큐브 | **출판등록** 2015년 7월 24일 제406-2015-000096호
주소 03997 서울시 마포구 월드컵로14길 61 2층
문의전화 02-2039-9462(편집) 02-2039-9463(마케팅) 02-2039-9460(팩스)
전자우편 yun@humancube.kr

내용문의 한국기원 미래교육콘텐츠팀 02-3407-3896

ISBN 979-11-6538-439-5 64690

인스타그램 @humancube_group **페이스북** fb.com/humancube44

어린이제품 안전특별법에 의한 표시사항
제품명 도서 | **제조자명** (주)휴먼큐브 | **제조국명** 대한민국 | **전화번호** 02-2039-9462
주소 03997 서울특별시 마포구 월드컵로 14길 61 2층 | **제조년월** 2025년 3월 7일
⚠주의 책 모서리에 찍히거나 책장에 베이지 않게 조심하세요.

정답

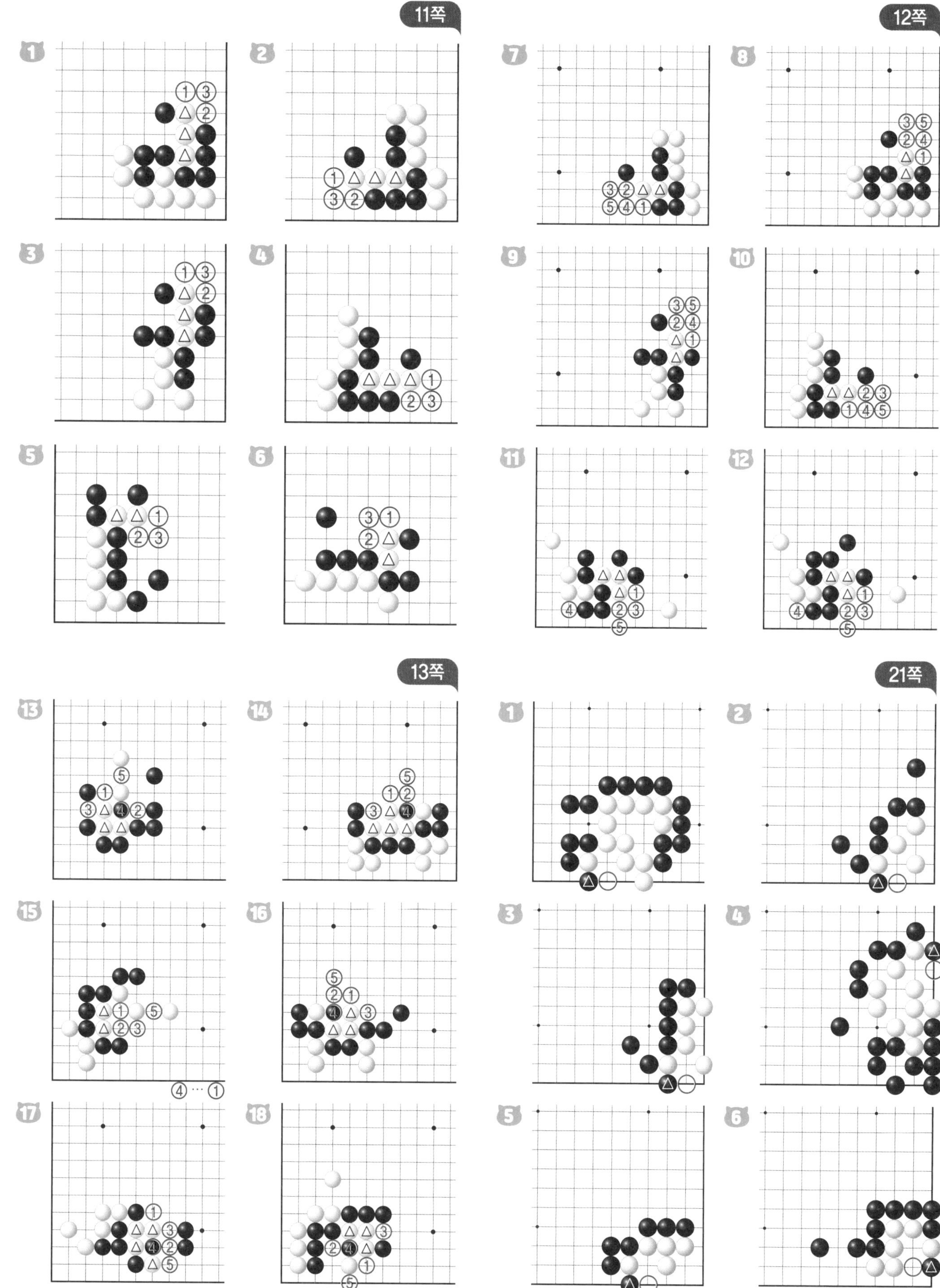

정답

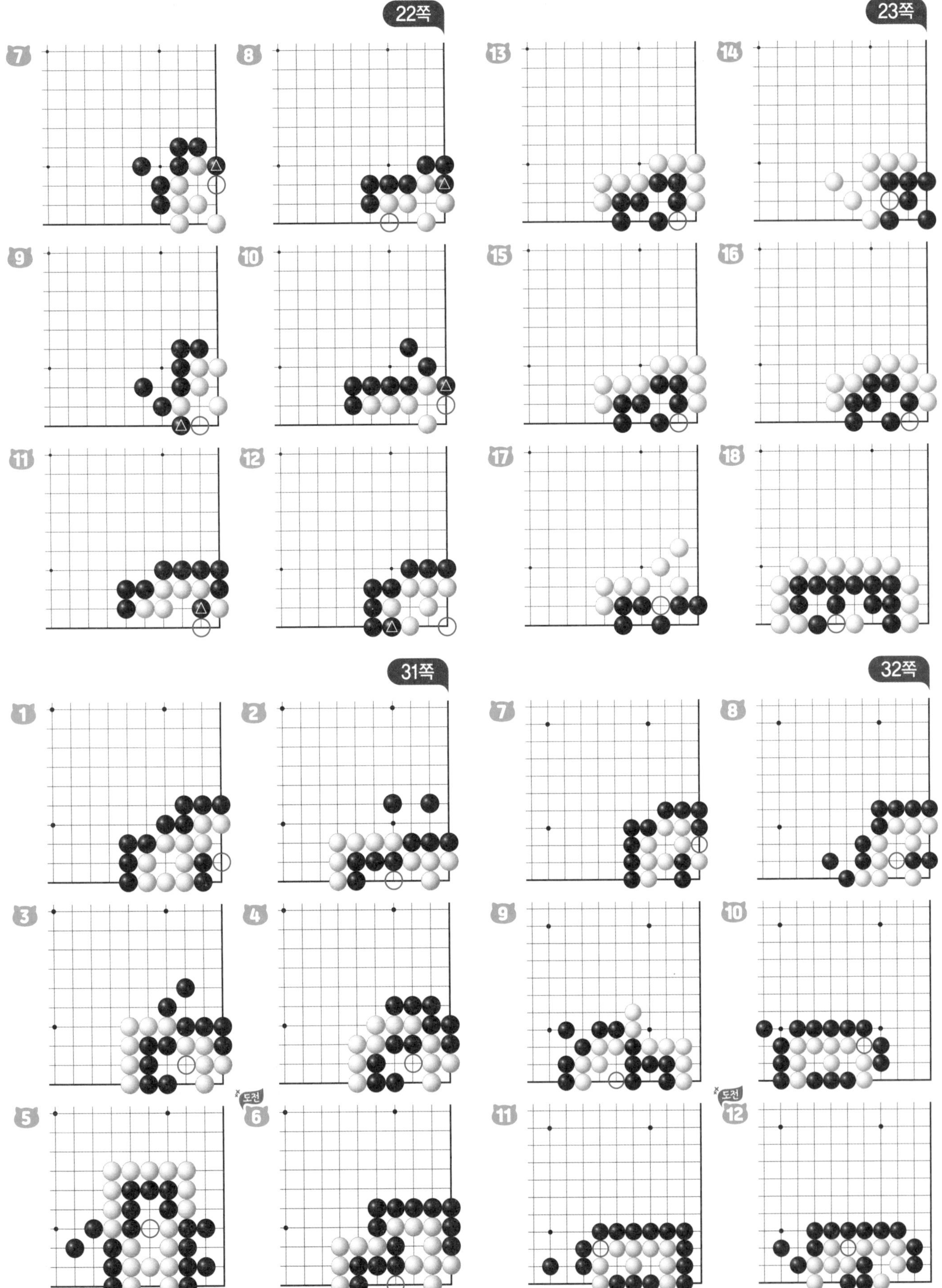

22쪽
7
8
23쪽
13
14
9
10
15
16
11
12
17
18
31쪽
1
2
32쪽
7
8
3
4
9
10
5
도전 6
11
도전 12

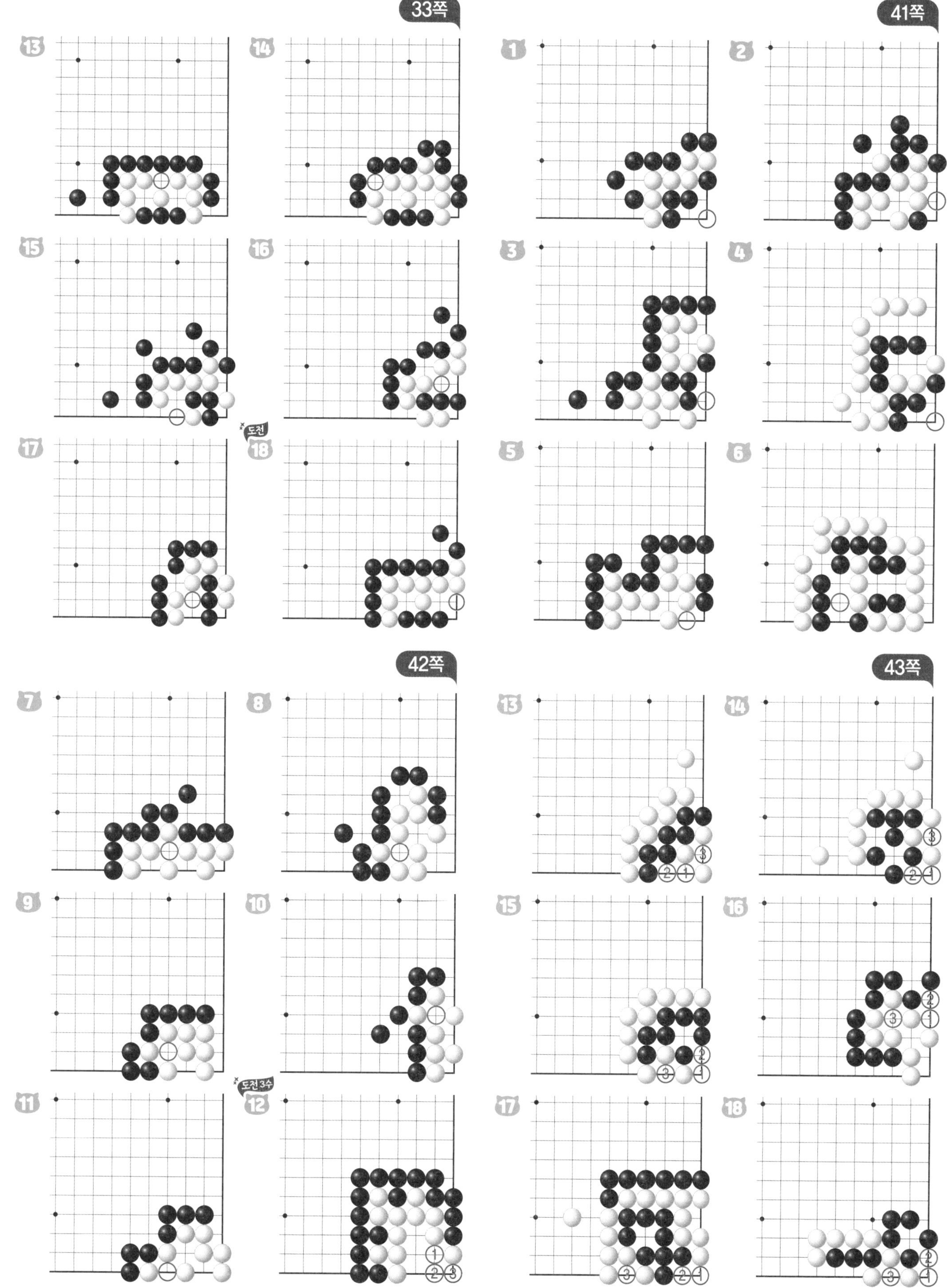

33쪽
13
14
15
16
17
도전
18
41쪽
1
2
3
4
5
6
42쪽
7
8
9
10
11
도전3수
12
43쪽
13
14
15
16
17
18

정답

❶ B ❷ A ❸ B ❹ B ❺ C ❻ C **51쪽**

1

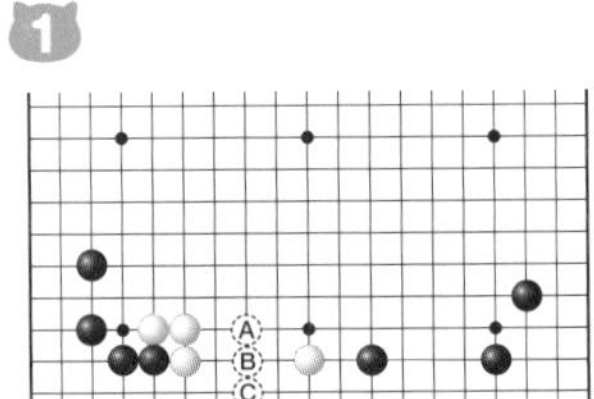

2

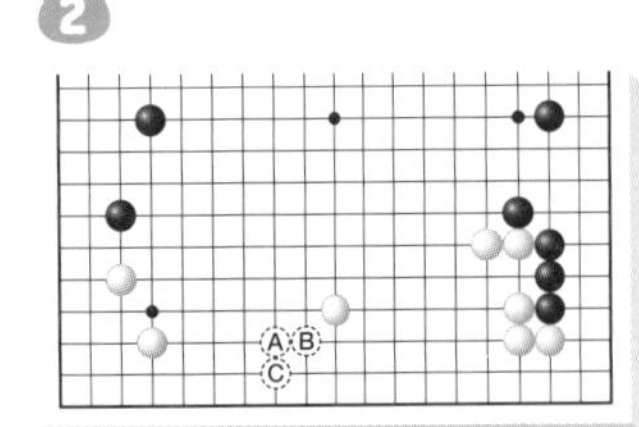

3

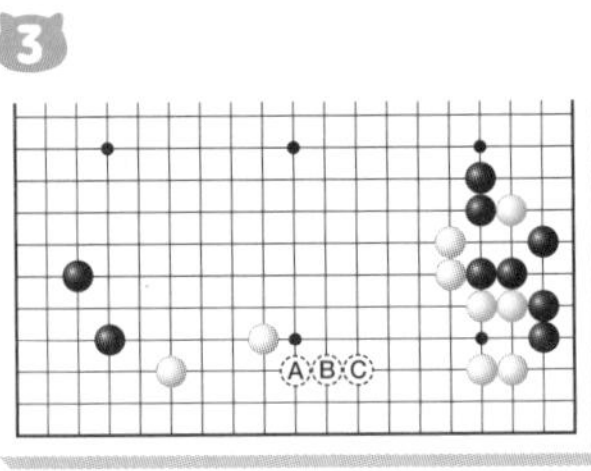

4

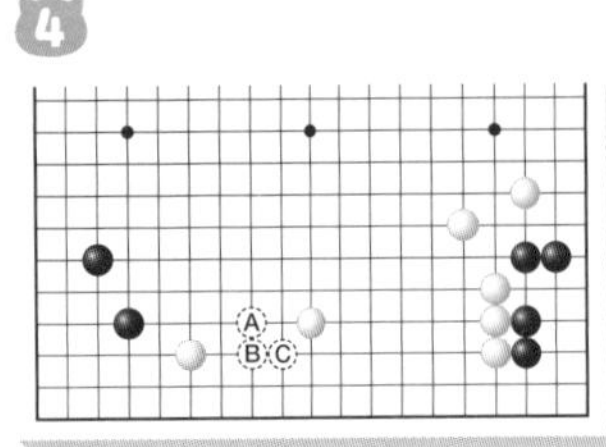

5

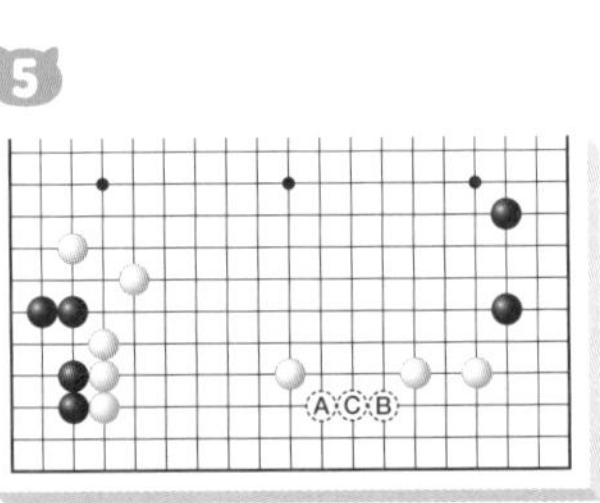

6

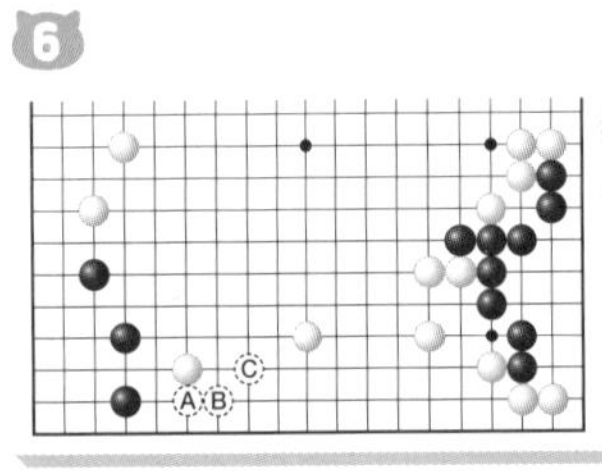

❼ A ❽ C ❾ A ❿ B ⓫ B ⓬ A **52쪽**

7

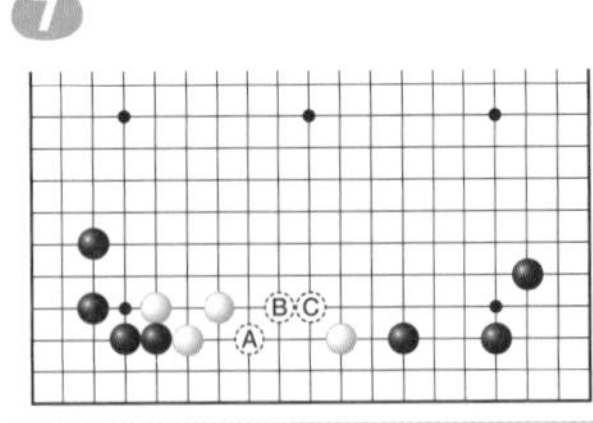

8

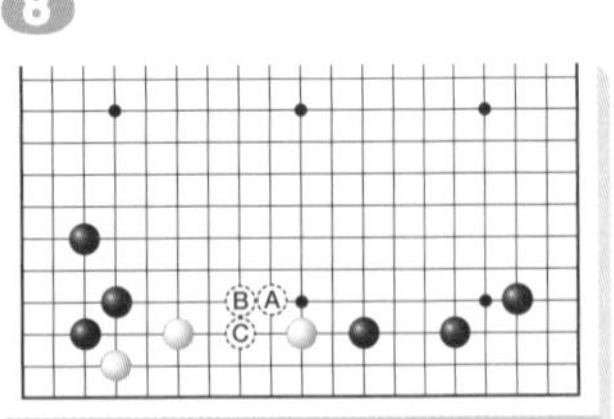

9

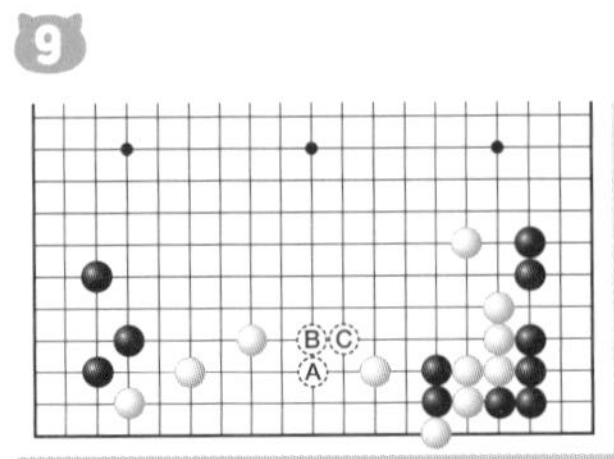

10

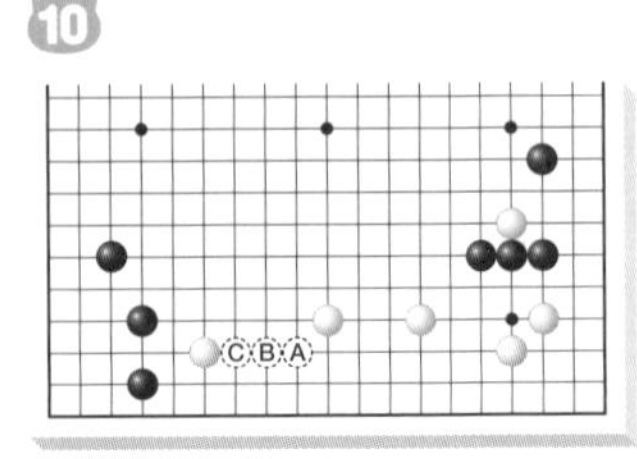

11

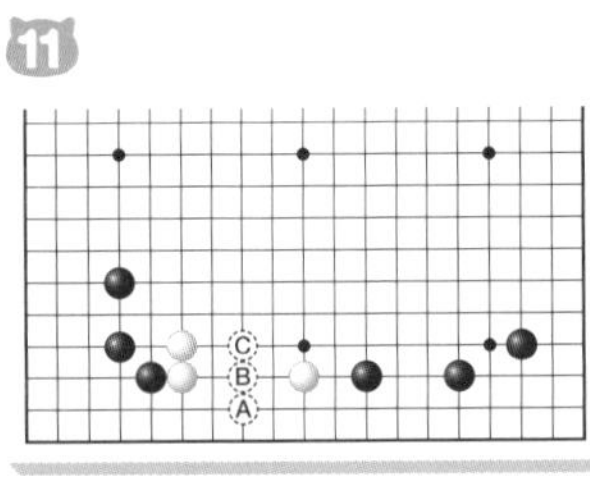

도전 12

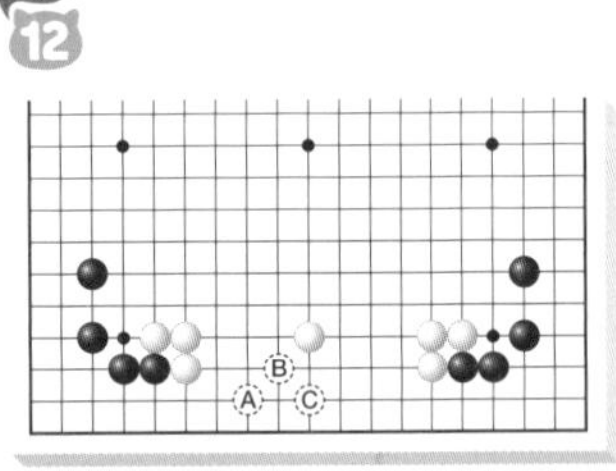

⓭ A ⓮ C ⓯ B ⓰ A ⓱ A ⓲ C **53쪽**

13 / 14

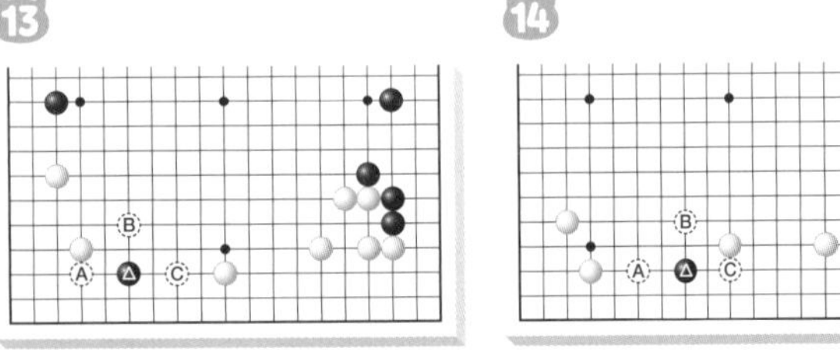

15

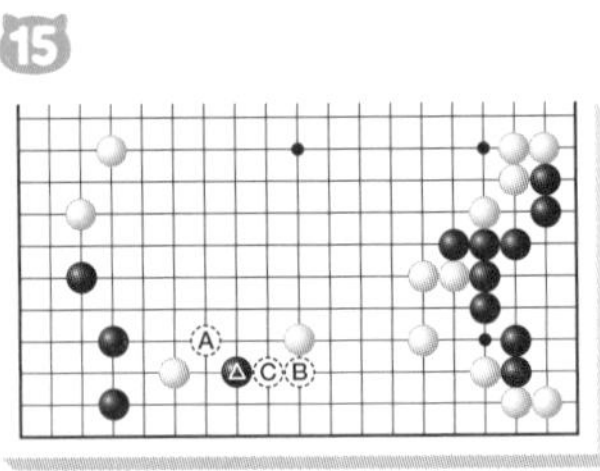

16

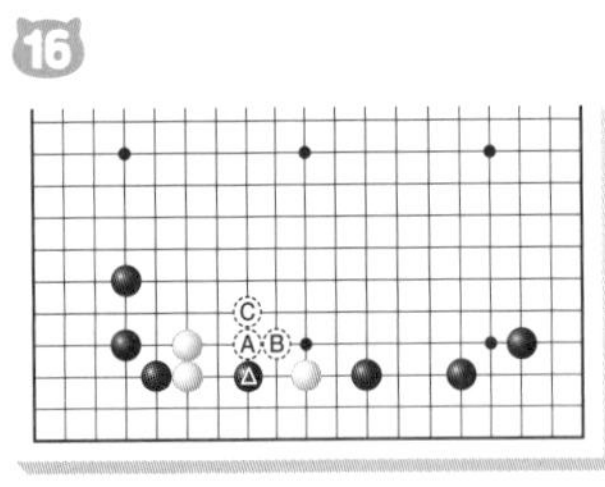

17

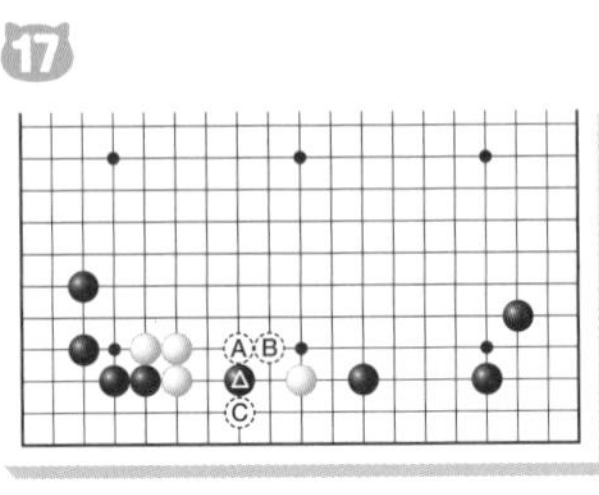

도전 18

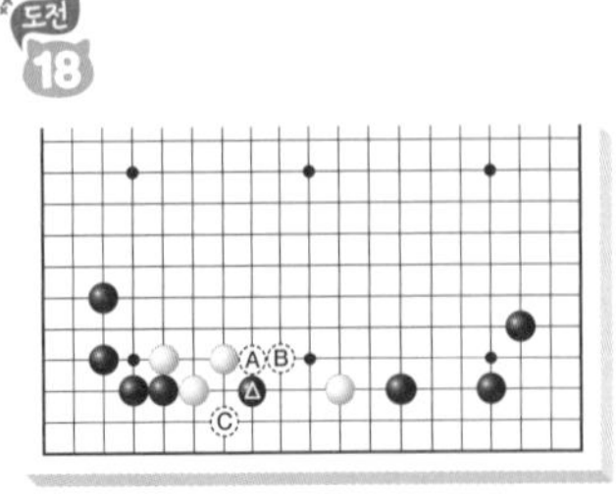

❶ A ❷ B ❸ B ❹ A ❺ B ❻ A **61쪽**

1

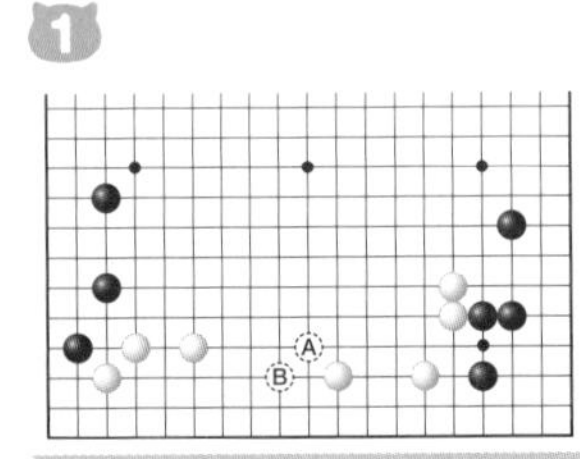

2

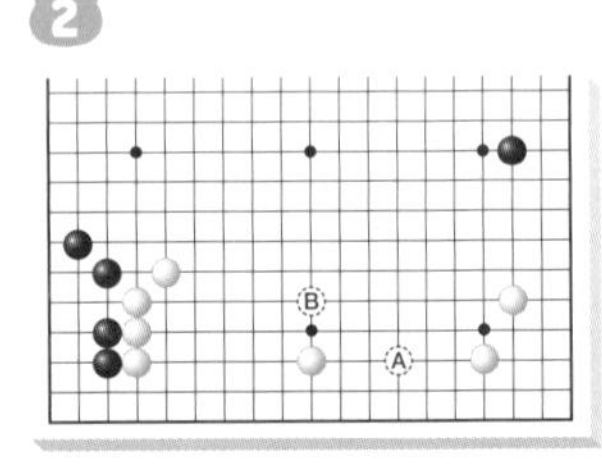

3

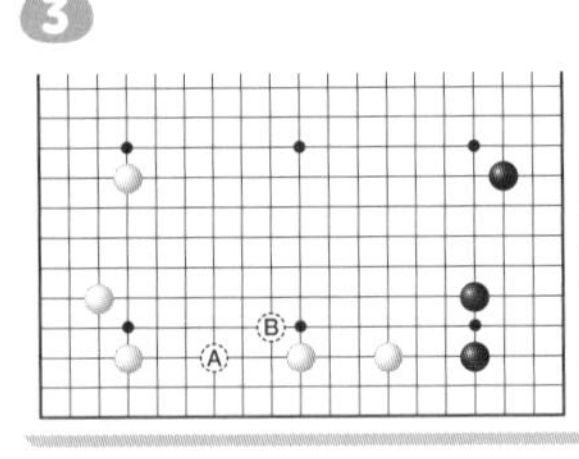

4

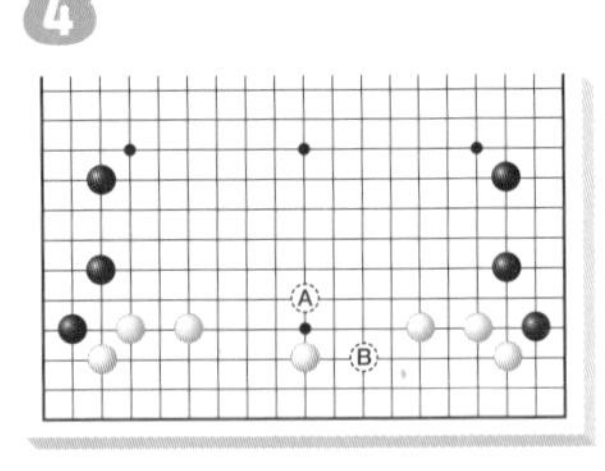

5

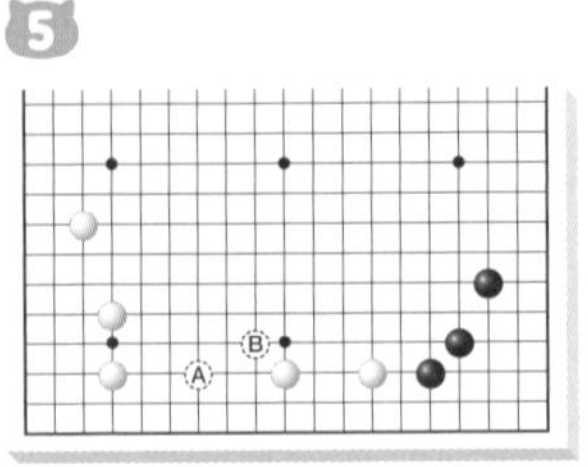

6

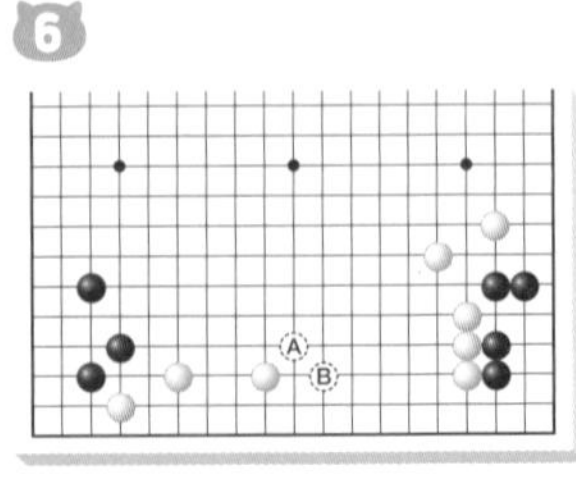

정답

⑦ B ⑧ A ⑨ B ⑩ B ⑪ A ⑫ A 62 쪽

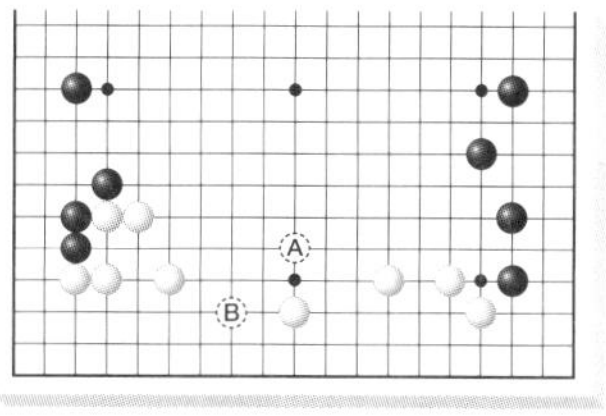

⑬ B ⑭ A ⑮ B ⑯ B ⑰ B ⑱ B 63쪽

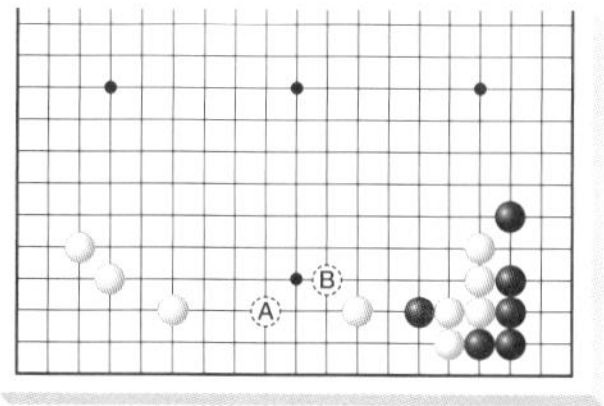

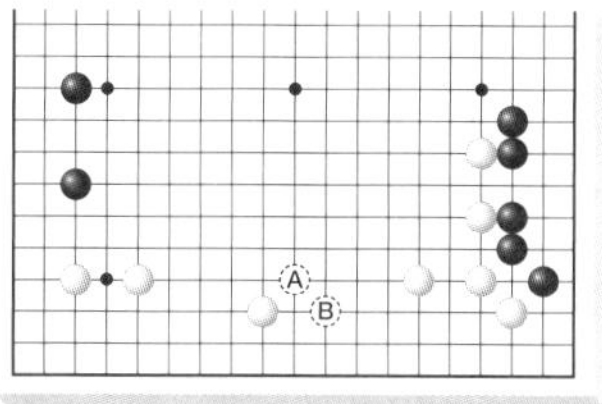

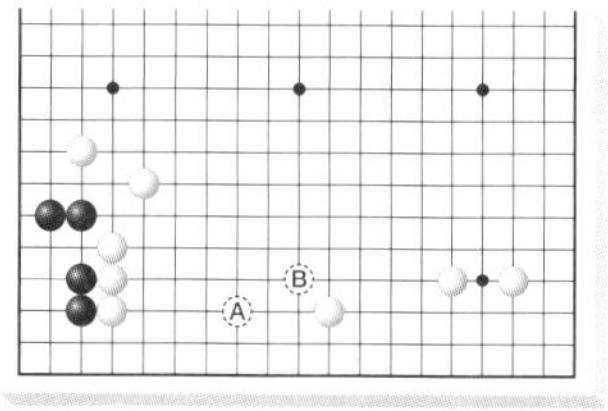

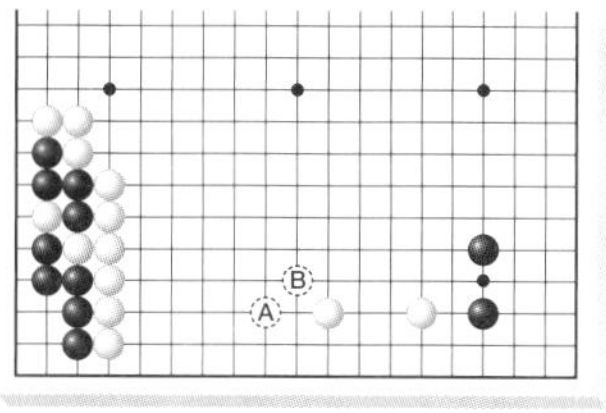

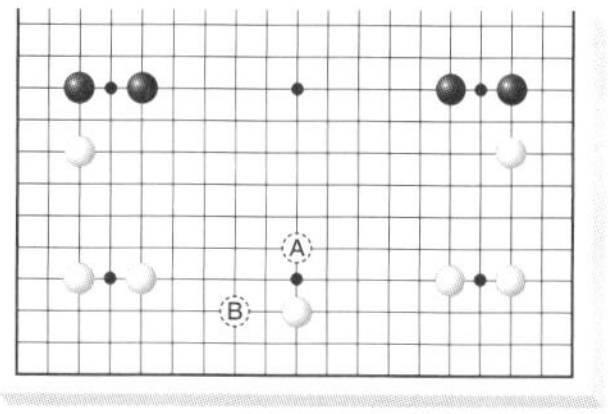

7 8 13 14

9 10 15 16

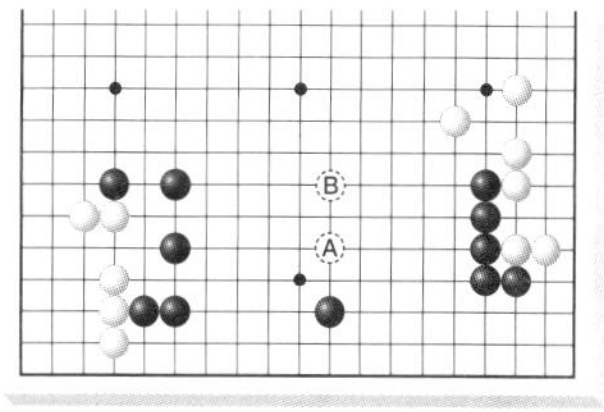

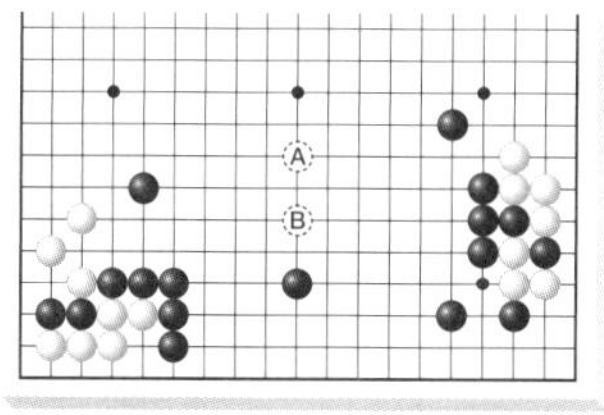

11 12 17 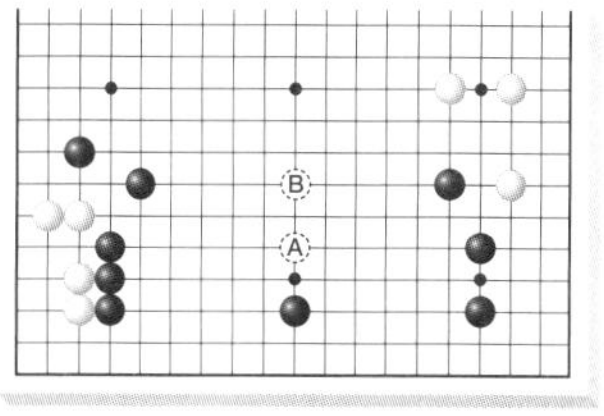 도전 18

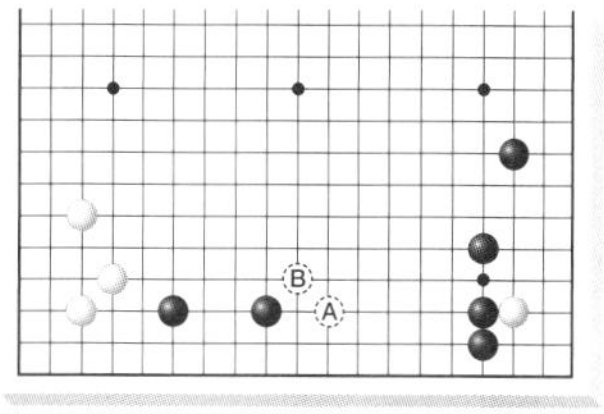

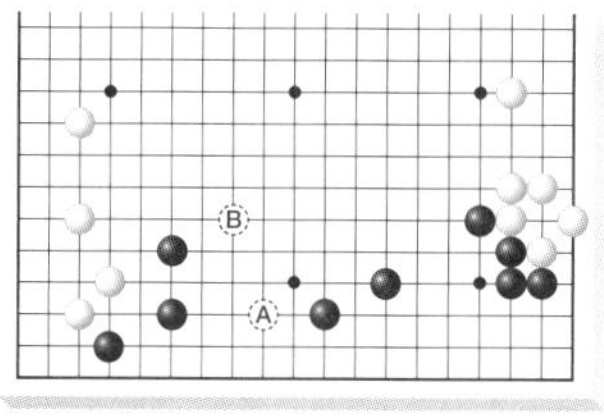

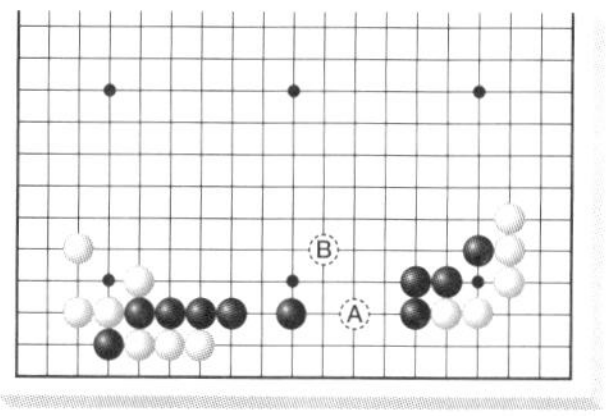

① B ② A ③ A ④ B ⑤ B ⑥ B 71쪽

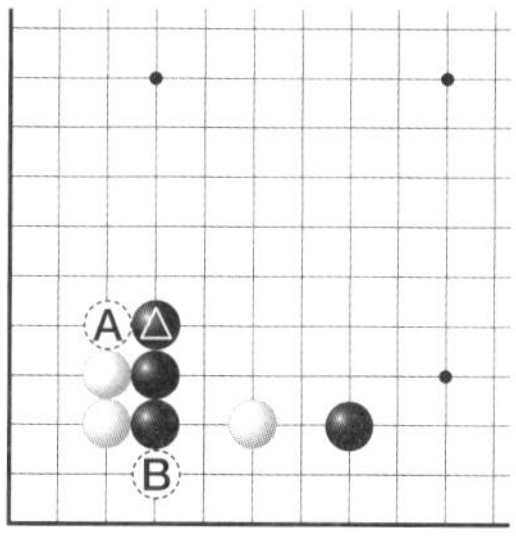

⑦ B ⑧ A ⑨ A ⑩ B ⑪ A ⑫ B 72쪽

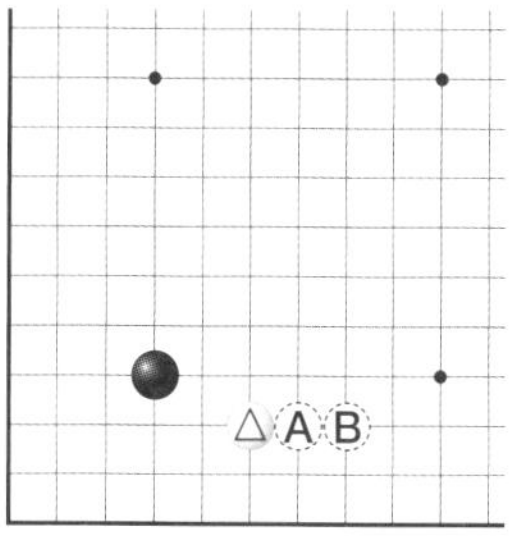

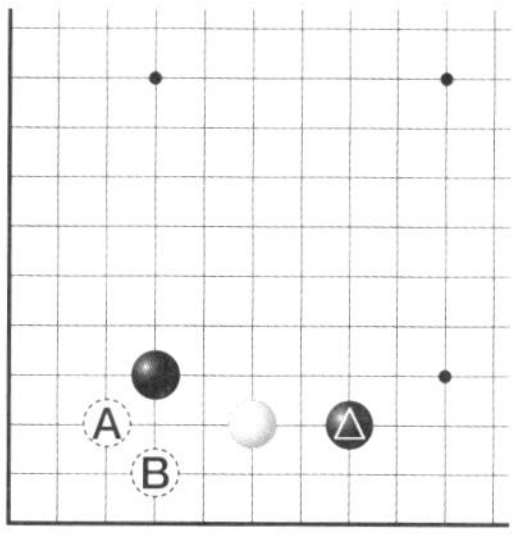

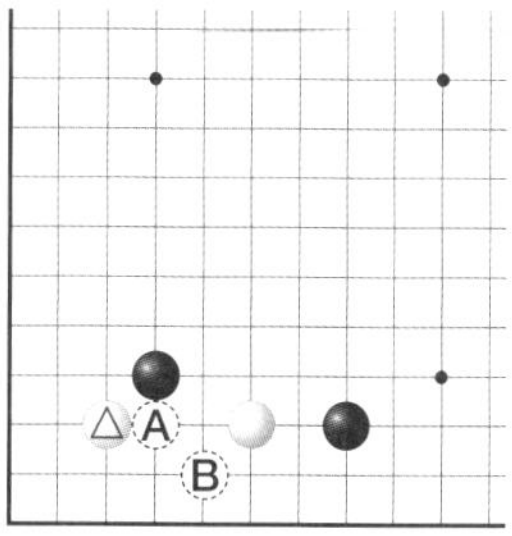

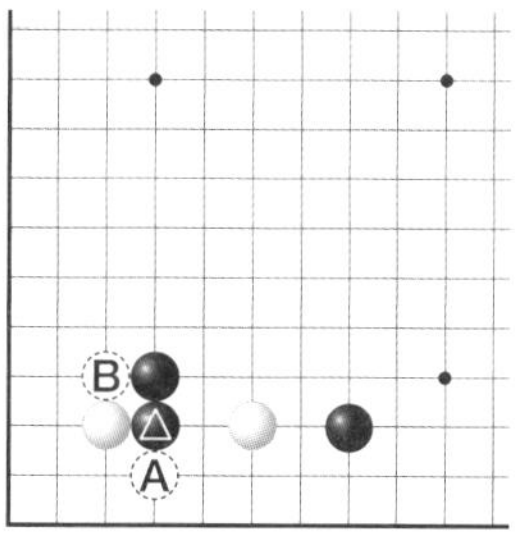

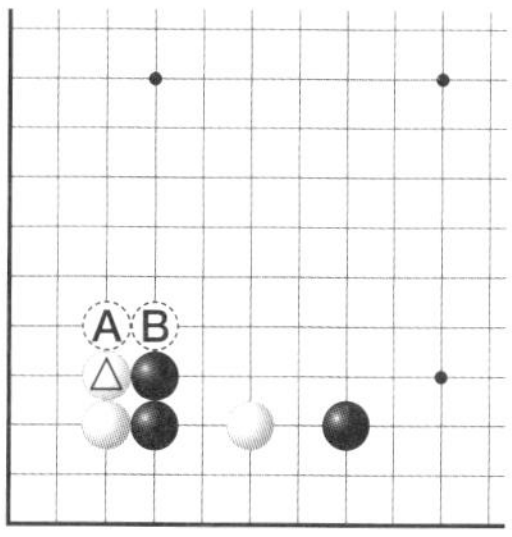

1 2 7 8

3 4 9 10

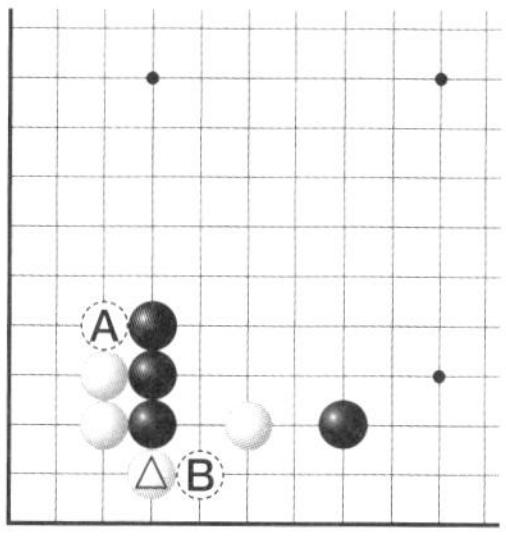

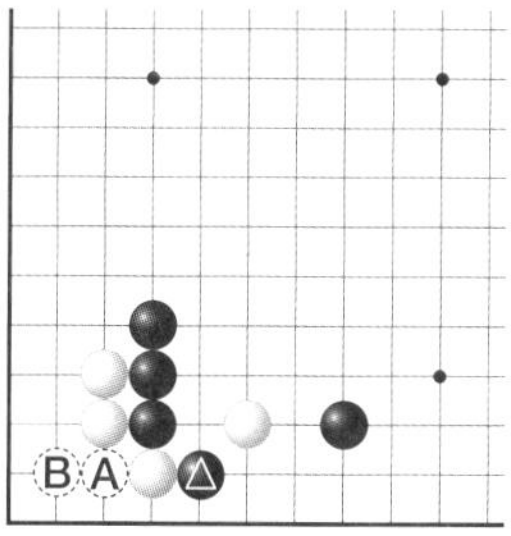

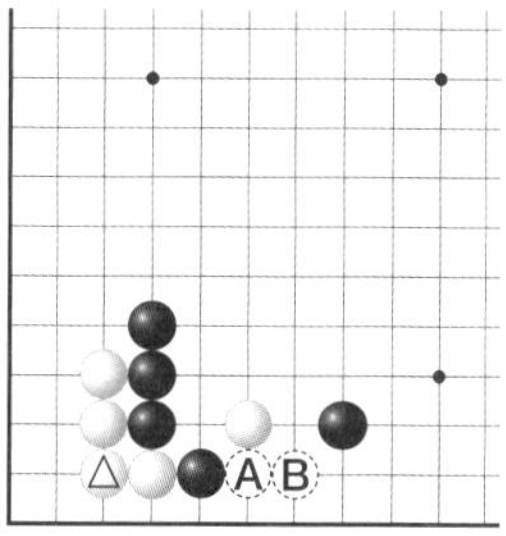

5 6 11 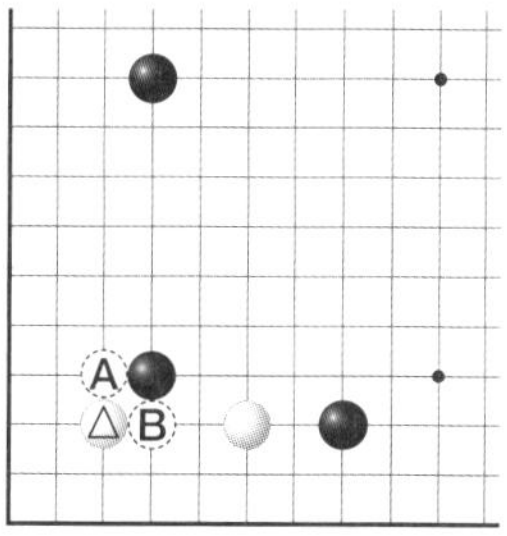 도전 12

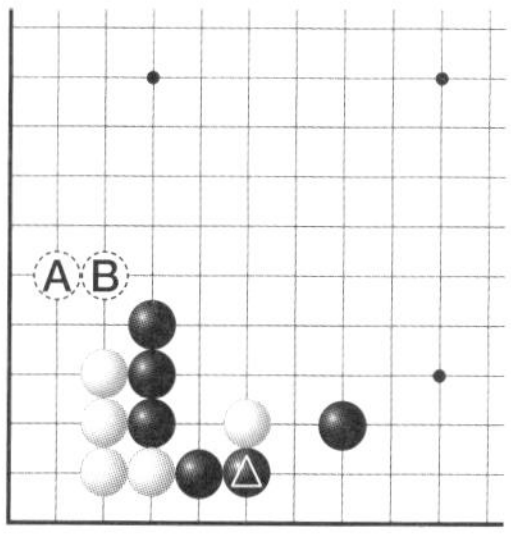

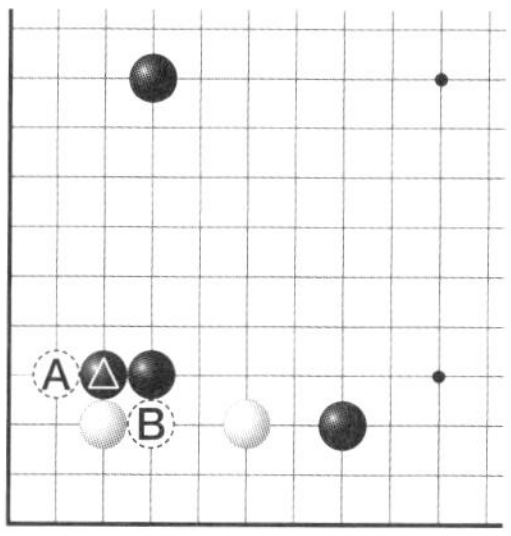

정답

⑬ A ⑭ B ⑮ B ⑯ A ⑰ B ⑱ B 73쪽

① B ② A ③ A ④ B ⑤ A ⑥ B 81쪽

⑦ A ⑧ B ⑨ A ⑩ A ⑪ B ⑫ A 82쪽

⑬ B ⑭ A ⑮ B ⑯ B ⑰ A ⑱ A 83쪽

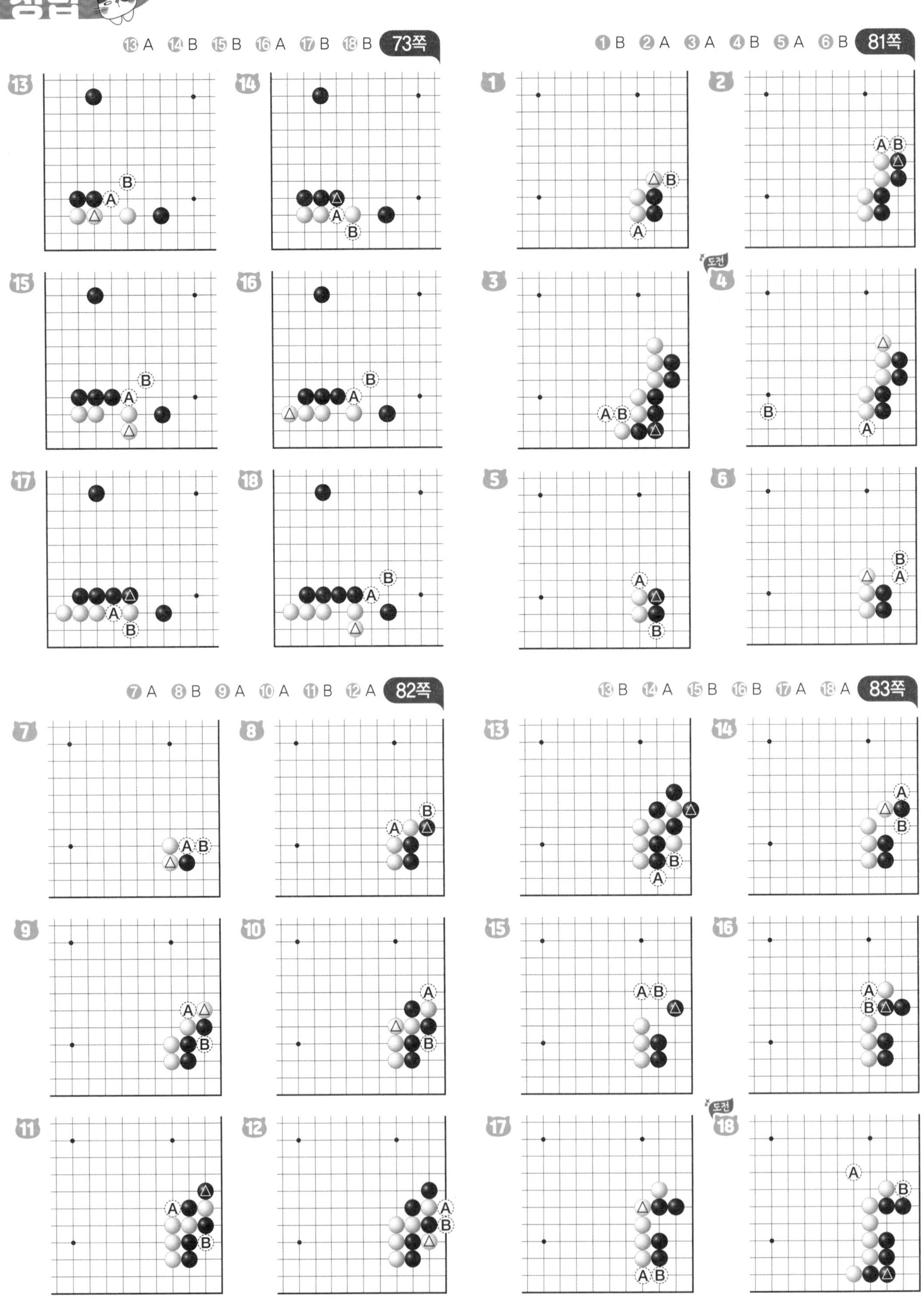

정답

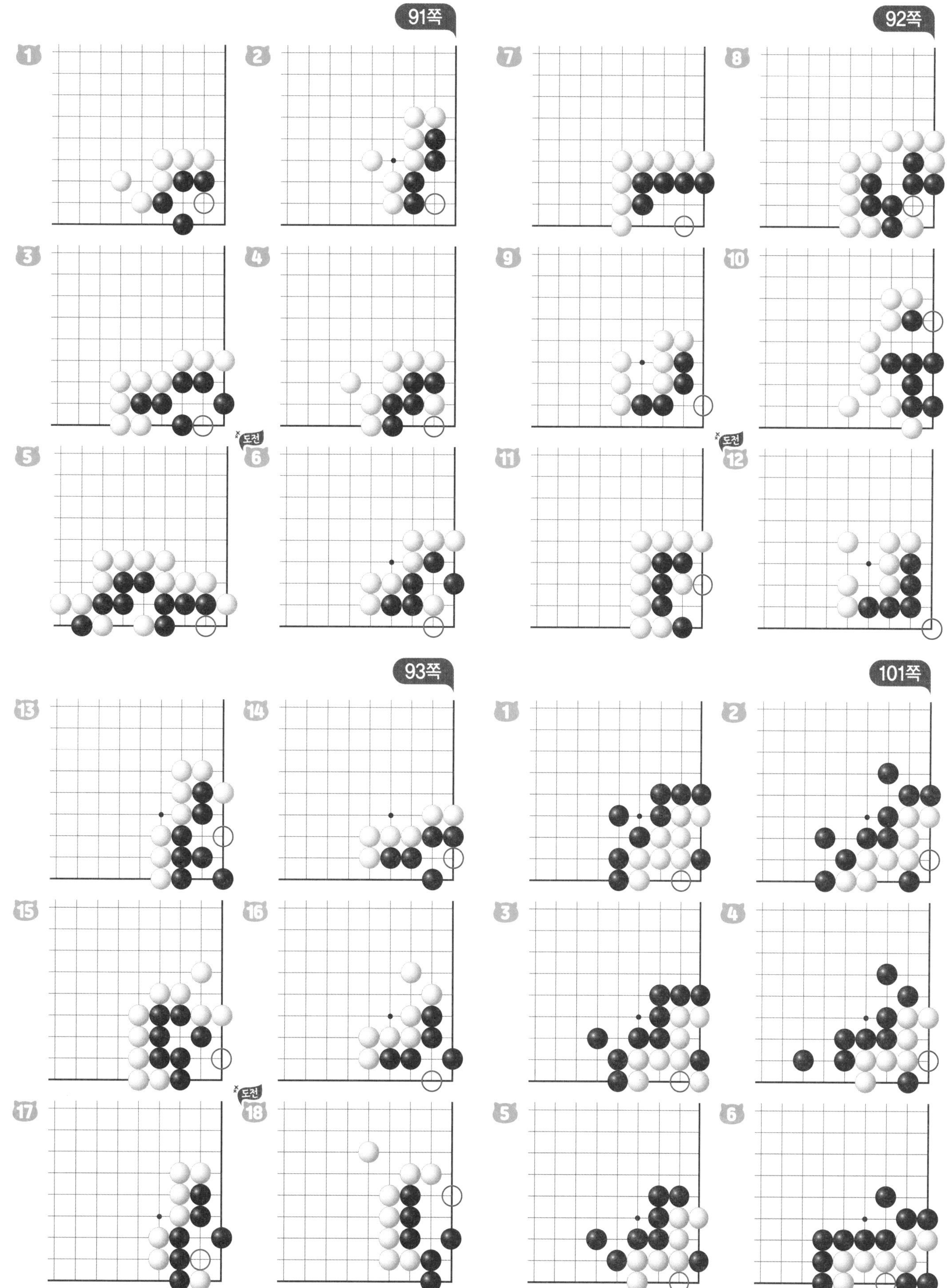

91쪽
92쪽
93쪽
101쪽
1
2
3
4
5
도전
6
7
8
9
10
11
도전
12
13
14
15
16
17
도전
18
1
2
3
4
5
6

정답

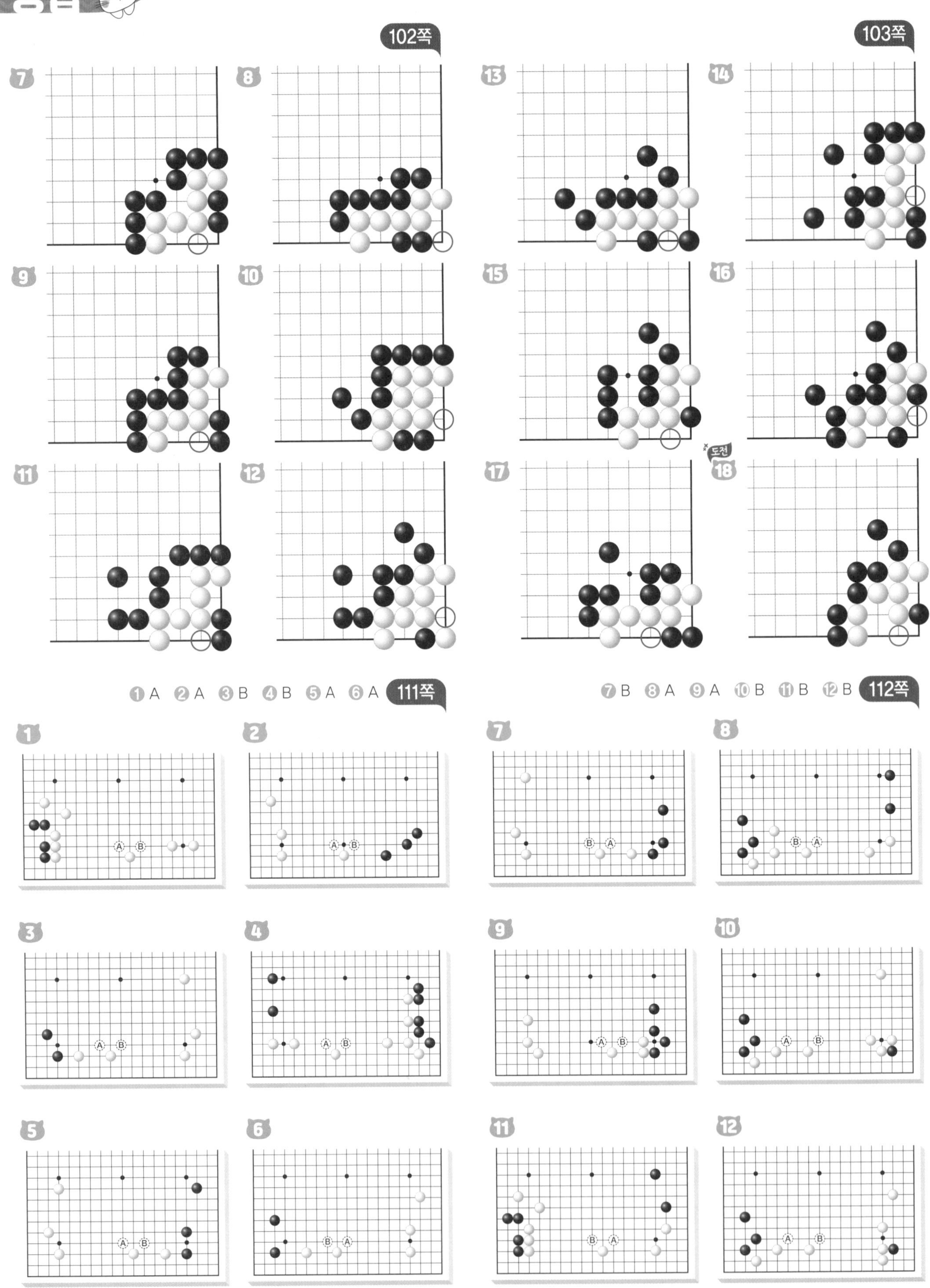

102쪽
103쪽
7
8
13
14
9
10
15
16
11
12
17
도전 18
1 A 2 A 3 B 4 B 5 A 6 A
111쪽
7 B 8 A 9 A 10 B 11 B 12 B
112쪽
1
2
7
8
3
4
9
10
5
6
11
12

정답

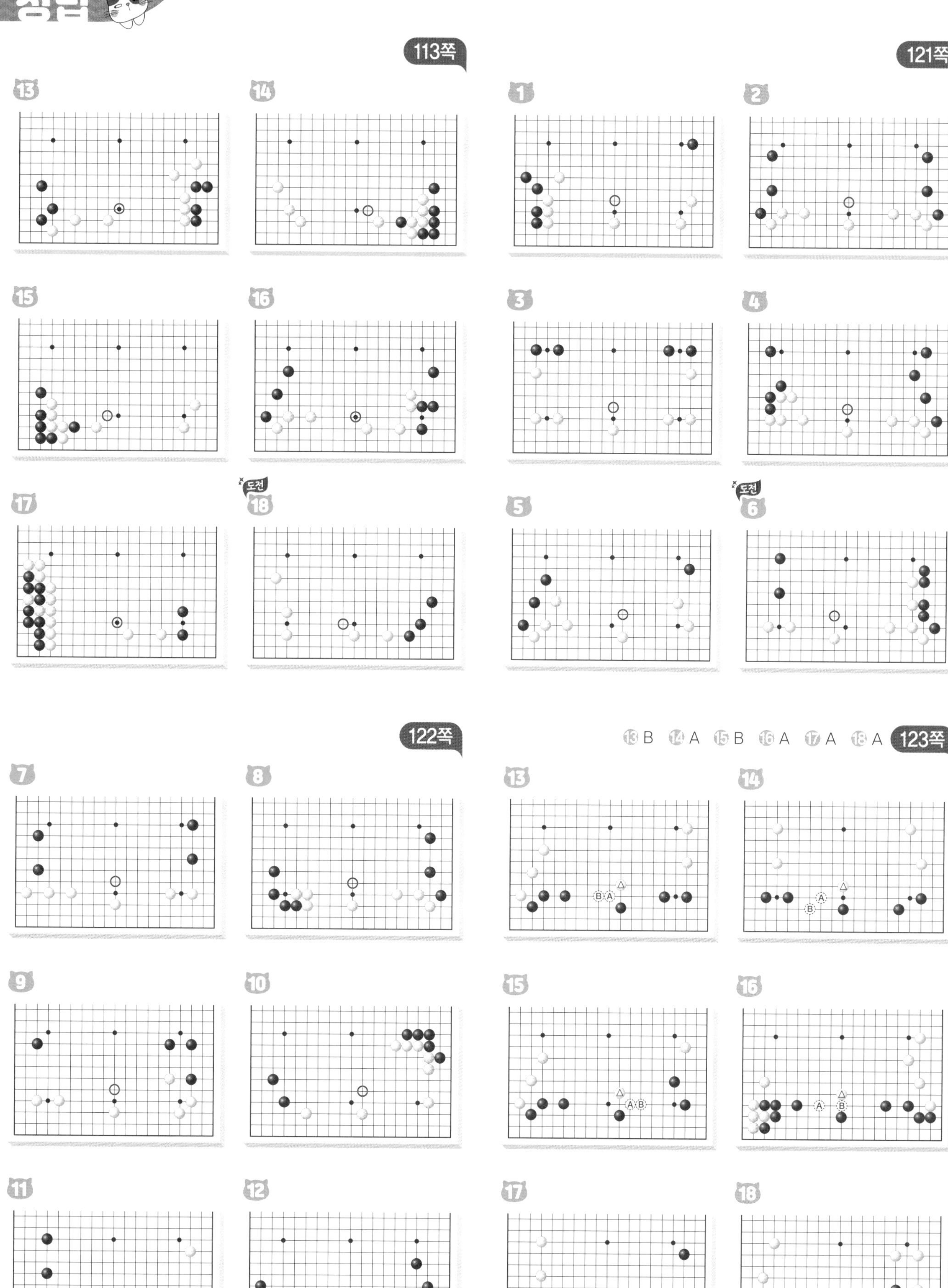
113쪽
13
14
15
16
17
도전
18
121쪽
1
2
3
4
5
도전
6
122쪽
7
8
9
10
11
12
13 B 14 A 15 B 16 A 17 A 18 A
123쪽
13
14
15
16
17
18